1930 年 5 月，滕代远作为红军代表出席全国红军代表会议。摄于上海。

1939 年 11 月延安中央军委总参谋部滕代远参谋长（左二）与作战部、情报部、通信部部长（郭化若、曹祥仁、王诤）

1952 年，滕代远（左一）陪同毛泽东（左四）视察码头

1953 年，滕代远（右一）陪同周恩来总理（右四）会见外宾

1953 年，滕代远（右一）陪同朱德（左三）访问朝鲜，与金日成（右三）在一起

1954 年，滕代远在生产一线与老司机亲切交谈

1956 年滕代远在修建大桥的铁道兵工地亲自挑运沙石

红色丰碑

我的父亲
滕代远

MY FATHER
TENG DAIYUAN

一生征战未下马

滕飞◎著

中国书籍出版社
China Book Press

“红色年轮”丛书

编委会名单

主　　编：郝振省　胡石英

副 主 编：王　平　狄晓红　李新星

执行主编：余　伟　庞　元

顾　　问：裴周玉

生平简介

滕代远（1904 年 11 月 2 日—1974 年 12 月 1 日），苗族，湖南麻阳人。久经考验的无产阶级革命家，中国人民解放军的领导者之一、新中国人民铁路事业的奠基人。

滕代远，乳名龙兆，男，麻阳县下玳瑁村（现岩门镇大坡村）人。1919—1922 年滕代远就读于麻阳第一高等小学，生活俭朴，刻苦学习，独立思考，不人云亦云。1923 年以优异成绩考入常德湖南省立第二师范学校。当时，革命运动风起云涌，新思想、新文化广为传播，滕代远常与进步同学阅读马列著作，商讨国事。1924 年 6 月，滕代远在中共湘区委员陈佑魁的领导下，组织进步学生滕代胜、滕代顺等人成立了“麻阳新民社”。创办了传播新文化、新思想的刊物《锦江潮》，积极宣传马克思主义思想在中国的应用。1924 年 10 月加入中国社会主义青年团。1925 年 10 月转入中国共产党。1926 年春在二师发动学潮，与校内国民党右派势力开展斗争，被开除学籍。经党组织安排到中共湖南区委（湖南省委前身）工作，相继担任中国社会主义青年团平江县委书记、长沙近郊区第一任中共党委书记、农民协会委员长等职。

1927 年 8 月，滕代远出任中共中央政治局“八七”会议后新组建的中共湖南省委常委、省农民协会会长。是 1927 年秋收起义的领导者之一。1928 年春他受命调任中共湘东特委书记。后来又接任光荣牺牲的郭亮为中共湘鄂赣边特委书记。

7 月22 日，按照中共湖南省委命令，滕代远与彭德怀一起成功地领导了平江起义，继井冈山红四军成立后，创建了中国工农红军第五军，滕代远任军党代表。1928 年 12 月滕代远与彭德怀率领红五军，第二次成功地登上井冈山，在宁冈与朱毛红四军主力会师。柏露会议后，滕代远以革命大局为重，受命于危难之中，与彭德怀率领红五军，在井冈山五大哨口与包围、进攻井冈山四十倍于己的国民党军队顽强搏斗，掩护朱、毛红四军冲出敌人的包围圈，向福建发展。

1930 年 5 月，滕代远参加中共中央在上海举行的全国红军代表会议，会议决定将红五军、红八军合编为红三军团，成立红三军团总指挥部和中共红三军团总前委，滕代远就任红三军团政治委员。8 月23 日，红三军团与红一军团在浏阳会师，合编为红军第一方面军，毛泽东担任红一方面军总政委，滕代远担任红一方面军副总政委，朱德为总司令，彭德怀为副总司令。今天，在当年红一方面军诞生地——湖南浏阳的李家大屋，毛泽东、朱德、滕代远、彭德怀四位红一方面军的领导人铜像永久地耸立在那里。在湘赣边区根据地，他先后参与粉碎敌人对中央苏区的数次“围剿”战役。1933 年初，中共中央从上海迁至江西中央苏区，滕代远因为不赞同“左”倾路线，被排挤出红三军团领导岗位，调任中央军委武装动员部部长。次年 6 月去莫斯科参加共产国际举办的军事学习班学习。1935 年 7 月，滕代远作为中央代表团成员出席共产国际第七次代表大会，受到斯大林、莫洛托夫接见。随后同陈云进入列宁学院学习。1937 年，接到共产国际转达的中共中央命令，滕代远与陈云率领工作队回国至新疆乌鲁木齐，争取国民党新疆省主席盛世才联共抗日，并及时营救到达新疆星星峡的红军西路军。尔后任八路军驻新疆办事处主任，领导新疆各地区共产党组织开展抗日救国工作并对迪化的红军西路军指战员进行培训。1937 年底，将新疆八路军办事处主任一职交给邓发后，滕代远回到延安。

1938 年 1 月，任中共中央军委参谋长，协助中央军委主席毛泽东指挥八路军、新四军和全国共产党抗日武装力量对日作战，积极打开敌后游击战的局面。在国民党掀起第一次反共高潮时，1939 年 12 月 25 日，滕代远奉中共中央命令去晋西北地区统一指挥反击国民党顽固派阎锡山军队的疯狂进攻，一举歼灭阎锡山两个整军的兵力，巩固和发展了晋西北抗日根据地。1940 年 5 月滕代远调任抗日军政大学副校长兼副政治委员，（其时原校长林彪在苏联养伤，政委毛泽东在延安主持党中央工作）培训了大批军政干部。把抗大办成了中国共产党的“西点军校”。抗大第四、五、六期学员成为八路军、新四军旅、团军政主官的主要来源，更是解放战争时期五大野战军军、师军政主官的中坚力量。1942 年 5 月八路军前总副参谋长左权牺牲后，彭德怀向中共中央提出三个人选接替左权职务：林彪、叶剑英、滕代远。中共中央深思熟虑后，8 月 10 日通令全军各部队、各根据地、各大军区：“兹任命滕代远为八路军参谋长，仰即知照。”

在 1942 年抗日战争最艰苦的年代，滕代远协助彭德怀开展反“扫荡”、反“蚕食”、反“清乡”斗争，滕代远亲自主抓战略情报的收集工作，通过前总情报处向日伪首脑要害部门派出八路军营、团级作战指挥军官进行潜伏任务。及时截获敌人大批战略等级情报，为中共中央、中央军委组织我八路军、新四军大兵团作战提供了有力保障。并且适时组织伪军部队整团、整师、甚至整军的哗变或起义。滕代远在 1943 年彭德怀、刘伯承奉命调回延安后，主持八路军前总的全面军事工作，他与主持党政工作的邓小平密切配合，领导八路军各师、各大军区部队对日本侵略军发起主动进攻，夺取各个战略要塞的控制权，为抗日战争的最后胜利作出了重要贡献。在艰苦的抗战岁月里，滕代远组织领导八路军前方总部和各个师、旅、团的精兵简政与发展生产。1944 年与副参谋长杨立三提出开展增产节约的“滕杨方案”，在机关部队推行，为战胜严重困难，夺取抗日战争的最后胜利发挥了重要作用。1945 年 6 月，滕代远虽然没有参加中共“七大”，但是依旧在中共第七次全国代表大会上当选为中共中央委员。1945 年 8 月被中共中央、中央军委任命为晋冀鲁豫军区第一副司令员和晋冀鲁豫中央局常委。

抗日战争胜利后，作为晋冀鲁豫军区第一副司令员的滕代远，与刘伯承、邓小平共同指挥了上党战役、邯郸战役，取得了歼灭国民党军五万人的辉煌胜利。这两次战役中，所辖部队 6 纵 17 旅旅长李德生表现突出，首战就歼灭敌军 3000 人，获得军区首长嘉奖。1945 年 12 月，国共谈判期间，滕代远中将奉命担任北平军调处执行部顾问，协助叶剑英中将工作。1946 年初奉命返回延安。旋赴重庆协助周恩来中将与马歇尔元帅

（美国特使）、张治中上将（国民党代表）进行和平谈判。1947 年，国民党发动内战，滕代远返回晋冀鲁豫中央局、军区工作。归建途中，在江苏如皋受命协助老同学粟裕指挥了歼灭国民党军进犯部队的“七战七捷”，以我军三万人打了一场“四比一”漂亮仗，歼灭敌军十二万人。次年 6 月，晋冀鲁豫军区与晋察冀军区合并，成立华北军区，滕代远任军区第二副司令员、中央华北局常委。

1947 年 11 月，中国人民革命军事委员会铁道部成立，滕代远任部长兼党委书记。朱德总司令在中央军委铁道部成立大会上说，中央给你们派来一个“将军大老板”。朱德总司令希望老战友滕代远永远保持军人的大将风范，如同指挥打仗一样指挥几百万铁路职工和中国人民解放军铁道兵团指战员团结奋战，抢修上万公里遭到破坏的铁路线，支援我各个野战军横渡长江天险，解放全中国。使命的变化让滕代远不敢有丝毫松懈的念头。将军在征战的沙场上从来没有下过马，在担任铁道部长后，滕代远依旧是一身洗得发白的中国人民解放军军装，铁道部绝大多数军队接管干部同样也是一身朴素的军装。因为滕代远担任中央军委铁道部长后，还兼任中国人民解放军铁道兵团司令员兼政委，同时，还担任着华北军区第二副司令员。这对滕代远在组织抢修华北、华中铁路线中统筹协调军地关系、齐心协力完成运送百万大军过长江的战略任务提供了极大的方便。1949 年 1 月滕代远主持召开全国第一次铁路工作会议，提出“加强铁路建设，全力支援伟大的人民解放战争”的号召。是年，滕代远率领全国铁路职工和铁道兵团指战员，以惊人的速度修复被国民党破坏的8000余公里铁路干线，使全国通车里程达21000余公里。有力地保障了我军在三大战役中对交通运输的需要，特别是为三大野战军跨越长江天险的作战提供了有力保障，赢得了百万大军指战员的一致好评。

1949年10月新中国成立后，滕代远被任命为中华人民共和国政务院（国务院前身）七位政务委员之一，同时还被任命为政务院财经委员会委员兼政务院铁道部部长、党委书记，中国人民解放军铁道兵团司令员兼政治委员。在此期间，不少亲友来到北京，求其介绍工作或援助物资，滕代远坚持原则，不徇私情。对来京者说："我当部长不能为私，你们回去，为建设家乡多做贡献，工作安排和所需物资，应当由当地人民政府统筹解决。"建国初期，美国挑起朝鲜战争。1950年6月，毛泽东、朱德、周恩来在中南海召集军委会议，研究对抗美援朝的作战方案，滕代远与军委总参谋长聂荣臻，海、空军司令员、东北、华北军区司令员一起参加了作战会议，几天工夫，一份完整的抗美援朝作战方案就正式下达了。铁道部担负着入朝部队运输和后勤保障任务。滕代远如同当年指挥井冈山保卫战一样，全身心地投入了抗美援朝的输送保障工作。1956年，滕代远在中共第八次全国代表大会上继续当选为中央委员。1969年、1973年分别在中共九大、中共十大上继续当选为中央委员。

1960年，其母病故，滕代远获悉，很想回家为母治丧，但因工作繁忙，寄回200元，函劝家人，丧事简办。

1964年，滕代远当选为中国人民政治协商会议第四届委员会副主席。1966—1971 年，“文化大革命”期间遭受林彪、江青反革命集团的迫害，与朱德、董必武等人被软禁在广东从化。1971 年，林彪自我爆炸，滕代远回到北京。在中共第九、第十次全国代表大会上继续当选为中央委员。

1974 年 12 月 1 日，滕代远因病医治无效，在北京逝世，终年 70 岁。

12 月 7 日，中共中央、国务院、中央军委为滕代远同志举行了隆重而朴实的追悼会。当时健在的五位元帅都参加了遗体告别或追悼会，毛泽东主席和中共中央、中央军委、全国人大、国务院都送了花圈。叶剑英元帅主持追悼会，邓小平副主席代表中共中央致悼词。中共中央、全国人大、国务院、中央军委和中国人民解放军各总部、各军兵种、北京军区等滕代远生前战斗过的军区主要负责同志参加了追悼会。

序

追　思

无限的追思，像一匹脱缰的野马，在记忆的原野上纵横驰骋。怀着一种激动而崇敬的心情，缅怀父亲生前对我们的教诲，回忆他的往事，又感觉父亲没有离开我们。他仍在办公桌前翻阅文件，在会客室里和人谈话，在饭桌上同我们共进早餐。还可以听到他浓重的乡音和朗朗的笑声，还可以看到他为了加重语气打着手势的样子……

父亲是大革命时期湖南农民运动的领袖，在国民党叛变革命后，他激流勇进，组织农民武装，枪对枪、刀对刀地反抗敌人的血腥屠杀。中共中央政治局“八七”会议后，父亲当选为新一届中共湖南省委常委，他是1927年9月秋收起义领导者之一，也是中国工农红军的创建者与领导者之一。在第一次和第二次国内革命战争时期，父亲大义凛然、刚正不阿的共产党人气魄即为党内同志所称颂，更让对手望而生畏。从战争年代到共和国建立，父亲始终保持了那么一种不屈不挠、与共和国、与人民群众休戚与共的大气。他是一位带兵打仗，驰骋纵横的我军领导人，正如朱德总司令给他的评价，无论是在军队，还是到新的工作岗位上工作，滕代远都是从来不下马的“将军”。

父亲一生忠于革命，光明磊落，爱憎分明，淡泊名利。虽然离开我们近40年了，但他那种为党为人民鞠躬尽瘁、死而后已的革命精神，胸怀坦荡、忘我无私的高尚品德，艰苦奋斗、勤勤恳恳为人民服务的优良作风，却永远永远留给了我们，成为我们效仿的榜样。

作为一个父亲，他没有给我们留下任何遗产。但是滕代远留给儿子的却是一笔弥足珍贵、用之不竭的精神财富：一个共产党员对理想信念义无反顾的终生追求，一位红军战士宁折不弯、顶天立地的革命气节，一份公仆全心全意为人民服务一辈子的赤胆忠心。

身为年少不懂事的儿子，我们常常会好奇地向爸爸询问：“您在学校读书，成绩本来优秀，为什么被学校开除？又为什么书未读完就去搞湖南农民运动？”滕代远是农民的儿子，他深深目睹了在苦难深重的旧中国，亿万农民被封建势力压榨得喘不过气那一幕幕悲惨画面。父亲说：“凡是做人都要有一种骨气，我们参加革命，就是要下定决心砸烂那个旧世界，推翻一切不平等、不民主的社会制度。让‘耕者有其田’，让中国的老百姓当家做主，这就是共产党人的信仰和骨气，也称作革命者的气节。”“至于说学校为什么要开除我，那是因为学校当局为国民党右派分子把持，我们组织群众反对国民党右派破坏轰轰烈烈的大革命运动，当然会被他们视为眼中钉、肉中刺。偌大一个中国，容不下一张安静的课桌。”也许这正是父亲投身革命的初衷，中国农民、中国人民的解放是那一代共产党人为之奋斗、为之献身的崇高追求。为理想的追求，他们任劳任怨，宁折不弯，这就是那一代共产党人的本色与气节。

父亲在湖南二师读书期间，一边做学生的工作，一边做工人和常德近郊农民的发动工作。不久，受湖南省委的指派，去省会长沙市以及平江、浏阳、醴陵等地组织和发动湖南农民运动，最终成为湖南农民协会委员长，从此就走上了职业革命家的发展道路。父亲正是以一个知识青年身份投身工农解放运动的，他深深懂得：知识青年如果不和工农兵相结合，必将一事无成。他经常对孩子们讲："年青人没有抱负，只知道享受，是最没有出息的表现。你们父母都是当兵打仗打出来的，轮到你们这一代了，是当继往开来的革命接班人，还是做贪生怕死的纨绔子弟？这是一个严肃的政治问题，你们自己要认真地想一想。我向来认为，做人、做事都要有一个骨气，那就是吃苦受累为人民服务，一辈子艰苦奋斗保卫、建设好我们的祖国。"缘此动机，1962 年，在台湾蒋介石叫嚣"反攻大陆"时，父亲就让正在北京二十五中学读高中二年级的二儿子滕久光应征入伍，把他送到了海防前线。1965 年，又让三儿子滕久明报考哈尔滨军事工程学院，献身祖国的国防事业。对于四儿子滕飞，无论是读初中，还是考入高中，虽然各门学习成绩不错，但是父亲从来不允许儿子"死读书、读死书"。他告诉儿子，要积极参加学校里组织的政治学习和走到社会上开展学雷锋活动。父亲不禁回忆起几十年前在湖南省立二师当学生的经历，他告诉滕飞："当年我们正是一边学习，一边参加革命，在发动工农群众的运动中学习到了课堂上学不到的本领。”听说滕飞在学校组织下利用课余时间，背起粪桶走进千家万户掏大粪。父亲满意地叮嘱他：“就是要这样不嫌脏、不怕累，学习时传祥，做人民的清洁工。”当滕飞被选举为第二十五中学共青团团委会组织委员，父亲提醒他要当好学校党支部的得力助手，开展丰富多彩的中学共青团工作，同时自己也要努力争取做一名合格的中国共产党党员。父亲说，1924 年他参加革命就是先入团尔后转入共产党的。在父亲的督促下，滕飞报名参加第二十五中学党章学习班，从理论上搞清楚：为什么要参加共产党，怎样做才能达到一个共产党党员的资格。

父亲革命生涯中有二年多时间是在俄罗斯度过的，做为中国红军一名高级指挥员，他在共产国际第七次代表大会上代表中国红军发言，详细向各国共产党、工人党代表第一次介绍了中国红军的诞生和现状。他还用俄文著书《中国新军队》，全面总结中国红军从小到大、从弱到强的经验教训。父亲要求儿子学习外语，不仅仅会看会写，更重要的是会听、会说。二十世纪六十年代，虽然当时中苏关系不正常，但是父亲依旧支持儿子用俄文与莫斯科一个中学生通信交流。因为他认为外文是人生中一个离不开的武器，中苏两国人民的关系决不会因为个别掌权者的错误而疏远，两国人民在漫长的革命岁月中互相支持、共同奋斗，中苏关系终究会走到正常道路上。

时间来到了 1965 年，父亲听到儿子讲，他已经被学校党支部讨论通过接受为中共预备党员时，他严肃地叮嘱儿子：“你不要高兴太早，预备党员同样要接受党的长期考验。”后来因为“文革”开始，滕飞的预备党员申请书和学校党支部对他申请书的批准结论书被滞留在北京市委。父亲鼓励他不要灰心，既然学校党支部已经讨论通过了你的入党申请书，你就要时刻用共产党员的标准严格要求自己。在“文革”期间第一次恢复征兵的1968年，父亲坚定地支持滕飞报名应征入伍，到西北戈壁滩献身中国的核武器发展事业。同在这一年，又将最小的儿子滕久昕送往内蒙古大草原插队当牧民。“可怜天下父母心”，是父母深明大义，把几个儿子一一送进了和工农兵相结合的革命队伍。

父亲在漫长的战争年代，身体力行总结出一条真理——好钢必须经过千锤百炼地锻造，如此才能去除污垢和杂质。对于和平年代成长起来的下一代，肩负着把中国革命的红旗高高举起，继往开来，高歌猛进的重任，他对于儿子们在革命征程中一丝一毫的瑕疵都不放过。“响鼓还要重锤敲”，父亲对待儿子们的要求，就如同他1938年担任中央军委参谋长时对作战部、情报部、通信部……的部长、参谋们的要求一样严厉、规范、不讲情面。

滕久光在海军航空兵服役，父亲在家书中要求他戒除干部子弟优越感，以工农子弟为学习榜样，吃苦耐劳，悉心掌握过硬的军事技术。对久光的个人生活，父亲要求他晚一些谈婚论嫁，把精力都放到工作和事业上。对其他几个儿子，都是同样的要求。开始，我们并不了解父亲的良苦用心，还在私下里偷偷埋怨：现在又不是战争年代，干吗那么晚结婚？但是，又不能违背父亲的年龄限令，我们弟兄几个都是30岁以后才结婚，滕飞在35岁结婚。只有到今天，儿子们才深深感到父亲的要求一点也不过分，是为我们的长远而考虑的。久光、久明都是在战争年代的艰苦岁月里，就被父母送到子弟学校托管学习。建国后，北京八一学校条件无论哪个方面都比根据地时期大为改观，许多中央首长的孩子都和久光、久明同在北京八一学校寄宿学习，而且还是同班同学。本来这是一个发扬革命传统的好地方，但是新中国成立了，生活条件改善了，有些孩子开始互相攀比享受和待遇了。父亲的一个警卫秘书卜占稳本来是每周负责到八一学校接送久光、久明上学和放学的，但是父亲从警卫秘书口中听到学校中孩子互相攀比老子官大官小的情况后，他立刻做出一个决定：一、今后警卫秘书不再负责到八一学校接送孩子。二、每周发给两个孩子定额路费，由他们自己买车票，乘公共汽车上学校。（当时八一学校距我们家三十多里路，家在北京东城区，学校在城外的海淀区）三、不允许两个孩子向外人说自己父母的工作情况，凡是填写学校的调查表格，在“出身”和“父母职业”一栏，一律填写“职员”二字。当时久光、久明七八岁，上学校要走三十多里路，倒几趟公共汽车。父亲说，就是要从小让孩子们吃点苦，好好锻炼一下他们。我自己上学那个时候还要每天都爬几座山呢，这北京大城市平平展展的路，有什么不能自己走呢？父亲的决定在今天看起来，确实及时、果断。久光、久明虽不情愿，但是不能违抗父命。我们小时候，父母从来不会给“零花钱”。久光在每周放学时，尽量少坐公共汽车，他领着久明，从海淀区的八一学校，徒步行走几十里路回到北京城里，把节约下来的路费买零食和玩具。到今天，我们都有极强的徒步行军能力和方位辨识能力，不能不说是和我们小时候被父亲的严格要求打下了坚实基础有关。为了避免儿子们沾染讲吃讲穿，比爸爸妈妈官大官小的不良习气，父亲很快就把久光、久明从八一学校转到了普通老百姓子弟读书的平民学校，而滕飞和久昕上学，从一开始就是进的普通平民学校。读书的学校离家有5公里，每天上学都是步行一小时左右，过几条马路来到学校的。我们清楚记得，看见有同学骑自行车上学，我们羡慕死了，什么时候爸爸能给我们买一辆自行车呢？但是我们的这个理想到我们参军时也没有实现。同样，除了缴学杂费、买学习用品实报实销外，父母从来不给我们“零花钱”。

父亲在儿子们一个个走进革命队伍以后，特别注重用我党我军的光荣革命传统来教育和影响我们的价值观。其实这个工作，在我们刚刚懂事的时候就已经开始，我们的童年，就是在父母亲不断回忆起的各种革命故事情节的熏陶下成长起来的。

滕飞当兵来到了祖国的大西北，虽然他从军前已经做好艰苦奋斗的思想准备，但是一下子从繁华的大城市北京来到那一眼望不到边的戈壁滩，整天喝着苦涩的地表水，漫天风沙见不到绿色，这巨大的反差，还是让滕飞在家书中流露出惘然若失的情绪。父亲敏锐地察觉到儿子遇到了新的考验，他马上给儿子回了一封信。他在这封信中，用“金张掖，银酒泉”的古话引导儿子从另外一个角度来看待祖国的大西北。父亲对这块热土充满了深情厚意，1937年5月1日，按照中共中央命令，滕代远和陈云率领中共代表团在这里迎接到李先念、李卓然率领的红军西路军左支队。无数红军西路军指战员的热血洒在这片热土上，父亲要求儿子滕飞向红军学习，严格要求自己，吃大苦、耐大劳，随时准备上战场，同敌人拼刺刀。为中国的核武器发展做出自己的最大贡献（此信已经被中国国家博物馆收藏）。滕飞收到爸爸亲笔写的信后，端正了自己的思想，从茫然失措到坚定信心，从被动应付到向艰苦和困难主动挑战，完成了一个又一个质的转变和跨越。父亲在离别几年后于1971年见到滕飞时，曾经专门就吃苦耐劳是一个军人的基本素质问题与滕飞进行了长时间的谈话。父亲说："现在你们在部队执行任务遇到的艰苦与困难，与红军时期我们所经历的那些艰难险阻不可同日而语。但是，都要抱着一个平常心态去克服它们。因为，我军的装备再先进，保障条件再优越，打起仗来还是难免有负伤和牺牲的。如果说，你连死都不怕了，那还有什么困难克服不了呢？"

一次，来自家乡的大儿子久翔央求父亲给自己在北京找个工作，滕代远沉思后对儿子说，按父子情分，应该在北京为你找个事做，但共产党的干部，只能全心全意为人民服务，绝没有以职权谋私利的权力，滕代远还反复叮嘱儿子："家里有什么困难，要自己想办法克服，不要打我的牌子给国家添麻烦。"久翔不住地点头允诺。

小儿子久昕1951年生于北京。可是，当孩子刚满16岁的时候，滕代远就支持孩子到内蒙古草原插队落户。学校发来登记表，久昕填完后请父亲审阅。滕代远拿起毛笔在家长意见栏内写下"完全同意，坚决支持"八个字。久昕在边疆期间，滕代远夫妇经常去信，勉励久昕在草原上扎根，好好经受锻炼。1970年，久昕光荣参军，成为一名铁道兵战士。

父亲不仅对孩子们要求严格，自己也是以身作则。他的衣着很简朴，除了为出国访问而置办的几套衣服外，上班穿铁路服，平时在家穿布衣服。衬衣旧了，不愿买新的，睡衣破了，就让母亲补一下再穿。平时的伙食很简单，炒胡萝卜丝和辣子豆腐是他的最爱，他喜欢吃粗粮，每天一个小窝头。父亲不抽烟，很少喝酒，也要求我们不吸烟，家里几个男孩，至今没有一个吸烟。我们家解放后住在东城区的一个院子里，房屋破旧了，有关部门多次提出维修，他始终不同意，一直住到父亲病逝。

病重住院的父亲在弥留之际，与前来看望他的一位老同志兴奋地谈了两个多小时，茶几上的白纸写满了铅笔字，有人名还有地名，久昕在一旁听着也入了神。晚上，母亲来医院看望父亲。他的情绪仍然很激动，可惜的是，我们却无法听懂他的意思。后来他拿起铅笔，在纸上反复写着什么，究竟是什么字，我们也看不懂。母亲安慰他不要着急，慢慢写。突然“啪”的一声，铅笔尖折断了，久昕急忙换另一支铅笔，重新翻过一张纸，请他把字写大一些。父亲好像听懂了我们的意思，不再着急了。铅笔下显出的字让我们看清楚了一些，啊！原来是“服务”两个字。

三十多年来，我们一直珍藏着父亲留下的遗嘱。

纸虽然很轻，但上面的“服务”二字却重如千钧。父亲是在嘱咐我们要全心全意为人民服务。

1971 年摄于广东从化。右起：滕代远、滕飞、林一、滕久光

撰写此书，我们的初衷和父亲一样，就是要让下一代孩子们知道，自己的祖父辈是干什么的，自己血脉里流淌着坚定顽强的革命者的鲜血，我们这些下一代要继承父母辈的革命遗志，血脉相承，代代相传！

永远服务于我们的党、我们的祖国和人民。

Contents

目 录

目 录

目　录

第一章

为人正直、敢于担当的好青年

- 出身苗家
- 少年志高敢担当
- 冲破阻挠为求真知

出身苗家

1904年11月2日（农历九月二十五日）滕代远出生在湖南省西部的麻阳县下玳瑁坡村（现为岩门镇大坡村）的一个苗族人家，乳名龙兆。参加革命后曾用过李光等化名。

麻阳县位于湖南省西部，地处雪峰山与武陵山之间，属云贵高原的延伸地带，是一个“乡民高山结寨，苗汉相依成村”的苗汉杂居的地方。

滕代远的家在当时的下玳瑁坡村（现为岩门镇大坡村），距县城十四公里。其名以村后一坡顶形似帝王戴帽而得名。1921年，全山寨只有十六七户人家，百人左右，全属苗族，主要靠开山种薯或砍柴贩卖度日，生活十分困难。

滕代远的父亲滕国权，为人忠厚勤劳，耕田、犁地、插秧、锄草样样都行，是个种田的能手。每年一到秋季收摘桐子、茶子后，他还自己榨油。母亲谭桃秀，贤惠能干，除担负家务劳动外，还要纺纱织布。滕国权夫妇生有一子三女，滕代远居长。他受父亲影响，从小就酷爱学习。七八岁时他在本村读过一年私塾，以后私塾改为初级小学，他又在初级小学读了三年书。因为父亲滕国权是农民，受其影响，课余时间经常主动帮助家里做一些事情。在读小学放学回家时，滕代远总是跟着父亲上山砍柴、放牛、喂鸭子、下田耕作，深得祖父和家里其他人的喜爱。

少年志高敢担当

在父母的影响下，滕代远从小养成了诚实勇敢、勤劳俭朴的好习惯。

有一次，滕代远同村里的小伙伴在屋后的山上放牛。他将牛赶到一处长满青草的山坡上，自己就和小伙伴们进山砍柴去了。等砍了一担柴回来找牛时，发现自己放的牛跑到别人的田里吃稻子，急忙跑过去将牛拉了出来。在赶牛回家的时候，小伙伴们担心滕代远的家里人怪他，就对他说："反正没有人看见，这件事我们不讲，谁也不会知道的。"

滕代远却不同意隐瞒牛吃别人田里庄稼这件事。他说："做人要正直，男子汉要敢于担当。对就是对，错就是错，不能讲假话。"后来滕代远回家将这件事告诉了父母，还特意跑去向别人承认了失误，并且做了赔偿。父亲知道了此事后，笑着对他说："兆儿（滕代远乳名），你做得对。做人就是要讲诚实。"

滕代远读书的小学，校舍十分简陋，仅有一间木板房作教室，不管是哪个年级的学生，都在这个教室里上课。可是滕代远却非常喜欢这所学校。小学毕业时，他和同学滕代顺、滕代胜商量着要栽下一棵树来作纪念。滕代顺首先说出他的主张："咱们栽一棵板栗树，等这棵树长大后一定是果实累累，人人喜欢，代表咱们的成就。”滕代胜却说：“咱们栽杨柳树吧，种在教室旁即美观又好看。”而滕代远想了想，说：“我喜欢松树，松树不怕风、不怕雨，四季常青，我们应该像松树那样成长，刚正不阿、勇往直前。”那两个同学觉得滕代远说得有道理，于是三个人花了一天时间到深山老林里一起挖了一棵刺松苗，端端正正地把松树栽在学校的操场边。后来他们三人先后参加了革命，1927 年大革命失败后，滕代顺、滕代胜先后光荣牺牲。只有滕代远走上了 1949 年 10 月开国大典的天安门城楼，成为苗乡走出来的职业革命家。

如今，滕代远在小学操场栽下的那棵松树，已经长成参天大树。时光变迁，七八十年过去了，村里人为怀念滕代远，一直把这棵松树和原有的这间教室，保存到现在。又在旁边的高坡上，建起了一幢两层楼的新校舍，1986 年，这所小学被命名为“代远小学”。

1919 年，滕代远考入麻阳第一高等小学。这所新式的学校设在县城的旧址，即今天的锦和镇。从山村简陋的初级小学，来到县城的高等小学，他感到非常新鲜。新环境、新知识对他有很大的吸引力。他寄宿在学校，为了心中的理想，发愤读书。每到周末，他都要徒步回家，到家时往往已是深更半夜。父亲心疼地问他：“这么远的路，天又黑，你一个人走路不害怕吗?”他回答说：“我身上一无钱，二无粮，有什么可怕的?”家里人都夸奖说他小小年纪，胆量够大。连村里的老人也夸奖他聪明好学，将来一定有所作为。

滕代远从小就懂得节俭，从不乱花家里给的零花钱。二伯父的孩子滕代勋和他一起在锦和念书，他俩花的钱都要带账单回家。代勋的账单上常有买点心花的钱，而代远从不买零食吃，他的账单上只有买书的钱。在高小读书三年，他只用了一只毛笔，回家时还把这支毛笔给妹妹继续使用。

滕代远生来个子矮小，但身体非常结实，爱好体育运动，喜欢练武，爬树登高，动作轻捷。他经常带领同学们到学校的操场上练习跳高跳远，打球赛跑，还到河里游泳。他所在的十三班和十四班的同学经常戏耍打闹，在滕代远的指挥下，十三班的同学常常能够取得胜利。

1921 年，滕代远高小毕业后，又去麻阳北面的保靖县国语讲习所学习了半年。一次他和同学滕代顺一起去保靖上学，路经凤凰县一个名叫德胜云的小村庄，遭到土匪抢劫，他们带的钱全部被劫走。德胜云离麻阳四十多公里，离保靖一百多公里。这时两人身无分文，进退两难。滕代顺不愿意回家，他说家里面没钱，回去也没有用。滕代远想，家里面虽然还有点钱，但是大伯父是不肯再给了，所以他也不想回家。正在一筹莫展的时候，滕代远突然想起凤凰县有一个新编三十四师师长陈玉鍪，人称湘西王，颇讲绿林义气，经常接济遇难的人，何不前去试试。

开始滕代顺有些担心，怕陈玉鍪看不起他们，把他俩赶出来。滕代远对他说："没有什么大不了的，去试试就知道他的人品是真是假了。"

他们二人沿途打听到陈玉鍪此时正住在乾城县县长的家里，几经周折最终找到了陈玉鍪的住处。但是门口的警卫不让他们进去，好说歹说，才见到了陈玉鍪，把被土匪拦截的情况诉说了一遍。陈玉鍪知道了他们的来意，又看到这两个小青年长得眉清目秀，仪表端庄，于是就说道："那我得考考你们两个，如果考得好就帮助你们。""行。"滕代远答道。陈玉鍪当场出题，他们两个回答得很出色，陈玉鍪非常高兴，当即一个人给了五吊铜板（约合一块光洋）。

冲破阻挠为求真知

1922 年滕代远在国语讲习所毕业后，在本村的初级小学担任国语老师。这个初级小学，学生只有十来个人，时办时散。这一年，滕代远十七岁，奉父母之命，与一位没有文化的农村妇女潭红玉结了婚。潭红玉是同县岩门镇黄双冲人，是滕代远母亲潭桃秀的娘家侄女，比滕代远大四岁。婚后滕代远很快又外出上学，所以他和潭红玉谈不上有多少感情。

1923 年秋滕代远考取了常德湖南省立第二师范学校，心中非常高兴。可是大伯父滕国梁坚决不同意他外出求学，他说："你上有祖父母、父母、下有妻子、儿子，还有两个妹妹。一家八口人，父母身体又不好，你去上学，家里谁来负担？如果一定要去，那就分家。"滕代远的父母也舍不得自己的独生儿子远离家门。但滕代远求知心切，不顾一切阻挠和困难，坚决要去读书。他横下一条心，对大伯父说："分家就分家，我一定要去读书。"这年，他们就分了家，他父亲只分到三分之一的家产，加上劳动力缺少，日子过得比较艰难。滕代远从这一年远离家门，去常德湖南省立第二师范学校读书，以后就再也没有回过家。

滕代远就读的湖南省立第二师范学校，前身是 1902 年由清朝地方政府在湘西北一些知名人士赞助下创办的"湖南西路公立师范学堂”。辛亥革命之后，在原基础上建立了“湖南公立第二师范学校”，1915 年改称“湖南省立第二师范学校”。

湖南省立第二师范学校坐落在常德城北门内玛瑙巷。常德是个古城，位于湖南省西北，在沅江下游、洞庭湖的西侧，交通方便，市井繁荣，是湘西北的政治、经济和文化中心。常德湖南省立第二师范学校是湘西北的最高学府，它与长沙的省立一师（前身为公立一师、中路师范）、衡阳的省立三师（前身为公立三师、南路师范）鼎足而立，为当时湖南的三大育才基地。二师由省教育厅管辖，招生范围面向湘西北的三十个县市，每县招收两名。自 1921 年至 1926 年，共招收了十七个班的学生（第十一班至二十七班）。招生对象为高等小学毕业生，夏季考试，秋季入学，学制初为四年，1924 年改为六年。课程有国文、历史、数学、理化、地理、法制、经济、英文、博物、图画、音乐、体操、教育、修身等。

湖南省立第二师范学校是具有光荣革命传统的学校，早在西路师范创建初期，康有为、梁启超等资产阶级改良派的维新思想和孙中山、黄兴等革命派的革命思想就传播到了学生中间，激发了一批进步学生推翻满清政权，建立民国的革命要求。林伯渠就曾组织新知学社，领导学生参加辛亥革命。五四运动暴发后，湖南省立第二师范学校的进步学生受到了五四运动的影响，开始寻求救国救民的真理。就在这时，马克思主义和其他进步思潮也随着俄国十月革命的胜利和中国五四运动的热浪涌入了湖南省立第二师范学校。陈独秀主编的《新青年》，毛泽东主编的《湘江评论》和谢觉哉主编的《湖南通俗日报》等，成为湖南省立第二师范学校进步学生喜爱的精神食粮。一些进步教师也经常在课堂上影射社会的黑暗和军阀的专横，宣传革命思想。1922 年，湖南省立第二师范学校就出现了“马克思学说研究会”的组织。接着，成立了中国社会主义青年团常德地方执行委员会——这是湘西北的第一个团组织。

滕代远从偏僻的乡镇来到这所学校学习，感到耳目一新，非常高兴。他暗暗勉励自己：这个学习机会来之不易，一定要抓紧时间用功读书，求得真知，报效国家。他的求知欲旺盛，整天沉浸在书的海洋里，各门功课的学习成绩都名列前茅，唯有数学成绩稍差。一次数学考试时，有个题目不会做，同班同学蒋才贞（后改名蒋泽民）用纸条将计算好的答案递给他。但滕代远想，我读书是为了求得真知，不是为了分数，更不是向老师交差，所以他没有照抄蒋才贞的答案。考完试，蒋才贞问他为什么不抄他的答案，滕代远说，那是你的学习成果，我不能不懂装懂。于是他虚心地请教蒋才贞，直到把这道题弄明白为止。对他认真读书的态度，正直诚实的性格，不屈不挠的毅力，同学们都很佩服。

在学校里，他和同乡、同学滕代顺、滕代胜关系最好。在他们两人的影响下，滕代远开始阅读《向导》、《新青年》、《中国青年》等进步书刊，经常和他俩一起研究学习心得，探讨国家大事。由于在学校接触了进步的新思想，滕代远慢慢地对民族和国家的命运开始关注起来，有了自己的认识，逐步走进大革命的滚滚洪流之中。

第二章

大革命风浪中的共产党员

- 创办《锦江潮》
- 为革命身先士卒
- 震动全省的二师惨案

创办《锦江潮》

在学校里，滕代远刻苦学习，奋发攻读，成绩优秀。但是滕代远更关注国家的复兴，民族的崛起。滕代顺在麻阳县岩门镇，是他家的邻居，是高小时的同学。他天资聪明，勤奋好学，品学兼优，是滕代远学习、生活上的挚友；滕代胜也是岩门镇人，比滕代远大四岁，1922 年参加中国社会主义青年团，1923 年转入中国共产党。他比滕代远、滕代顺成熟得早，是他俩政治上的引路人。在他的影响下滕代远的政治思想开始慢慢地成熟起来。

1924 年 6 月，在中共湘区（中共湖南省委前身）委员陈佑魁（该人祖籍麻阳）领导下，滕代远、滕代胜、滕代顺与麻阳旅省、旅常的进步青年学生以及旅居北京、天津、上海等地的青年学生发起成立了“麻阳新民社”，结成一个强大的社会团体，致力于改造家乡麻阳。其宗旨就是团结广大人民群众，积极投身国共合作和轰轰烈烈的第一次国内革命战争——北伐战争中去。这个强大的社会团体创办了社刊——《锦江潮》，借此切磋讨论事实，并向家乡宣传马克思主义。编辑部就设在湖南省立第二师范学校，滕代顺任主编。滕代远在这个刊物上发表了不少揭露帝国主义、反动军阀和土豪劣绅种种罪行的文章。1925 年 5 月，滕代远写了《中国的现状》，发表在《锦江潮》第三期上。滕代远在文章中，有力地揭露了帝国主义掠夺中国财富、蹂躏中国主权的暴行。滕代远在文章中悲愤地写道："大中华国家，她有五千年的灿烂历史，万物覆焉，宝藏兴焉，可是到如今，不是弃宝于地，就是被外人掠夺。行见中国只有进口货，没有出口货，纵有出口货，也不过供给人家些粗糙原料，人家加些手工，仍然售于我们，一转运间，我国民的脂膏就被吮吸了若干万万！俗话说得好：拿你的拳头捣你的眼睛，危乎殆哉！"

他还列举了帝国主义强加于我国的不平等条约，从政治、经济、文化各个方面说明对我国的侵略。他还说："近年以来，资本帝国主义者英、美、法、日的种种侵略，更是变本加厉，不但'五七'、'五九'国耻，卖身亡国的条约未废，而且又有共管的呼声。他们掠夺我海关税，强占我国要地，设租界而置领事裁判权，长江河内外舰任意横闯直入，还在内地办教会学校，实行文化的侵略，设垄断金融的五国银行，实行经济宰割。供给军阀枪械，延长中国内乱……皆是我中国人民的致命伤。"

他惊呼："若是吾国人还是迷醉不觉悟、不速图自强，眼看大好的河山，就要沦为异域了……时至于今，要想中国富强。要救中国危亡，唯一的办法便是全民大家联合起来，干预国政，干预革命的事业，把帝国主义和国内军阀打倒，这样中国的政治才能跑上轨道，教育之振兴才可以实现。"

就在这一期《锦江潮》上，滕代远还发表了《读书为什么》一文，他在这篇文章中，结合自己的切身感受，批判了"读书为官"、"读书专为求衣食"和闭关自守、拒绝新文化等错误论点。他指出："我们读书一方面应有承受旧社会文化的天职，而另一方面又是创造新社会、新文化的使命，以更增人类之幸福，这是读书者之责任。"他还说："现在资本帝国主义者英、美、法、日，压迫一天紧急一天，中国的内乱一天糟糕一天，我们小百姓的痛苦逐渐的深刻，若长此重演下去，不但无产阶级不能安居乐业，就是有产阶级也会要沦为赤贫。”“我们应睹此混乱的时势，大家都挣扎起来。”他呼吁青年们勇敢地冲破种种束缚和压力，外出求学，谋求知识，顺应潮流，起来革命，为推翻封建军阀势力，赶走帝国主义而斗争。

在麻阳新民社和《锦江潮》的影响下，麻阳乃至整个湘西地区的社会主义思想得到极大地普及，在大革命的浪潮中，共产党的主张受到人民群众的普遍欢迎。1924 年 10 月，政治上越来越成熟的滕代远由邓兴明、滕代顺的介绍，参加了中国社会主义青年团（1925 年 1 月改为共产主义青年团），同年也参加了国民党（1924 年国共第一次合作）。从此，滕代远为共产主义信仰和中国革命目标的最终实现贡献了一生的心血。

为革命身先士卒

1924 年，二十岁的滕代远正是热血青年，入团后在党团组织的领导下，进步很快。他在湖南省立第二师范学校不但学习成绩优秀，还积极参加各种社会活动，并且担任了许多社会职务，他在常德和湖南共产党人的启发和领导下，用他满腔的热情投入到反对帝国主义的爱国运动之中。他先后担任全校学生会组织部长兼总务主任，以及常德学生联合会组织部长兼总务主任。他通过常德学生联合会，动员各界成立了常德外交后援会，又担任了总务主任。他们发动各校学生和各界青年，组织救国义勇队，上街演讲，唤起民众，不坐日本船，不吸英国烟，检查、抵制英日货，到处张贴“打到英日帝国主义”“打到反动的军阀政府”等口号。每次英日轮船来常德，各校学生和救国义勇队就驾着小船日夜值班包围商船，阻止英日货上岸，违禁者则当场烧毁货物，查抄船只。将常德的反对帝国主义的爱国运动搞得轰轰烈烈，热火朝天。

1925 年，震惊中外的“五卅惨案”发生了。6 月 2 日，长沙各界两万人集会，成立“青沪惨案湖南雪耻会”。全城罢课、罢工、罢市，实行对英日经济绝交。消息传到常德，滕代远十分愤怒，在饭堂一边吃饭一边向同学们宣传。在讲到日本帝国主义分子残酷镇压工人的暴行时，他气愤得将饭碗朝地下砸去，喊道：“我们一定要讨还血债，将反对帝国主义爱国斗争进行到底！”在常德中共党团组织领导下，滕代远等通过常德学生联合会发动各界声援受难同胞。6 月中旬，成立了“湖南雪耻会常德分会”，湖南省立第二师范学校学生许和钧任主席，滕代远任总务主任。除发动学生、工人、店员，罢课、罢工、罢市外，还组织了查禁日货行动小组二十多个，查烧洋货，惩办奸商。滕代远亲自指挥行动小组，用土制炸弹当街阻击了正要潜藏的奸商曾春轩，严厉打击了隐蔽贩卖洋货的活动。一时间，常德市面一堆堆洋货熊熊燃烧，一个个奸商四处逃匿。当时获利最多的代销英货“哈德门香烟”和“亚细亚煤油”的商行及日商戴生昌轮船公司被迫关门。李亨泰、蒋万兴等大奸商潜藏匿迹。英、日在常德的“太古洋行”、“日清公司”也一度关门。反帝爱国运动达到了高潮。

反帝爱国斗争的实践，使滕代远受到了教育，得到了锻炼。1925年11月，中共湖南区执行委员会鉴于常德革命力量逐渐壮大，人民的斗争热情空前高涨，就派共产党员谭影竹（化名黄叔夷，后叛变）来常德建立党的组织。谭影竹来常德后，以原有的共产党员为基础，将团龄较长、表现较好的滕代远、滕代顺、许和钧等转为共产党员，建立了常德第一个党组织——中共常德特别支部，由谭影竹任特别支部书记。

滕代远入党后，一面学习，一面用很大精力做学生会的工作，有时还到工人中做工作。

1926年1月17日，在中国共产主义青年团湖南区委特派员、中共常德特支书记谭影竹的指导下，"中国共产主义青年团常德地方执行委员会"在湖南省立第二师范学校成立，选举了邓兴明、李立新、谢士钧、滕代远、许和钧、杜海清、刘新训等七人组成执行委员会，邓兴明担任书记，李立新负责宣传，谢士钧负责组织，滕代远负责经济斗争，许和钧负责宣传学生运动，杜海清负责工农运动，刘新训为候补执委。

常德青年团地方执行委员会成立不久，就领导了夺取国民党常德市党部及常德学联会权力的斗争。国民党常德市党部主任委员谭肖岩曾担任过孙中山大元帅府的秘书，是国民党内一个极右的派别——"西山会议派"的成员。他在湖南省立第二师范学校吸收了一大批反共学生加入了国民党，并夺取了县学联会和湖南省立第二师范学校学生会的主要权力。他们反对青年团员和共产党员加入国民党，并侵吞了县学联会的经费。滕代远等在常德中共党团组织领导下，对国民党右派进行了坚决的斗争。他们夺取了湖南省立第二师范学校右派学生傅规杰、黄均德等人在县学联会和湖南省立第二师范学校学生会的主要权力，选举许和钧担任县学联会和湖南省立第二师范学校学生会主席，揭发了黄均德等人贪污县学联会经费的行为，组织清算委员会清理了账目，给了国民党右派以沉重的打击。1926 年 3 月，在共产党员、国民党湖南省党部执行委员及驻常德党务特派员蒋兆骧支持下，进一步改组了国民党常德市党部，选举许和钧为常务委员。此时，国民党左派和右派的斗争，已经到了一触即发的地步。

1926 年 2 月，共青团常德地方执行委员会为了广泛团结争取群众，建立了群众团体“非基（督教）大同盟”，由滕代远担任主席。在中共党团组织和“非基大同盟”的领导下，滕代远带领湖南省立第二师范学校革命学生与常德的教会势力进行了坚决的斗争。当时常德的教会势力很大，英国、美国、意大利等帝国主义在常德城乡及整个湘西北建教堂、办学校，利用传教麻痹毒害人民。有些无职业的中国人常去教堂做礼拜，接受教堂的欺骗宣传，湖南省立第二师范学校革命学生一方面到大街小巷广泛进行爱国宣传，一方面向信教的中国人做思想工作，使许多人从迷梦中惊醒过来。

滕代远等还利用一切公众活动场合宣传爱国思想，打击帝国主义、反动军阀和国民党右派的势力。1926 年 3 月 12 日，是孙中山先生逝世一周年纪念日，国民党常德市党部及各团体发起悼念活动。滕代远利用“非基大同盟”主席的名义，积极参加了悼念活动的筹备工作。从 3 月 12 日起，活动连续进行三天。祭奠处设在教育会。会场庄严肃穆，布置了松子牌坊、横额、对联、标语口号、孙中山遗像，并雇佣了中西乐队。纪念活动按事先安排的议程进行，自始至终气氛肃穆，秩序井然。第一天上午，三十余所学校的全体学生，排着整齐的队伍，依次进行祭奠。下午，全体国民党员五百余人祭奠。祭奠完毕，在公共体育场举行了市民大会，到会三四千人。滕代远被推选为大会主席。他宣布大会开始，并讲了这次悼念活动的意义，接着自由演说。国民党湖南省党部执行委员及驻常德党务特派员蒋兆骧在会上发表演说，揭露了帝国主义勾结中国封建军阀摧残民众的种种罪行。到会群众情绪激昂，掌声如雷。会后进行了游行。这次大会在滕代远等人的组织下，开得非常成功。

随着北伐战争的胜利进军，各地工农群众运动蓬勃发展。滕代远等在中共党团组织领导安排下，又深入到工人群众中去开展工作。首先，他们向袜业工人宣传共产党的政治主张，把他们组织起来，成立了袜业工会。接着，又组织了蔑业工会、烟业工会、人力车工会、码头工人工会等。在他们的影响下，其他各业工人也行动起来，筹备建立自己的工会组织。1926年3月24日，由常德学联会发起，在洗心所召开了工学联合会成立大会，参加大会的有：染织工会、袜业工会、印刷工会、木业工会、石业工会、泥业工会、蔑业工会、烟业工会等三十多个团体的代表。大会选举滕代远等七人为执行委员，领导常德各业职工与帝国主义、军阀开展斗争，以谋生存。以后，滕代远还时常到常德郊区，在农民群众中开展工作。此时的滕代远，已经成为常德各次革命斗争中的重要骨干和领导者之一。

震动全省的“二师惨案”

1926年4月8日，常德发生了震动全省的湖南省立第二师范学校惨案（又称二师械斗）。这次惨案使左派学生三十多人受伤（其中重伤一人），四人被捕入狱，三十九人被学校开除。

事件爆发前，省立二女师（又称桃源女师，校址在桃源）的学生曾要求学校当局调走几名教学水平不高的教员，调进几名进步教员。这个要求被拒绝后，学生会发动学生进行罢课，竟遭到学校当局的压制，共产党员、学生会会长张维被开除学籍。这就更激起了学生的反对，爆发了学潮。二女师的全体同学进行罢课。

省立第二师范学校的进步同学得到这个消息，就派共产党员滕代远、邓兴明等作为学联会的代表，于4月7日前往省立二女师声援同学们的革命行动。省立二女师校长舒某是典型的国民党右派（国家主义派）分子，对滕代远等人的到来极为不满，他表面上不动声色，暗中却写信给省立第二师范学校的校长张伯良诬告滕代远。张伯良也是典型的国民党右派分子，而且同样狡猾。他对来信未置一词，即让学校校役将信贴在学校的“公布栏”内。信的大意是：“贵校滕代远君，假借省立第二师范学校学生会的名义来挑动风潮，扰乱吾校教学秩序……”

国民党右派分子控制的省立第二师范学校体育会，知道这个消息后，立即召开了所谓的全校学生大会，诬蔑滕代远冒充学生代表，到省立二女师闹事。又“一致同意”作出要求开除滕代远学籍的“决定”，罪名是“蔑视校规，败坏校誉”。校方马上表示认可。这时，滕代远还没有回校。

省立第二师范学校学生会方面的同学坚决反对，宣布体育会召开的大会不能作为全校学生大会，它所作的“决定”无效。学生会采取了三项措施，一是要滕代远赶快返校；二是驳斥体育会所谓“鼓动学潮”云云，完全是无中生有的捏造和诬陷；三是召开全校学生大会，让省立二女师代表参加，说明真相，并宣布以前被体育会操纵作出的“决定”无效，恢复滕代远的学籍。

4 月 8 日，滕代远回到学校，当晚与杨杰卿（省立二师中共党支部负责人）在理化教室召开学生大会，解释省立二女师学潮情况。理化教室对面是一座二层楼的房子，楼上是学生会和救国义勇队（左派学生组织）办公室，楼下是体育会办公室。学生会办公室实际上是中共党团办公室，体育会实际上是国民党右派办公室，这点大家只是心照不宣罢了。

这次全校学生大会，双方学生几乎都到了，并且都做了准备。这既是一次辩论大会，双方都力图在充分掌握有关的事实、法律和学校现行规章制度的基础上驳倒对方；同时双方都暗中准备了木枪、木棒、红缨枪等体育器械，集中了石头、砖块作“弹药”，准备大干一场。会场气氛相当紧张。

辩论从一开始就非常激烈，唇枪舌剑，各不相让。体育会坚决要开除滕代远学籍，学生会坚持要保留滕代远学籍。辩论很快升级，到了白热化的程度，由动口发展到了动手，最后棍棒交加，石头对掷，双方从理化教室的会场打到了对面的二层楼房。

滕代远、杨杰卿当即跑到学生会办公室商量对策，并散发传单，呼喊口号，向一些不明真相的学生揭露右派学生的阴谋。这时，反动学生头目纠集一伙人，向学生会办公室冲去。其中一个国民党右派学生邓永祥在混乱中已从一楼窜到二楼，想借机冲进学生会办公室。当时，救国义勇队一个叫陈德型（共青团员）的同学守在二楼楼梯口。邓永祥首先冲上去用刀刺伤了陈德型，陈德型马上端起红缨枪奋力反击，一枪刺进了邓永祥的胸膛。邓永祥“啊”的一声便滚下楼去，当时身上鲜血直流。此时国民党右派学生一面大喊：“救国义勇队杀人了！共产党杀人了！”一面奔上楼来追杀进步学生。进步学生纷纷越墙爬窗逃走。右派学生当即在全校戒严，并派人把国民党省党部驻常德特派员蒋兆骧（共产党员）、共青团常德地方执行委员会书记邓兴明（共产党员）和执行委员杨杰卿（共产党员）抓了起来。右派学生趁机以全校学生名义，打电报给湖南省政府、省教育厅、全国各学校、各学联、各报馆，污蔑共产党行凶杀人。省教育厅当即开除了滕代远、粟裕等 39 名学生的学籍（他们大多是共产党员或共青团员）。左派学生三十多人受伤，四人被送进监狱。

这次省立第二师范学校械斗的导火索是省立二女师闹学潮，真正的原因是国民党右派谭肖岩被夺权，以及黄均德贪污学生会经费一事被滕代远揭发公之于众后，他们恼羞成怒，决定不顾一切挑起事端。

这场斗争对学生会本来是非常有利的。同情滕代远，反对开除滕代远学籍的，不仅仅有左派学生，还有大批中间派学生，人数占压倒性多数。只是因为动了武，尤其是伤了体育会的人，再加上体育会趁机污蔑共产党杀人，中间派的学生都给吓跑了，学生会很快由优势变为劣势。

滕代远等领导的省立第二师范学生进行的反对帝国主义、封建军阀和国民党右派的斗争，是马克思主义传入常德和社会主义青年团、共产党在常德生根之后的结果。这些斗争又促进了马克思主义在湘西北的传播和党团组织的发展，沉重打击了帝国主义、封建军阀和国民党右派在常德的势力，唤起了更多的学生、工人、农民、商人的觉醒。

经过这些斗争，年轻的共产党员滕代远初露锋芒，锻炼得更加坚强成熟了。不久，他经过常德党组织的介绍，又迈着坚定的步伐到了长沙，接受了新的任务，开始踏入无产阶级职业革命家的生涯。

1948 年 5 月，滕代远任华北军区第二副司令员。摄于石家庄。

第三章

百炼成钢的农民领袖

- 农民运动的领头人
- 向土豪劣绅宣战
- 乌云压顶，宁折不弯
- “明知山有虎，偏向虎山行”

农民运动的领头人

1925年1月，中共中央召开了第四次全国代表大会。大会明确指出，农民是工人阶级的主要同盟军，中国共产党和工人阶级要领导中国革命达到胜利，必须尽可能地组织农民从事经济和政治斗争。同年10月，中共四届二中中央执委扩大会议发出了《告农民书》，号召农友们，要解除苦难与逼迫，只有结成团体，组织农民协会。10月底，中共湘区区委召开了扩大会议，传达中央精神，并通过了工人、农民、青年、妇女运动等决议案。其中《农民运动决议案》比较全面地分析了农村的阶级状况，提出了农民运动的基本内容和宣传方法。特别指出，解决农民的土地问题，实现“耕地农有”，是农民参加革命的目的。会议决定，湘区区委下设农民运动委员会，指导湖南的农民运动。

滕代远这个农民的儿子，从小就在农村长大，对农民的疾苦了解很深，经过常德学生会的锻炼，在政治上逐渐成熟起来。他深深懂得，农民要翻身，就要组织起来，向不法地主、土豪劣绅展开斗争。他认真学习党中央关于开展农民运动的指示，二十二岁的滕代远，豪情满怀地投入到了湘西的农民运动之中。

1926年盛夏，长沙古城被烈日晒得像蒸笼一般。一天黄昏时分，湘胜旅店来了一个操着湘西口音、穿着褴褛的年轻人，一连住了半个月。白天他无影无踪，一到夜晚，房间里却灯火通明，不少农民兄弟进进出出地来找他，年轻人对那些农民称兄道弟，热情非凡。店老板感到一点奇怪，他禁不住问起年轻人："后生伢仔，你从哪里来，要到何处去啊?"那个年轻人爽快地回答："我从乡下来，一时找不到住处，只好在贵店多住几日，给老板添麻烦了。"老板见面前的后生长得一表人才，说话彬彬有礼，顿时消除了怀疑，便满脸堆笑地说："后生仔，我看你是个好人。你想住多久就住多久。我这店子条件差，还请你多包涵呢……"十几天后，广州北伐军进攻长沙。那个住店的年青人率领长沙近郊区一千多农民兄弟手持长矛大刀，肩扛锄头、红缨枪，一直向湖南军阀四十九旅军营冲过去，抓到了刘旅长，缴获枪支五百多件。这时，店老板才恍然大悟，方知这个后生仔是个领头人。于是，他急忙回店，打开年青人的住房，只见摆了一沓钞票，旁边有一张纸条，上面写着："老板，住宿数日，感谢关照，房钱在此，敬请查收，来日方长。"这个年青人就是滕代远。

滕代远在常德二师学生运动中被国民党右派分子开除学籍后，中共湘区区委特别安排滕代远来到长沙近郊区从事农民的发动组织工作。在这之前，滕代远曾被派往湖南省平江县担任了几个月的县委书记。滕代远以教书为掩护，了解近郊区农民的生存状况。

那时的湖南受帝国主义和军阀、买办的压迫剥削，百业凋敝，民不聊生。农民被豪绅地主剥削，地租高达农民一年收获量的百分之七十。另外，还有名目众多的苛捐杂税。一个顺口溜反映出贫雇农的生活现状："做长工，做零工，一年到头两手空；挑担子，推车子，一年到头饿肚子。"广大农民在死亡线上挣扎。

滕代远按照中共中央关于深入开展农民运动的指示，有条不紊地广泛开展了农会的组织工作。他首先在长沙近郊菜农中进行秘密的组织工作，建立了一批农村夜校，利用夜校的讲台，宣讲孙中山先生的遗嘱，同时，宣传马克思主义、宣传打倒帝国主义、封建军阀和土豪劣绅的意义。滕代远在夜校建立和发展农村共产党组织，秘密在贫雇农的积极分子中间发展了一批共产党员，建立起五个乡的农村党支部。1926 年秋，中共长沙近郊区委正式诞生了，这个过程凝聚了滕代远多少个日日夜夜的辛勤工作。滕代远与熊志超先后担任了区委书记。

滕代远的周围团结了一批共产党的积极分子，他依靠骨干，开展农民的组织工作。雨花亭乡成立了第三乡农民协会，大会在打靶场召开，到会有三百多人，有农民武装梭镖二百支。滕代远在大会上说："我们农民最了不起，最伟大，国民革命的中心问题就是农民问题，我们农民起来打倒封建军阀和土豪劣绅，是革命的必经过程。有人见我们挑粪，用手捂着鼻子，其实最臭的是那些封建军阀和土豪劣绅。"很快，第五乡、第六乡农民协会相继成立。

在农会示威游行的队伍中，滕代远一直在队伍的最前面。游行队伍抬着孙中山、马克思、列宁的画像，纠察队员手持梭镖，农民们背着扁担，扁担上贴着标语："打倒地主、土豪劣绅。""打倒贪官污吏。"有的农民牵着大水牛，牛背着犁在大街上走，队伍十分壮观。不长时间，在滕代远等人的努力下，长沙近郊区建立了农民协会一百六十九个，农民协会会员有近三万人，其中，妇女会员有近二百人。

1926 年 10 月 11 日，在各乡普遍成立农民协会的基础上，在长沙近郊黄土塘正式成立了近郊区农民协会，成立大会自始至终开得庄严隆重，主席台上挂着孙中山画像，参加会议的农民有四千多人，农民协会会员个个手持梭镖，头戴斗笠，精神焕发，斗志昂扬。大会由滕代远主持，滕代远说："农民要翻身，就是要泥腿子掌权，掌权就是成立我们自己的农民协会。"整个会场爆发出热烈的掌声。农民们高呼口号："打倒封建军阀和地主、土豪劣绅！""一切权力归农会！"这次大会选举了滕代远为农民协会委员长，刘树生为副委员长，赵楚湘为秘书。会后举行了游行示威，四五千人的游行队伍高举会旗，肩扛梭镖，个个昂首挺胸，高呼口号，显示了组织起来的农民日益强大的战斗力。

1926 年下半年，以叶挺独立团为先锋的北伐军第四军，以唐生智为中路总指挥的第八军，与滕代远率领的长沙近郊区农民协会的武装相配合，共同将湖南军阀赵恒惕、叶开鑫赶出了长沙城。湖南农民运动也同时进入大发展阶段。滕代远率领长沙近郊区农民协会为配合北伐军攻占长沙，特意组织了疑兵队、破坏队，专司扰乱长沙守军防御的战役部署，滕代远命令九峰镇的农民协会组织乡纠察队利用夜晚到韭菜园、豹子岭一带割断敌人的电话线。九峰镇农民协会还组织几百农民手持鸟铳、梭镖、大爆竹，捣毁杨家寺团防局，收缴四十多条步枪，支援北伐军。为欢迎北伐军进入长沙城，滕代远率领农会组织了宣传队、慰劳队、向导队、运输队、交通队支援前线。

向土豪劣绅宣战

在湖南省农民运动风起云涌的形势下，出现了“一切权力归农会”的革命景象，国民党右派极度恐慌，他们大肆攻击湖南农民运动。而共产党内以陈独秀为代表的右倾投降主义分子不敢支持伟大的农民革命斗争，却和国民党右派分子一起指责农民运动“过火”。

1926年12月1日，为了击退党内外对湖南农民运动的攻击和歪曲，湖南省第一次农民代表大会和工人代表大会同时在长沙召开。滕代远以省农民协会执行委员的身份向大会报告了长沙近郊区农民协会工作情况。中共中央农民运动委员会主任毛泽东在大会上两次发言，充分肯定了湖南农民运动取得的伟大成绩。同时强调指出：“国民革命的中心问题，就是农民问题。”“国民革命没有农民的参加和拥护，就不会成功。”他号召广大党员到农民中去，发动和组织农民革命。这时的湖南已经成为全国农民运动最发达的省份，成为全国农民运动的中心。大会结束以后，毛泽东由滕代远、柳直荀陪同，考察了长沙、浏阳、湘潭、平江等地的农民运动。在长沙考察时，在小东街省农民协会所在地连续召开了五次座谈会，长沙近郊区农会的十几位骨干积极分子参加会议，每次会议数个小时，毛泽东一个问题一个问题提问，农民们发言踊跃，滕代远不时在旁边插话和解释，毛泽东一一作了记录。不久，毛泽东向中共中央提交了关于农民运动的报告，这就是著名的《湖南农民运动考察报告》。

滕代远就是这篇报告的参与者和见证者。1968 年 12 月，在中共中央八届十二中全会上，毛泽东在会上发言就曾大声地说："滕代远，你那时不是湖南农民运动协会委员长吗？叶德辉就是你杀的嘛……"

第一次国内革命战争——北伐战争以后，轰轰烈烈的大革命遭到失败。滕代远并没有被国民党制造的白色恐怖所吓倒，他勇敢挺身出任中共"八七会议"后新改组的中共湖南省委常委，迎着敌人对共产党人举起的血腥砍刀，激流勇进，参与组织和领导了湘鄂赣边界的秋收起义，是建国后依旧健在的秋收起义领导人之一。

《湖南农民运动考察报告》即是对湖南农民运动的肯定，也是代表中共中央对滕代远从常德到长沙以后，完成湘区区委赋予的历史使命的一种表彰，对于近郊区的农民运动，中共湖南省委作过很高的评价。

当时的中共湘区区委书记彭公达就用"湖南的农民领袖"来称赞滕代远。并于 1927 年 10 月 8 日给中共中央写的报告中谈到秋收起义的经验教训时写道："省会近郊区农民的组织基础比各县均好，近郊农民被鼓动能参加暴动者有万人上下……"

土豪劣绅一向是在政治上垄断乡村政权，利用团防局武装镇压、屠杀农民；在经济上用重租、高利贷盘剥农民。农民对他们恨之入骨，称他们为"长牙齿"、"坐长板凳的"。

农民协会成立了，北伐军又进了长沙城。滕代远率领农会首先就清算了"都团总"的账目、清算各项公款。通过清算、罚款、游乡、送县署关押、枪毙等手段，把昔日在农民面前作威作福的土豪劣绅嚣张气焰狠狠地打下去，牢牢地树立起农民协会的权威。

土豪劣绅叶德辉是清末“名士”，辛亥革命后，他与汤芗铭勾结，主办筹安会湖南分会，对袁世凯称臣，劝袁恢复帝制。后又投靠湖南军阀赵恒惕，被授予“高等咨议”。他家有粮田万顷，钱财万贯，在地方上横行霸道，搜刮民财，欺压百姓，人称“长沙地头蛇”。蒋介石北伐经过长沙，叶德辉为蒋介石所看中，蒋介石将自己全身戎装照片送给叶德辉。叶德辉仇恨农民协会，残酷迫害农民群众，为此，长沙近郊区农民强烈要求镇压叶德辉。在中共湘区委员会的领导下，1927 年 4 月 11 日，滕代远组织了在省教育会坪有十万人参加的“湖南人民第一次铲除反动分子示威大会”。大会主席团公布了叶德辉的罪状后，几万与会群众坚决要求立即枪决叶德辉。滕代远马上命令将叶德辉带上高帽子，押赴刑场处决。

紧接着，4 月 14 日，滕代远又在此地组织了“湖南人民第二次铲除反动分子示威大会”。参加大会的也有十多万人，经大会一致通过，将破坏农民运动的土豪劣绅俞赦华、陈国梁押赴刑场立即枪决。

长沙的粪码头，一向由大恶霸与土豪劣绅黄道生所把持，他们对农民挑粪要收取重金，哪个农民敢不交钱来挑粪，他就把农民的桶砸烂，强迫农民吃粪。1927 年 3 月，滕代远率领长沙近郊区农民协会游斗了黄道生，尔后，由农会把他交给长沙县署枪决，农民无不拍手称快。

长沙近郊区的土豪劣绅王品忠等人极力破坏农民运动，农民在他家里搜出一批罪证。滕代远率领农民协会会员四万多人，向省检察厅请愿，揭发了王品忠的罪行，检察厅当即发传票拘押王品忠。

1926 年 10 月 18 日的《民国日报》专门刊发了“长沙近郊区农民四万人大请愿”的消息。

土豪劣绅金国光、陈东伪造总司令部印章，欺骗官员，携带炸弹，残害群众，诱拐妇女。经近郊区第五农民协会抓住审讯，二犯供认不讳，滕代远马上致函卫戍区司令部，于 1927 年 1 月 18 日将二犯枪毙。

农会成立以后，农村土豪劣绅把持的政权都被取缔，乡村政权由农会接管，农民大事小事都来农民协会帮助解决，警察、差役再也不敢下乡来敲诈勒索了。

随着形势的发展，农民在斗争中很快建立了自己的武装。1927 年 4 月 18 日，滕代远写报告给中共湘区区委，要求建立农民武装，发枪给农民协会。长沙近郊区已经举办多期农民自卫军训练班，抽调近百名农民协会会员参加武装集训。不长时间，长沙近郊区农民协会农民已经拥有梭镖十万余支。

滕代远领导农民协会在打击土豪劣绅同时还掀起了反对帝国主义及其走狗——新旧军阀的高潮，使大家明确认识到不打到蒋介石，就不能最后打到帝国主义。他还加强农民协会的纪律，巩固农会组织，与败坏纪律的现象作斗争，保证农民运动健康发展，防止反动派的破坏。长沙近郊区农民协会在滕代远的领导下，组织起草了《关于近郊农民代表决议案》，1927 年 5 月 6 日，经长沙市民会议第一次代表大会通过。决议案提出：禁止土豪劣绅参加政治；组织农民自卫军并发给枪支；没收土豪劣绅土地及近郊荒地给农民；丈量土地，废除浮租，实行二五减租，减少原租百分之二十五；减少押金，每石押金二元；增加雇农工资百分之三十；开办农民银行；普及农民教育，每乡至少设一个学校；解决民食等。

滕代远领导的近郊区的农运工作，搞得非常活跃，形成了近郊农村空前的革命声势。农民向土豪劣绅、不法地主、贪官污吏，以及社会中的旧恶习，发动了猛烈进攻。在短短的几个月内，革命的农民就把几千年来封建地主的特权，打得落花流水，威风扫地。他们创造了近郊区历史上从未有过的革命斗争业绩。广大农民作诗称赞：

农民协会办得好，
男女老少有事搞。
斗土豪，打军阀，
财主崽子守了法。
吃土豪的饭，背财主的米。
农友们个个都欢喜。
农民协会真正行，禁烟禁赌，
修塘修坝好事情。
不贪污，不受贿，
一切权利归农会。

乌云压顶，宁折不弯

1927 年 4 月，中国南方工农运动的蓬勃发展深刻触及了帝国主义在中国的利益，代表地主、资产阶级利益的蒋介石悍然发动了“四一二”反革命政变，革命工农血流成河。继而，5 月 17 日湖北武汉政府独立十四师师长夏斗寅叛变。1927 年 5

月21日晚，在国民革命军三十五军军长何键的阴谋策划下，三十六军独立三十三团团长许克祥，在长沙突然发动了反革命政变（即“马日事变”）。他们捣毁许多革命机关，解除工农武装，公然开枪屠杀共产党员和大批革命群众。这是武汉汪精卫集团准备和蒋介石集团同流合污的信号。

滕代远对接踵而来的反革命政变早有警惕，因为事变发生前，国民党右派就竭力造谣诬蔑共产党和工农运动，并且多次制造事端，向工农武装挑衅。滕代远一面积极向省委汇报国民党右派磨刀霍霍的动作，一面命令长沙近郊区各个农民协会集合自己所掌握的梭镖队和农民武装，检查武器装备，随时准备应对反革命的武装叛变。

马日事变后，由于在长沙找不到党的上级关系，滕代远决定到武汉找中共中央的负责人。结果，找到了中共湖南省委宣传部的负责人庞人侃。他要滕代远仍旧回到长沙近郊区坚持工作，但要他改变活动方式，白天隐蔽，夜间出来活动，组织党的骨干力量和农民自卫军与敌人周旋。于是滕代远重新回到长沙近郊区，展开了新的斗争。

1927年5月21日晚上，滕代远在长沙近郊区农民协会驻地——圣经学校，召开了各农民协会负责人联席会议，分析越来越紧张的斗争形势，研究农民协会应对策略。滕代远在会上说：“大家要警惕，国民党右派早晚是要动刀的，我们农会也不是吃素的，我们也有梭镖，也有少数的枪嘛。（早几个月给省委，党中央打报告要求拨一批枪支给农民协会，被陈独秀右倾机会分子以不要刺激国民党为借口断然拒绝）”滕代远的话还未说完，长沙城内骤然响起一片激烈的枪声，敌人先动手了。滕代远马上按预定计划命令大家撤离近郊区农会，返回自己所在的农民协会，集合各自的农民自卫军，磨刀擦枪，准备和敌人真枪实刀地干一场。

第二天，滕代远派到城里探听消息的梭镖队员回来报告："许克祥军队已经捣毁了省总工会和省农民协会等一批革命机关，收缴了工人纠察队和农民自卫军的枪支。"滕代远带领进郊区农民协会的领导和骨干绕道荆江河，撤回古塘弯（今天的望城县清水村）。5 月 23 日到 31 日，滕代远在长沙县第十区（今天的望城县齐心村）开会布置长沙县十八个乡的农民自卫军共三千多人配合浏阳等县的农军围攻长沙城。关键时刻，中共中央总书记陈独秀以"唯恐引起整个政局的纠纷"为由命令："长沙农民不得进行武装斗争，湖南问题静候政府解决。"就这样，右倾机会主义分子又一次断送了中国革命新生的机会。

围攻长沙城虽然没有成功，但给反动派的震慑却不小。国民党加大了屠杀共产党员、国民党左派和工农群众的速度。长沙的报纸上天天刊登着被屠杀的革命人士姓名、职务。还有一批批叛变自首分子的脱党声明。湘江里流着革命者的鲜血，大街小巷传播着各式各样的谣言。各地土豪劣绅乘机反攻倒算。大部分共产党的组织、工农团体被摧垮，工农群众获得的政治、经济权利全部丧失，湖南城乡被一片白色恐怖所笼罩。

沧海横流，方显英雄本色。滕代远没有害怕，没有消沉，他把对战友牺牲的悲痛深深埋在心中，把对敌人的仇恨转化为顽强斗争的力量，他冒着随时可能被敌人抓捕的危险，顽强地领导着长沙近郊区的地下武装斗争。

当时，农协会员刘东顺家就成为共产党地下秘密联络站。农运转入地下后，滕代远这位年轻的农民领袖，面对强敌，既没有退避畏缩，又没有冒险蛮干。他处事果断又谨慎小心，坚持夜间和分散活动的方式。他一方面找基本群众谈话，鼓舞革命斗志；一方面分头组织力量，采取各种形式打击反革命的气焰。在工作紧张没有时间睡觉时，便把一根香剪得短短的，点燃后捆在手臂上打瞌睡，使自己稍稍休息一下便又继续投入战斗。

有一个叫任慕尧的叛徒了解到滕代远仍在这一代活动，便经常带人前来捉拿。一次，滕代远正在易果生家里谈工作，任慕尧带了一班团丁突然闯到易果生家搜捕滕代远。滕代远来不及躲避，急中生智，立即上床盘腿而坐，放下帐子，双手持枪，屏住呼吸，以观动静。任慕尧在家里转了一圈，未发现滕的踪迹，看到床上有人，便凶狠地问："床上是谁?"易果生镇定地说："是我叔叔，已经病了好几天了。"任慕尧一听说是病人，就领兵走了。

还有一次，滕代远、易正超、汪庆余等正在枫树岸子易八爹家里研究工作。团防局侦缉队又来抓人，包围了屋子。滕代远等人被迫退入猪栏屋，跳入粪池，用猪草盖住头顶，躲过了敌人的搜捕。

这几次脱险以后，滕代远与农协骨干易正超、汪庆余、刘东顺等人商量，一定要除掉这几条毒蛇。滕代远说，反动派搞白色恐怖，我们就要搞红色清乡；对凶恶的敌人，你不杀他，他就要杀你，我们要让他们知道共产党的厉害。

有一天，滕代远在农协会员林利生家楼上，听到凌保正在楼下高声对林利生说："伍伢子，滕代远如果在你家里就要报告，报了赏光洋一千块，不报就要与他同罪!"凌保正走后，滕代远立即派人通知附近的农民纠察队员，当晚到邬家庄和左家公山交界的壕坑里开会，会上决定立即除掉凌保正这条地头蛇。深夜，汪庆余、刘东顺、林利生、易果生一行人来到凌保正家，易果生高声叫凌保正开门接公事，凌保正刚开门，汪庆余二话没说，一枪就结果了凌保正的性命。

处决了凌保正，震慑了敌人，鼓舞了群众。滕代远看到党员、干部的革命情绪重新高涨起来，就与刘树生、刘东顺、易正超、藜桂福等人商量，要秘密组织成立近郊农民复仇大队，开展地下武装斗争。

滕代远一面分头串联，将敌人破坏的农村乡一级党支部一个个恢复起来，一面细致地考察干部，挑选革命武装“复仇队”的领导骨干。1927 年 6 月 22 日，滕代远（此时他已经被中共湖南省委任命为湖南省农民协会委员长）在谷山龙王庙（现望岳乡谷丰村）召集十八个镇乡的党员干部、农民协会、农民自卫军领导人召开大会，正式成立了农民复仇大队。当时，一些农民协会干部面对敌人的血腥屠杀不知所措，滕代远高声地告诉大家：“我们的同志牺牲了那么多，这没什么了不起，过去我们没有枪，拿着梭镖去和敌人的大炮、机枪斗，当然打不过了。现在我们就要从敌人那里夺过枪武装自己，建立我们自己的武装力量，这就是复仇队。”在各个镇乡农民纠察队基础上成立的“复仇队”，成为白色恐怖笼罩下，失散组织的共产党员、农民协会会员寻找党组织的指路明灯。

滕代远亲自担任复仇队队长，易正超任副队长。他领着全体队员宣誓：“努力革命，保守机密，牺牲个人，不供别人，永不叛党。”复仇队制定了队规，确定了行动任务：专杀土豪劣绅和迫害共产党人的敌人，以镇压反革命气焰，为死难烈士报仇。这是在 1927 年 5 月 21 日“马日事变”国民党右派叛变革命后，共产党独立建立武装队伍与国民党军队在湖南正面对抗的第一面红旗。

在滕代远率领下，复仇大队与敌人展开了一系列的英勇斗争。他们三次袭击了九峰镇的国民党团防局。第一次在1927年8月初，一天夜晚，泥瓦匠出身的共产党员龙子安，他体格健壮魁梧，有武功，被指定为滕代远的警卫，他接受了滕代远和易正超交给的任务，带领队员悄悄在团防局外，翻墙进入，凿壁进入弹药库，正在往外搬运枪支时，被敌人发现，龙子安等只得弃枪而走，袭击计划遇到挫折。

复仇的烈火并没有因为第一次的失败而熄灭。滕代远召集复仇大队领导开会研究了这次失败的教训，在第二次行动中做了充分准备，派人去浏阳买了大量鞭炮、又在长沙北门制造好土地雷，复仇大队集合了三百多人奇袭团防局，不料因为密探告密，敌人早有准备，复仇大队枪支太少，绝大多数队员因为没有武器，虽然攻进了团防局，但是被伏兵包围，又失败了。这两次袭击惹怒了团防局长严寿成，他扬言不抓到滕代远决不罢休。他带领国民党军队直向邬家庄扑过去。滕代远闻讯后，迅速隐蔽在农民协会干部李申容家的夹墙里，才没有被敌人抓到。之后，滕代远又组织第三次攻打团防局的战斗，除用步枪猛烈射击国民党军队外，还用鞭炮，三眼铳来威慑敌人。但是，终究因为枪支太少，又一次遭到失败。三打九峰镇团防局虽没有缴获敌人的枪支，但敌人的嚣张气焰却被打掉了。复仇大队还组织队员在夜间处决那些罪大恶极、死心塌地与农民协会为敌的劣绅、团总、密探，替牺牲的战友报仇。

复仇大队攻打团防局的几次失败都因为缺乏枪支，滕代远在斗争与失败中得出真理，要革命就必须有自己的武装，枪杆子里面出政权。滕代远对复仇大队的几位领导说："我们不能当弱者，赤手空拳任人宰割，共产党首先就要抓住枪杆子。"于是滕代远设法用计打入国民党军阀何键的特务营拖枪。1927年秋季，何键的特务营要在长沙招兵，滕代远认为机会来了，他马上派复仇大队副大队长易正超带领八十名队员打入特务营"当兵"。不久军阀混战，叶开鑫打何键，何键的部队退至渫湾镇，拖枪时机已成熟，易正超马上把八十名队员连人带枪在夜晚带回了复仇大队驻地。

"明知山有虎，偏向虎山行"

1927年8月7日，中共中央在汉口召开了"八七会议"，批评了陈独秀右倾投降主义路线。新当选的政治局候补委员毛泽东和彭公达带着重新改选湖南省委与发动湘鄂赣"秋收起义"的历史使命返回长沙。滕代远作为湖南省农民协会委员长被选进新一届中共湖南省委常委，他肩上革命的担子更重了。但是，敌我斗争的形势也更加险恶，敌人开出高价收买滕代远的人头——三千白花花的大洋，而滕代远的部下和战友一个又一个在残酷的对敌斗争中光荣牺牲。复仇大队中队长刘树生到湘潭党组织联系解决复仇大队活动经费时，被当地团防局逮捕，严刑拷打后杀害；共产党员、近郊区农民协会妇女部副部长刘东顺被叛徒指认，在浏阳门外英勇就义；复仇大队干部易六生秘密打入"铲共法院"，为复仇大队收集枪支，也被敌人发现，遭到秘密杀害。敌人时常派出大批军队到农村搜捕，主要目标就是省委常委、省农民协会委员长滕代远。敌人不定时地派出一支又一支军队到滕代远活动的枫树岸子和廖家大屋一带展开地毯式搜查，敌人丧心病狂地命令农民三家一保，五家一联，若有一家发现滕代远不报，其余几家同遭株连。

滕代远“明知山有虎，偏向虎山行”，为了恢复各地的党组织，为了贯彻中共中央在湘赣边界发动秋收起义的决定，也为了建立更多的武装游击营，滕代远有时只能在群众家的猪圈、牛棚里过夜，有时不得不到天心阁城墙脚下的门洞里过夜。尽管如此，滕代远无怨无悔，依旧英勇顽强地和敌人斗争。冒着巨大的风险，积极走访群众，联络组织，为秋收起义进行充分的准备工作。

滕代远在二十世纪七十年代曾经对儿子滕飞回忆起这段往事，他说：“那就是革命，是共产党员的信仰在支撑着我和敌人斗争。什么时候革命能够胜利？我自己还能不能看到这个胜利？不知道。但是我坚信革命一定会最终取得胜利，在中国，工农一定会掌握政权。”这，就是一个老共产党员的政治信仰。滕代远同时给滕飞讲了他心中永远不能忘却的一件事。1927年秋收起义前，他在布置起义行动方案时，突然遇到敌人军队戒严和搜捕，他急忙躲进一个农民协会会员的家里，这对老夫妇把滕代远藏在地窖里，就去应付敌人的盘问，敌人讲明明看到一个人进到你家里，怎么会没有踪迹呢？老汉一口咬定那人从后门跑掉了。后来敌人把老汉抓去，严刑拷打，直到牺牲，老人也没有说出滕代远的藏身之地。这件事，是滕代远心中永远的痛。人民用生命掩护了自己，自己有什么理由不把革命进行到底？有什么理由不视人民为父母，一辈子全心全意为人民服务呢？

战争年代，类似的事情太多了。也是在秋收起义前的一天，滕代远到河西联络农民自卫军，天色已晚，他住在岳麓山背后一家打草鞋的老两口家里。这家的房子只有一个大门出入。半夜时分，突然来了几十名敌军，将房子团团围住，狂叫着拍打着房门。老人想去开门，滕代远连忙拦住了老人。滕代远自己动手迅速将门打开，同时甩出两颗手榴弹，将堵在大门口的敌人炸得东倒西歪，滕代远趁机冲了出去。敌人走后，滕代远又回到房子里，背起婆婆，搀着公公，将他们送到安全的地方休息，而后把敌人的尸体，房子一起放火烧掉了。滕代远后来派人给老夫妇送去二百光洋，为他们恢复家园。

1927 年 9 月 8 日，新组建的中共湖南省委发布秋收起义命令，在毛泽东任师长的秋收起义军里，滕代远被任命为直辖第二团的团长。1927 年 9 月 11 日，为策应湘赣边界秋收起义部队会攻长沙，中共长沙近郊区区委书记滕代远等组织领导长沙近郊区河西、河东农民武装，在长沙近郊区举行武装起义。滕代远 6 月份就命令河西农民协会复仇队副队长叶魁打着“清乡”的旗号，带领自己所掌握的“复仇队”秘密加入到国民党湘军军阀阎仲儒部，叶魁被委任为营长。8 月，中共湖南省委通过滕代远又派余西迈到叶魁部指导武装暴动工作。叶魁、余西迈的行动引起了阎仲儒的注意，遂令叶魁部调防，企图在调防途中将其缴械。滕代远识破其阴谋，马上命令叶魁将计就计，于 9 月 11 日当部队行至长沙城外张公岭时，立即宣布武装起义，将随部督队的邹名鼐处决。然后，偷渡湘江，袭击靳江河厘金局，缴获一批枪支和银元。接着，又袭击国民党麓山镇团防局，击毙团兵数名。

16 日，又袭击三叉厘金局和河西镇团防局。起义胜利后，

“复仇大队”改称工农革命军长沙独立第一团，叶魁任团长，张义任副团长，下设三个营。

在1927年9月9日爆发的秋收起义过程中，滕代远在河西地区组织了数个武装游击营对国民党军队进行猛烈打击。在秋收起义的日日夜夜中，滕代远的着装总是赤脚草鞋，大布衣褂，头顶草帽，手持驳壳枪，率领河西地区的秋收起义部队英勇拼杀，为重创国民党长沙守军建立了功勋。长沙近郊区秋收起义，是全省秋收起义中较有影响的一次起义，它在长沙城郊坚持斗争两年多，有力地打击了国民党反动派的地方势力，配合了其他地区的武装斗争。

秋收起义失败后，滕代远没有跟随毛泽东去文家市整顿起义部队，因为滕代远又接到湖南省委一道命令：让他去醴陵，与潘心源一起组建中共湘东特别委员会，以实现湖南省委组织发动第二次起义的目标。

1938年在延安。左起：李富春（三任）、彭德怀、杨尚昆（二任）、滕代远（首任）

第四章

党指挥枪，缔造红五军

- 组建湘东特委
- 策动平江起义
- 百折不挠上井冈

组建湘东特委

1927 年 11 月初的一天，滕代远身着中山装，梳着分头，身藏一支驳壳枪，从长沙小吴门坐火车到了株洲，与迎接他的株洲市委书记蒋长卿见了面。蒋长卿告诉滕代远与中共醴陵县委书记林蔚的接头办法，林蔚曾担任湖南省委秘书长，与省委常委滕代远本来就很熟。林蔚要他去离县城较远的南四区居住，那里安全一些。滕代远说："干革命总是有危险的，你们这里群众基础好，便于马上开展工作，我就住在你这里。"

滕代远初到醴陵，人生地不熟，加上敌人又十分猖狂，深感自己的责任重大。为了早日组建湘东特委，做好湘东地区特别是醴陵第二次起义的准备，首先要了解情况，联络骨干，尽快恢复被敌人破坏的党组织和农会。滕代远以积极而谨慎的态度，采取隐蔽和个别活动的方式，与陈恭、陈觉、林蔚等分头进行活动。

为了避开敌人的"清乡"，他们白天一般闭门不出，夜间就在野地里、山坡小河边，同党的骨干和农民群众聊天，参加一些秘密会议，了解当地情况，讲解革命形势，指导他们活动。

滕代远扑下身子，一个村一个村地找农民协会骨干谈心，了解敌情。在摸熟情况后，滕代远果断决定，马上开会成立中共湘东特委，滕代远担任特委书记，潘心源、蒋长卿、林蔚、罗启厚是特委委员。中共湘东特委管辖浏阳、醴陵、萍乡三个县和株洲、安源两个市。中共湘东特委的主要任务就是恢复和发展各地的党组织，开展武装斗争，建立各地的红军部队，实行土地改革，建立苏维埃红色政权。同时，派一批工农骨干青年打入各级国民党军政部门和湘军的营、连部队，等待时机，瓦解敌军，夺取武器弹药。还有就是发动各乡镇红色政权，筹集粮秣、药品、被褥等物质，支援井冈山革命根据地。这个任务被滕代远定为中共湘东特委最重要的任务。那时毛泽东上了井冈山，中央和省委的人去井冈山，都是经过湘东特委转移上去的。特委还负责传送党的文件。毛泽东和朱德的部队刚在井冈山会师，红四军发展到一万多人，他们要求特委的党组织动员工人上山，补充红军的下级干部。滕代远、湘东特委根据这一要求，曾组织了几批铁路和煤矿工人上井冈山参加红军。这对于红四军的发展，井冈山根据地的建立，都起了积极作用。

国民党湖南军阀何键听说中共湘东特委成立了，大骂手下军官“剿匪”不力。敌人调集重兵，向湘东红色根据地发动了多次“围剿”。敌人的烧杀抢掠，使有些干部沉不住气了。特委书记滕代远专门开会，对同志们进行了思想教育。滕代远对大家说：“我们都是共产党员，干革命当然要冲在群众前面。革命就不能怕死，我们能坐着让反革命来抓吗？这绝对办不到，我们也有枪，我们也有红色政权，我们的背后，有湘东几百万父老乡亲的支援，同志们，我们永远不要忘记加入共产党时的誓词——为革命不怕流血牺牲，脑袋掉了碗大一个疤。”滕代远是这样说的，也是这样做的。每一次作战行动，滕代远总是冲在最前面。许多时候，滕代远总是把最危险，最艰苦的任务留给自己。

中共湘东特委做了分工：滕代远除了主持特委全面工作

外，主要分管醴陵、安源的工作；潘心源在醴陵东乡、浏阳南乡、萍乡北乡活动；蒋长卿在萍乡、株洲一线活动。在书记滕代远的统筹安排下，在中共湘东特委的坚强领导下，湘东红军队伍一天天在扩大，红色政权在湘东如雨后春笋般撒遍大地。各地农民协会逐步恢复起来，在醴陵县南三区青家庵举行恢复农民协会的庆祝大会上，滕代远在群众敲锣打鼓放鞭炮的喜庆气氛中，亲自为农民协会的恢复挂牌，并在大会上发表了热情洋溢的讲话。滕代远还根据湖南省委准备发动第二次起义的精神，重点抓建立红军队伍，积极开展武装斗争的中心工作。

从1927年冬季到1928年4月，湘东各县、市的红军等武装力量纷纷建立起来。武装力量有两种形式：一是赤卫队，几乎每一个乡都有赤卫队，有的还建立了红军游击营，一个营光步枪就有三四百支。醴陵南乡的丁斗塘、塘冲都建立了小型兵工厂，可以修理枪支，还可以制造梭镖、大刀、鸟铳，以及群众发明创造的长龙炮和松树炮。二是中共湘东特委直属的红军部队。秋收起义失败后，参加起义的一些部队在醴陵西乡改编为武装游击营。后来中共湘东特委将这个营扩编为湘东红军第一团，周志刚为团长，滕代远兼任党代表，张湘云为政治部主任，这个团有步枪六百多支。滕代远率领红军第一团与国民党前来“围剿”的正规军进行了激烈的战斗，打垮了敌人对湘东红色政权的多次进攻，俘虏了大批国民党士兵，充实到红军第一团。为了加强对湘东各县、市红军部队的统一指挥，中共湘东特委专门设立了军事委员会，余克敏任军委负责人，统一协调，指挥各红军部队作战。

1927年冬季到1928年春季，滕代远为书记的中共湘东特委指挥湘东红军对国民党湘军“清乡”部队发动了五次战役，与敌人作战一百多次，歼敌近万名，缴获各种武器数千支。湘东红军与各县游击营兵力最盛时期总数达四万多人。为了支援邻省的井冈山红军，滕代远决定，派中共湘东特委红军第一团的刘型（建国后曾任农垦部副部长）、晏福生（建国后曾任广州军区副司令）、游龙率领部分作战出色的营、连上井冈山，编入红四军部队。滕代远非常佩服毛泽东在红军中建立党领导军队这种建军原则，他也要求湘东红军团有政治部，营连建立党支部，各级都设立党代表。滕代远在担任中共湘东特委书记时，已经能比较好地理解毛泽东在井冈山红军实行的一套政治治军的方法，为他一年后，在平江起义后建立红五军，改造国民党旧军队为工农红军积累了丰富的工作经验。

湘东红军和革命根据地的迅猛发展，使国民党湖南省政府主席鲁涤平伤透脑筋，他多次派军队“进剿”，均被湘东红军消灭。国民党军队被迫缩在城内，不敢下乡，湘东农村形成了武装割据的局面。当时的《湖南日报》报道：“醴陵县真是闹得稀稀糟糟了，军队虽然有，不敢下乡，纵然下乡，就要马上回县，犹如小鸡离开母鸡一般，怕鹰叼了去。”当时有一句格言：“南四国，西一寨，罗家岭，是租界。”形象地形容了这种武装割据的局面。所谓的“南四国”是指南四区，“西一寨”是指西一区，这两块红色根据地，革命势力强，敌人很难打进去。所以人民群众把它们称为“独立国”。如果敌人大举进犯，我军则向罗家岭一带高山退却转移，打伏击战，敌人也不敢轻易进去，所以把“罗家岭”形容为“租界”。随着湘东红军的发展，各地红色政权，区、乡的苏维埃政府陆续建立起来。1928 年 2 月，南四区苏维埃政府首先成立，五千人庆祝集会，并举行了升旗典礼和游行示威，紧接着五、六个区全部成立了红色政权。农村的墙壁上到处张贴着“苏维埃政府万岁”“中国共产党万岁”的标语、口号。滕代远十分注意各市、县之间的相互配合和相互支援。当醴陵举行暴动时，浏阳、萍乡、安源、株洲等地也先后向敌人进攻，组织暴动，同时，株洲的铁路工人破坏铁路、电线，阻击敌人援助醴陵的守军。当萍乡小西区举行暴动时，醴陵的南二区、南三区也出动工人赤卫队几千人支援攻打国民党团防局，缴获敌人几十只步枪。

1928年1月27日与2月27日，滕代远与中共湘东特委两次组织醴陵农民武装近万人举行暴动，攻打据守县城的国民党军队，给敌人造成重大伤亡，使湖南国民党军队胆战心惊。1928年6月，湖南省委鉴于中共湘鄂赣边特委书记郭亮被叛徒苏先骏出卖而牺牲，指定滕代远接任中共湘鄂赣边特委书记一职。敌人残暴地把郭亮的头颅割下来，挂在长沙的城楼门上。这无疑是对共产党人的恐吓。滕代远作为一个身经百战的职业革命家，没有胆怯，只有仇恨。他和郭亮很熟，曾在湖南省委一起并肩战斗过。战友的牺牲使滕代远发誓要拼命工作，最终实现烈士未竟事业。中共湘鄂赣边特委管辖岳阳、临湘、崇阳、通城、通山、大冶、阳新、平江、修水、铜鼓、万载等县，特委机关原来设在岳阳城内，现在已经被敌人破坏。湖南省委告诉滕代远：驻平江的国民党湘军独立五师一团有党的组织，党的负责人是团部的副官邓萍，团长彭德怀是刚刚入党三个月的新党员。你到平江去，要做好工作，争取这个团起义，建立中国工农红军第五军，以便与井冈山红四军相配合。他深深地感到这是党对自己的信任和期望。尽管任务艰巨，困难重重，但对于一个共产党员来说，只能迎着困难上，不能有半点犹豫退缩。

策动平江起义

1928年4月，国民革命军独立第五师第一团团长彭德怀由段德昌介绍加入中国共产党，随即在第一团建立起了秘密党支部，邓萍负责党的工作。第一团党组织在士兵中建立起“秘密士兵会”，向广大士兵进行革命教育，加强了士兵的团结。1928年4月底，彭德怀曾召集当时在师随营学校工作的共产党员黄公略、贺国中、黄纯一开会，决心创造条件，争取全师起义。中共南（县）华（容）安（乡）特委的成员也参加了这次会议。6月中旬，独立第五师奉命由南（县）、华（容）、安（乡）开到平江接替阎仲儒旅“剿共”，彭德怀所率的第一团团部及第一、三营驻平江县城，第二营驻思村，第二团驻北乡，随营学校驻岳州。第一团到平江后，曾多次阻挡民团的对共产党员的屠杀行为。

1928年7月2日，滕代远身着布衣，提着麦秸编织的手提包，昼夜兼程，走在湘东山区的小路上，他先到浏阳县的丙子岭镇参加了中共浏阳县委扩大会议，与县委领导成员张启龙、王首道（建国后任国家交通部长、广东省委书记）等见面，他以省委特派员、湘鄂赣特委书记身份作了下一步工作的指示。会后，浏阳县委选派交通员护送前往平江，在平江东乡，滕代远见到了中共平江县委的组织部长兼军事部长钟期光（1960年任军事科学院副政委，上将），向他了解平江党和游击队的情况，特别是驻平江独立五师一团的情况。然后，钟期光派游击队员傅秋涛（1955 年总参动员部部长，上将）等几个人化妆成轿夫，用一乘小轿将滕代远抬送进城。当时在平江有钱有势的阔人乘坐的轿子，照例可以不受城防哨兵的盘查。滕代远不禁想起 1926 年他在平江担任共青团县委书记的情况，平江人民有着光荣的革命传统，参加过 1927 年的秋收起义，在这里建立武装割据有良好的群众条件。

7 月2 日，滕代远进城后直奔一团团部，以老同事的名义，他首先找到了团部副官共产党员邓萍，接上了党的组织关系。邓萍将滕代远安排在城里君子巷一家名为“镜中天”的旅馆住下，然后约了部队中的党员赶来看望滕代远。邓萍说，彭德怀带部队出城巡视去了，过几天才能回来，其他党员纷纷向滕代远汇报党在士兵中开展的工作。国民革命军独立第五师原属湘军，师长是刘令刑，实际管事的是常驻长沙的副师长周磐，另一副师长李慧根与部队住在一起。所属一、二、三团 6 月间由湖南南县、华容、安乡一带调到平江，目的是扑灭平江的革命火焰。一团及师直属单位驻扎平江县城，二、三团分别驻在平江的北乡、东乡，师随营学校驻在岳阳。一团在南县驻防时，在中共南华安特委领导下建立了党组织，党员除副官邓萍外，还有入党三个月的团长彭德怀、一连连长李灿、九连连长黄纯一、通信班长张荣生及彭德怀的通信员李光。另外，第三团三营的营长黄公略和师随营学校领导人贺国中也是共产党员。滕代远感到这支部队虽然是军阀控制的部队，但下级军官和士兵受到革命思想的影响，又经过部队中共产党组织的宣传，士兵有一定的阶级觉悟。一团士兵生活十分困苦，长期拿不到薪饷，对反动政府产生反感。滕代远根据这些情况，认为省委交给他相机组织暴动的任务已经具备了一定条件，必须抓住机遇马上发动起义。

滕代远很快给湖南省委写了“关于平江驻军情况”的报告，提出与中共平江县委有了很好联络以后，或者在五师副师长周磐来平江时即发动起义的建议，请省委尽快批准。地下交通员马上将报告速递湖南省委。前一封信刚刚发出，很快湖南省委另一份特急秘信经过地下联络点速递到滕代远的手中。这是湖南省委关于南华安特委被破坏的通知：“独立五师党的情况有所暴露，立即策动暴动，以争主动。”滕代远看后，万分焦急。他一方面让一团地下党员主动与中共平江县委联络，另一方面检查一团地下共产党员在各营和连的分布，以决定选择起义时的兵力分配。这时，彭德怀正在驻平江城南二营驻地巡视，他突然获知长沙抓获共产党南华安特委负责人，搜出黄公略驻军南县时以营长名义亲笔写的一张通行证。彭德怀刚刚也接到了邓萍写给他的信，知道湖南省委的特派员滕代远已来到平江，滕的任务就是发动一团起义，成立红军。于是彭德怀马上赶回县城，途经电报局时，局长交给他一份副师长周磐给驻在平江的副师长李慧根的密电，要李慧根立即逮捕黄公略。情况万分紧急，彭德怀立即到旅馆看望滕代远商量对策。滕代远第一次看到这个比他大六七岁的共产党员，不免仔细打量起来：只见他中等身材，肩膀宽阔，浓眉大眼，显得刚毅朴实。

彭德怀见到滕代远后便将截获的电报内容告知，滕代远也把省委的紧急通知精神告诉彭德怀。两人经过商议，认为时机紧迫，稍有犹豫，不仅起义无望，部队的革命力量也有被敌人消灭的危险，于是果断决定没收周磐的密电，发动起义。滕代远建国后在回忆这段历史时，曾表情严肃地说：“敌人把屠刀举起来了，我们如果再有一点犹豫，就会成为历史罪人。”

当日，彭德怀以为滕代远洗尘的名义，在“镜中天”旅馆设宴作为商议起义的掩护，滕代远、彭德怀、邓萍和一团的共产党员都到了场。滕代远以省委特派员和湘鄂赣边特委书记的身份向大家传达了省委对立即发动独立五师一团起义的指示，一团全体共产党员听后欢欣鼓舞，彭德怀介绍了截获的电报内容，提出发动起义以闹饷为名，全体同志一致同意立即起义。会议对起义的准备工作以及具体分工也都作了认真研究，彭德怀与滕代远一起制定了起义前的行动方案和情报收集要点。对平江国民党县保安队和警察局的兵力部署绘制了详细的地图，而且获知，敌人民团每天 12 点半午休，14 点起床，这段时间除岗哨卫兵外，没有其他人在营外。因此决定把起义时间定在 1928 年 7 月 22 日（农历六月初六）下午一点敌军午睡的时间。为了方便工作，李灿将滕代远从旅馆转移到未来起义发动地——平江城东的“天岳书院”，后来很多起义宣传品都是在滕代远的房屋里油印的，连后来起义时用的红布领带也在这里制作的。起义前一些绝密会议就在这里召开，所以这所茅屋已实际变成领导起义的指挥部。滕代远前不久曾在湘赣边界发动“秋收起义”，后来又在湘东醴陵等地组织了年关暴动，并曾担任工农革命军第一团的党代表，他从实践中体会到，夺取平江起义的关键在于把一团广大士兵和下级军官组织和发动起来。因此他把工作重点放到扩大党组织外围“士兵会”的骨干身上。

经过紧张的工作，全团士兵委员会普遍组织起来，李灿被推选为全团总代表。通过士兵委员会向士兵们揭露国民党挨户团残杀工农的罪恶事实，提高士兵的阶级觉悟。驻在平江城内的一团是起义的基本力量，同时派人通知驻在嘉义的第三团三营营长黄公略和驻岳阳的师随营学校领导人贺国中，要他们一道参加起义。滕代远还通知中共平江县委要求他们组织全县工农武装配合起义，并转告浏阳县委发动赤卫队武装力量配合。为了使起义行动更加周密，对敌人县长、反动头目的姓名、住址以及敌人挨户团、警备队、民团、警察的人数、武器、哨位的位置都调查清楚，并绘出略图，将平江起义部队各个营连的攻击目标都做了详细分工。起义的宣言、布告、标语和战士们佩带的红领带都做好了准备，革命的烈火达到一触即发的地步。不料黄公略在接到起义通知后正在作准备的时候，却被他的上司——第三团团长刘济人发觉，打算以发动士兵图谋不轨的罪名予逮捕，迫使黄公略不得不于 7 月 21 日率领三营在嘉义提前举事，赶赴平江与主力会合。彭德怀与滕代远得到这个消息后进行了周密分析，决定起义日期不变。在临起义最后一次党员会议上，彭德怀、滕代远检查了起义的准备工作，再次研究了起义部队的番号，彭德怀提议叫“工农革命军”，滕代远认为，井冈山与湘东各市县早已建立了红军部队，所以起义部队还是叫“工农红军”为好，大家一致同意叫工农红军这个名称，番号定为“中国工农红军第五军”，并挂出有斧头镰刀的红旗，当晚彭德怀召集连长以上的军官会议，撤销了一些劣迹昭著的旧军官的职务，并加以软禁，以扫除内部障碍。

起义前，还就党的政治主张、建立工农兵苏维埃政府、实行土地政纲等方面，提出了以下最低要求：

一、彻底消灭平江城的民团、挨户团等地主反动武装。

二、宣布成立中国工农红军第五军。

三、建立平江县工农苏维埃政府，宣布土地革命。

四、释放在狱中的一切政治犯。

五、在湘鄂赣边境建立革命根据地，并求得与湘赣边境革命根据地和红四军活动的区域打成一片。

六、改善士兵生活。

七、向富商筹募军饷，没收地主豪绅及反动头子的财产。

八、反对一切帝国主义，没收各帝国主义者在平江的教堂、企业和财物。

九、武装拥护苏联，并与各弱小民族、被压迫民族联合起来，反对帝国主义的战争。

十、人民有言论、出版、结社、集会、罢工等自由。

在彭德怀与滕代远的领导下，经过党员和士兵委员会的骨干分子几天的共同努力，起义各项准备工作基本完成。

1928 年 7 月 22 日早晨，平江天岳书院的操场上，整齐地排列着独立第五师一团的官兵，在起义誓师大会上，首先由士兵委员会总代表宣布起义，继由彭德怀讲话，他宣布了各连指挥员名单和革命纪律，下达作战命令。当日中午，平江城里枪声大作，敌人惊惶失措，匆忙抵抗，但他们哪里是训练有素正规部队的对手，不到两小时的战斗，起义部队就全部解除了挨户团、警备队、警察局以及独立五师直属队两千余人的武装，可惜不小心让五师副师长李慧根偷偷跑掉。还活捉了敌人县长等一大批反动官吏，释放了监狱里关押的政治犯 600 多人，镰刀斧头红旗在平江城上高高飘扬。起义第二天午后，贺国中率领驻岳阳学校学员 100 多人以野外训练为名，抵达平江参加起义。彭德怀和滕代远会见了全体学员，滕代远说，随营学校来平江参加起义就算毕业了，我们大家既然参加革命就要准备流血。黄公略率领起义部队，也于 7 月 23 日到了平江城北外五堡的一个小镇，他要部队在这个小镇休息，自己一个人到城内与彭德怀和滕代远联系，结果部队在第九连连长贺仲斌的煽动下，叛变革命向南逃走了。这是一个严重的教训，说明旧军队的改造任重道远。中共平江县委带领游击队也陆续进了城。平江县委女将胡筠率领干部和大批群众入城，他们一面慰劳起义部队，一面对群众开展宣传。

7 月24 日彭德怀和滕代远率领起义部队和中共平江县委一道，在城内月池塘召开了几万人参加的群众大会，庆祝平江起义的胜利，城里城外锣鼓喧天，家家户户挂红旗。大会上滕代远以中共湖南省委特派员的身份主持会议，宣传了共产党的主张、建立红军的意义和任务，彭德怀接着发言阐明了今后的任务。滕代远代表湖南省委宣布成立中国工农红军第五军（第十三师）下辖一、四、七共三个团，并代表省委提议由彭德怀任军长兼师长，滕代远为军党代表兼师党代表，邓萍为参谋长，雷振辉、李灿、陈鹏飞、黄公略、黄纯一、贺国中分别担任一团、四团、七团团长和党代表，同时成立红军第五军军事委员会来负责军事指挥的责任。在会上还正式成立了平江县工农兵苏维埃政府，选举胡筠（女）为主席。大会之后部队立即进行整训，大力加强党对军队的绝对领导，将原团党委改为师党委，从军到连先后实行了党代表制，团以上建立政治部，同时积极发展新党员，用可靠分子代替表现不好的连排长。

许多年后滕代远回忆那时的情景，他说：“那个时候我们就着手开始考虑怎样来改造这支起义部队，因为它毕竟是由国民党旧军队演变过来的。军旗变了，官兵的思想转变就没那么简单了。”

1956 年9 月，彭德怀在回忆往事时写到：“代远同志对平江起义帮助不小，是平江起义的领导者之一，特别是对军队中建立政治工作、建立党、建立工农兵苏维埃政权，都起了积极作用。”

随后，彭德怀、滕代远又召开了中共平江县委和红五军党组织的联席会议，决定扩大宣传工作，充分发动和武装群众，消灭地主武装，肃清反动势力，恢复和发展党的组织，加强党的领导，没收地主的土地分给农民，在全县巩固扩大起义成果。

平江起义是在第一次国内革命战争遭到失败，革命进入低潮时期发生的，它极大地振奋了革命者的斗志，沉重地打击了反动势力。平江起义创建了红五军，为湘鄂赣革命根据地的建立，红军的发展壮大，为井冈山革命根据地的巩固和发展提供了有利条件，它和南昌起义、秋收起义、广州起义一起载入中国革命的史册。

百折不挠上井冈

平江起义的胜利和苏维埃政府的建立，震惊了湖南省反动当局。湖南省清乡督办署慌忙派陈光中、朱耀华等部队，分数路扑向平江，妄图一举消灭刚刚诞生的红五军。

1928 年 7 月 29 日红五军与进攻平江的六个团的敌军展开激烈战斗，七团团长黄纯一牺牲。30 日上午，红五军撤出了平江城，新生的红五军受到强大敌人的围追堵截，马不停蹄，最多时一天要打七八次仗。不少同志英勇牺牲了。在敌人严密封锁下，部队每天只能以霉烂的红薯丝和野菜充饥，部队中一些人退缩了，有些人逃跑了，部队严重减员。

彭德怀、滕代远率领红五军撤出平江城后，主要活动在湖南、湖北、江西三省交界的地区。

8月20日红五军正在黄金洞整训时接到中共湖南省委指示，正式批准成立中国工农红军第五军及军师团领导人任命，批准红五军军委的组成和活动方针。省委要求红五军“从连起实行党代表制”，同时要求“红五军应向平、醴一带发展，宜与红四军朱毛联结。避免与敌军的主力作战，以为将来实行的发展。”接到指示后，滕代远精神极为振奋，特别是要他们与毛泽东、朱德领导的红四军取得联系，这正是他向往已久的事。他深知毛泽东、朱德思想水平高，具有丰富的斗争经验和军事才能，与他们会合后，可以随时向他们学习请教，得到他们的指导和帮助。而且红五军与红四军会合，就可以避免孤军奋战，更有发展前途。

八月下旬，彭德怀、滕代远率领部队向井冈山进军，边战斗边行军。9月8日到达江西万载大桥时，立足未稳，一名叛变投敌的副连长向敌告密，敌军朱耀华部派三路军队来袭，激战两小时，红军伤亡百多人，第一次上井冈山就这样失败了。

彭德怀和滕代远总结了第一次上山失败的经验教训，决定对不可靠的旧军官重新审查清洗，再吸收一批工农优秀分子入党。并且决定将原来的三个团改编为五个大队和一个特务大队，参加整顿部队的李寿轩（1955年授军衔中将副司令，当时为副大队长）在回忆录中说：“这次部队整训，就像生铁回炉，经过再一次熔炼，战斗力大大提高。”此后，红五军采用声东击西、欲南先北的策略，给敌人摆下迷魂阵，出其不意再上井冈山。由彭德怀、邓萍率领四个大队向鄂南、赣北发展，黄公略率二大队在平江、浏阳、万载一带活动，滕代远率特务大队在修水、铜鼓一带游击。

当红五军正准备分兵游击时，察觉第一大队大队长李玉华、第四大队长雷振辉有投敌迹象。彭德怀和滕代远决定立即解除他们的武装。结果李玉华闻风率一部分人潜逃，雷振辉当场抢夺手枪行凶，企图杀害彭德怀，被共产党员黄云桥开枪击毙。这一严重事件的发生，使滕代远进一步加强从连到大队的党支部、党总支、党委和政治部的建设。红五军普遍召开党的支部会、小组会、召开士兵委员会会议，发扬民主，开展批评与自我批评，使党员和积极分子发挥了带头作用，党的力量大大加强，有力地巩固了部队的团结。

1928 年 10 月，红五军转战到修水，国民党军队开始对湘鄂赣边境进行“三省会剿”。在这种险恶形势下，滕代远以中共湘鄂赣特委书记兼红五军党代表身份召开军地领导联席会议，决定红五军和各县的赤卫队混编为三个纵队十个大队，另军部直辖一个特务大队。混编后各纵队分散活动，同时将红五军师党委改组为军党委，正式成立了中共红五军委员会，滕代远担任军党委书记，会议结束，黄公略带领二纵仍在平江、浏阳、铜鼓、修水一带坚持斗争，牵制敌人。滕代远与彭德怀带领一纵、三纵和军直属队。在二纵掩护下，开赴井冈山，与红四军会合。

吸取前次上山未成的教训，滕代远与彭德怀决定采取快速隐蔽、出敌不意的方式上井冈山。11 月 27 日突袭万载，歼灭该县敌军，缴获步枪 40 多支。在万载筹办了军饷，解决了冬衣问题。红五军又主动撤离万载，摆脱敌军的围攻堵截，经萍乡的芦溪、宜风到达莲花县九都村。

这时，红四军前委获悉红五军南下的消息，毛泽东、朱德即命令红四军做好迎接准备，指定特务营、独立营会同莲花县赤卫大队，组成由何长工、毕占云为首的北路行动委员会，12月初率队从宁冈出发，经永新先于红五军进入莲花县境，在道路两旁观察。忽然接到哨兵报告，前方发现一支队伍，身穿灰军装，脚踏草鞋，头上缠布，举着红旗，不像国民党部队。何长工立即带队前去观察，双方朝天鸣枪，互相派人接洽，红五军和红四军终于在上沿村会师了。彭德怀、滕代远和何长工、毕占云召开联席会议，决定不惊动周围敌人，红五军在何长工部引导下，即刻向井冈山开拔，等到永新、萍乡等处敌人发觉时，彭德怀、滕代远率领的红五军已于12月10日到达宁冈，与红四军主力胜利会师。

井冈山革命根据地，是土地革命战争时期中国共产党在湖南、江西两省边界罗霄山脉中段创建的第一个农村革命根据地。1927年10月，毛泽东率领经“三湾改编”后的秋收起义部队到达井冈山，先后在宁冈、永新、茶陵、遂川等县恢复和建立了党组织，发展武装力量，开展游击战争，领导农民打土豪分田地，建立红色政权，实行工农武装割据，创立了党领导下的第一个农村革命根据地，是毛泽东亲自树立起来的一面旗帜，也是千百万革命人民向往的地方。

红五军经过艰苦转战，击退敌人无数次围追堵截，终于到达井冈山的脚下。战士们无不满怀喜悦，心情激动。

毛泽东、朱德与彭德怀、滕代远的这次会师，情景感人，意义重大，他们相互拥抱问候。滕代远早在长沙当省农民协会委员长时就与毛泽东相识，对于毛泽东的品德和才能十分敬仰。而毛泽东对这位长沙的农民领袖、平江起义党的领导人也十分尊重，两双手紧紧地握在一起。

12 月 11 日，红五军与红四军在宁冈新城举行了会师庆祝大会，大会在城外一个广场上举行，会场临时搭起了台子，台子两边贴着一副由陈毅书写的对联：“在新城迎新人演新戏打倒新军阀；辞旧岁逢旧友叙旧情推翻旧世界。”这里有一个小插曲，台子搭好后，由于没系紧麻绳，人一上去台子就塌了。大家七手八脚又重新将台子搭好。这时有人在下面嘀咕：“真不走运，刚会师台子就倒了……”朱德听到后大步走上台爽朗地说：“刚才有人议论台子倒了不吉利，同志们，台子倒了有什么，再搭起来就是了，工农革命的台子是永远倒不了的。”在场的群众以热烈的掌声表示对朱德的支持。红五军主力的全体指战员和红四军的二十八团、三十一团的指战员参加了大会。毛泽东、朱德、彭德怀、滕代远、陈毅出席了大会。

毛泽东、朱德在讲话中分析了总的政治军事形势，并讲了红四军、红五军胜利会师，使革命队伍的力量更加强大，要求团结一致，开展对敌斗争，建设以井冈山为中心的罗霄山脉革命根据地，把革命红旗举得更高。彭德怀、滕代远也在会上讲了话，滕代远在讲话时感谢毛泽东、朱德和红四军全体同志们对红五军上山的一片盛情，扼要回顾了平江起义和上山经过，表示红五军要虚心向红四军学习建军和地方工作经验，共同保卫井冈山革命根据地。会场上，红五军战士纷纷拿出买的鞋袜、毛巾和自己打的草鞋送给红四军的战友，会场上洋溢着战友情和兄弟情。红四军和红五军的胜利会师，使创建井冈山革命根据地的力量更加强大。

毛泽东曾经讲过：“开创井冈山革命根据地的红军力量对外就称为红四军和红五军。”那还是毛泽东三十八年后，在

1965 年 5 月 21 日重上井冈山，5 月 24 日中午，对汪东兴等随行人员讲到缔造井冈山革命根据地的四支红军力量时说："一支是我（毛泽东）率领的秋收暴动起义的部队……；第二支是井冈山袁文才、王佐领导的两支小的农民地方武装……；第三支是八一南昌起义部队在潮汕失败后，由朱德、陈毅率领的余部和湖南农军会合后上井冈山的部队，前三支部队 1929 年 5 月 4 日组成红四军；第四支是由彭德怀、滕代远率领平江起义后上井冈山的红五军……这样，井冈山的这四支部队对外称红四军、红五军。1929 年 1 月，红四军主力部队开始离开井冈山，先后到赣南、闽西开辟新的革命根据地……彭德怀、滕代远率领的红五军和王佐率领的三十二团守卫井冈山，坚持斗争。""毛泽东兴致勃勃，一口气讲了当年缔造井冈山革命根据地四支红军的来历与组成情况，使我对创建井冈山革命根据地的四支红军历史和井冈山革命根据地的历史有了新的更深的了解。"（《跟随毛主席重上井冈山》，《汪东兴日记》2010 年 5 月第一版）

从平江起义，转战湘鄂赣，井冈山会师，浴血奋战保卫井冈山，一直到两次攻打长沙，中央苏区第一、二、三、四次反"围剿"战役，滕代远和彭德怀这两位红军高级指挥员都是密切协同，并肩战斗的，被历史学家称为如同毛泽东和朱德、邓小平和刘伯承一样相似的"戎马双星"。

第五章

雷霆万钧，浴血奋战

- 临危不惧，授命于危难
- 为了胜利向外突围
- 重回井冈山
- 党的坚强领导是胜利的保障

临危不惧，授命于危难

红五军与红四军在新城开完会师大会之后，红五军军部迁到离城一公里的黄下村进行整训。这期间，滕代远和彭德怀经常到红四军驻地新城的城隍庙向毛泽东、朱德请教，商量如何提高红军素质，如何把武装斗争、土地革命和革命根据地建设结合起来进行，以不断发展红色政权等问题。毛泽东、朱德也经常到黄下村来看望滕代远和彭德怀等人，他们之间关系十分融洽。

上山后不久，滕代远参加了毛泽东主持召开的红四军前委、湘赣边界特委和红五军军委联席会议。为了统一红四军、红五军两军的指挥，决定将红五军抵达井冈山的部队，暂编为红四军三十团。彭德怀为红四军副军长兼三十团团长，滕代远为红四军副党代表兼三十团党代表。建制合并，统一指挥，提高了红军的战斗能力。

红四军、红五军的会师，壮大了湘赣边界的革命力量，国民党反动当局为之惊恐不安。蒋介石于1928年12月，调集湘赣粤三省国民党军队二十一个团（湘军九个团，赣军九个团，粤军三个团）三万八千人的兵力，以湖南军阀何键为总指挥，江西军阀金汉鼎为副总指挥，分五路向井冈山革命根据地猛扑过来。敌军实行层层包围，步步紧逼，最后合击的战术，企图在第三次“会剿”中，一举摧毁这个红色革命根据地。

1929年1月4日，在宁冈县召开的红军、边界党组织的“柏露联席会议”上，毛泽东提出了“围魏救赵”的方针，确定红四军大部队下山进攻吉安，诱使赣军回援，以解井冈山之围，并乘机发展新的革命根据地。由红五军改编的三十团及三十二团王佐部留下保卫井冈山。

滕代远以共产党员顾全大局的组织观念和为革命勇于牺牲的高风亮节在红五军党委扩大会议上，传达了柏露会议精神，耐心说服了不愿守山的同志们要坚决服从大局，坚决完成党交付的任务。毛泽东以后曾在多种场合称赞滕代远、彭德怀有坚强的革命意志，胸怀坦荡，顾全大局。

毛泽东说："红五军不是一般的接受任务，而是临危不惧，受命于危难之时。如果没有大无畏的勇气和牺牲精神，是不敢以七八百人的军队，担负起保卫受三万敌军进攻的井冈山这个千钧重任的。"滕代远 1929 年 1 月 12 日在上井给湖南省委写了详细报告，回顾了自平江起义后率部上井冈山的经过情况，总结了有关红军作战，红军建设，党的工作以及革命根据地建设的经验教训，为红五军的建设提出了很有价值的见解。特别是报告了红五军党委坚决顾全大局，执行柏露会议决定，义无反顾地准备付出最大的牺牲，以少许兵力抗击敌军三万重兵进攻井冈山这一艰难作战任务。这份报告早已成为党史军史上研究早期红军的缔造以及红军建设的珍贵历史文献。

1929 年 1 月 14 日，毛泽东、朱德率红四军 3600 人下山后，滕代远，彭德怀立即在井冈山下庄与湘赣边境特委召开了联席会议，制订了守山措施，部署了参战兵力。井冈山方圆三百多里，重峦叠嶂，山势险要，只有几条可以通行的小道，易守难攻。但是，守山的红五军只有五个大队七八百人，要对付四十余倍的敌军，力量对比也太悬殊了。守卫井冈山任务的艰巨性同志们心领神会。会议根据敌我斗争的形势，将五个大队和赤卫队的兵力进行了周密部署，同时还研究了应急措施，决定“五井如被敌人攻破，红五军冲出五井，取道敌人薄弱关节打出包围圈，往赣南与红四军联络。各县武装尽可能埋藏在群众中，特委、各县县委均留边界指挥，党不能脱离群众”。

滕代远、彭德怀领导井冈山军民加紧完成战前军事部署，他们下军营，走村寨，亲自检查守山阵地设置，粮草、弹药筹备状况。滕代远带领政治部人员轮流到红五军各个大队去，和战士们一起吃住，一个山头一个山头地巡视井冈山的地形，认真选择防守要点。和指战员一起构筑防御工事，一起谈心，做好深入细致的思想工作，强化指战员敢打必胜的斗志。滕代远认为打仗就是拼后勤，所以他身先士卒地带领战士往返五十多公里，从宁冈粮库挑粮上山。粮库前面人群熙熙攘攘，都是准备挑粮的红军战士。滕代远找到一副扁担和箩筐，找不到扁担和箩筐的人就把裤子的两头一扎，灌上米扛起就跟着党代表滕代远走小道上山，把粮食送到茨坪和五大哨口。临战前，1929年1月25日红五军在茨坪冒雪举行了誓师大会。滕代远主持大会，他身着平江起义后一直没有换的军装，只是左臂上的红军袖章和帽子上的红五星闪耀着非凡的光芒。滕代远说：“敌人从五大哨口向我们进攻，这没有什么了不起。井冈山方圆八百里，他国民党军队再多，撒在井冈山也就成皮毛了。只要我们集中兵力一小股一小股地吃掉它，在局部上红军就可以占优势。况且，四万敌军还是分湖南、江西几个方面的军阀，他们不是铁板一块，我们地形熟悉，又有井冈山人民的支援，我们一定会打败敌人的。”滕代远号召全体指战员“与敌人血战到底!”“誓死保卫井冈山!”誓师大会上军民口号震天，表达了全体军民打破敌人围剿钢铁般的决心。红五军两个纵队凭山势险峻作了周密布阵：李灿率红五军第一大队，徐彦刚率三十二团一连守黄洋界；彭包才率红五军十大队和大小五井赤卫队、暴动队守八面山；贺国中与郭炳生率红五军第八大队与宁冈赤卫队守桐木岭的白泥湖；黄云桥率红五军的第九大队守桐木岭的梨坪；黄龙率红五军第七大队与临县、遂川赤卫大队守双马石和荆竹山；王佐率三十二团四连守朱砂冲；段辉唐、宋任穷（建国后任中共中央政治局委员，东北局书记、总干部部副部长、七机部部长、中顾委副主任、1955 年被授上将军衔）率六连守下庄；茶陵、永新、宁冈三县赤卫队守九龙山，总指挥部设在茨坪。井冈山军民日夜奋战，在五大哨口构筑了坚固的防御工事，工事大部是以木、土、石混合构成的掩体，阵地前挖了壕沟，插了几十里地的竹钉，形成了一道竹钉防线。

1 月 14 日，毛泽东、朱德率领红四军主力经黄坳，出遂川，挺进赣南。红四军离开井冈山的第三天，即 1929 年 1 月 16 日，敌军分五路封锁了井冈山所有的道路，将红五军层层包围起来。27 日敌人向井冈山五大哨口同时发起总攻，战斗从一开始就达到异常激烈的程度。湘军以两个师的兵力用密集的重炮摧毁了黄洋界和八面山红军构筑的工事，弥漫的硝烟呛得战士们喘不过气来。炮声一停，红军战士马上就重新修复好工事，但刚刚修好，又被炸塌，这样反反复复地与敌军较量。敌军仗着重炮和机枪的掩护，好几次冲进红军的阵地，都被红军用刺刀、石头、手榴弹近距离肉搏反击回去。

滕代远和彭德怀分别带领总指挥部的参谋干事助理员不停地奔波在五大哨口和大小五井之间，查看战情，调整部署。1 月 27 日下午，滕代远刚刚在军部参加完紧急会议后，就从茨坪急行军到达八面山哨口，八面山上的红军指战员刚刚击退了敌军发起的又一次疯狂进攻。滕代远一进阵地，就看到被敌军炮火轰塌的工事，因为天寒地冻，指战员们修复起来相当困难。大队长彭包才向滕代远报告，今天已经打退敌军十几次的集团冲锋，我军尽管也有几十名战士牺牲，但是大家都打红了眼，越战越勇，斗志昂扬。阵地前摆满了敌军三四百具尸体。滕代远十分高兴地说，我们的战士懂得为谁而战，当然可以以一当十，以十当百了，有这样无畏的战士，红军最终肯定会取得胜利。滕代远让彭包才召集战士在阵地上开军事民主会。寒冬腊月，八面山上的冻土根本挖不动，这样怎么能修复工事呢？在民主会上马上有战士提出好主意："将营房里的桌椅，木床搬到阵地上，然后将被褥、布毯铺在桌面上，再将一桶桶凉水洒在上面，不用多长时间就会结成坚固的'冰墙'，这样就可以快速建立起红军的防御工事。"滕代远听后连声称赞："这是个好主意，马上试试看。"就这样，敌军密集炮火摧毁的阵地上，眨眼间，又神奇般树立起一道"冰雪长城"，敌军炮火刚一停息，密密麻麻的敌军士兵在军官"督战队"的逼迫下吹着军号，叫喊着口号，又一次气势汹汹地向八面山主峰爬过来。滕代远要求红军指战员珍惜子弹，不打空枪，一定要有效地杀伤敌军。红军指战员看到军党代表滕代远就在同一条战壕里，和他们并肩作战，大家士气高昂，人人手扣扳机，眼睛紧紧盯住像蚂蚁一样向上爬动的敌军。当他们一进入竹钉阵地，滕代远向大队长彭包才点头示意，彭大队长马上命令："开火!"红军指战员手中的机枪、步枪、手榴弹一起射击、抛掷。子弹像雨点般射向敌军，最前面的敌人像被砍断的茅草齐刷刷倒成一排，后面的敌军四散躲避红军的射击，一下子陷入竹钉阵，像杀猪一般嚎叫起来，只好抛下一大堆死尸鼠窜而逃。很快敌人用大炮集中轰击工事前面的竹钉阵地后，又发动了第十五次进攻。敌人依旧是蜂拥而上，因为他们知道红军打到这个时候，就没有多少弹药了。哪里知道他们刚刚一接近红军阵地前面，红军指战员和赤卫队员就砍断工事前吊绑着的大树和巨石的绳子，滚木、擂石排山倒海，翻滚而下。把快要冲上阵地的敌人队形砸了个稀巴烂，侥幸活着的敌人没命地逃下山去。

因为天色已晚，军民们没有向山下追击。滕代远命令彭包才大队长率领部队抓紧战斗间隙，整修工事，在前沿阵地重新插好竹钉。滕代远随即步行巡视了八面山哨口各个红军守卫的阵地后，又带着几个参谋和警卫班奔向桐木岭哨口的梨坪阵地。这时，北风凛冽，大雪纷飞，夜幕下的梨坪雪树银花，山谷素裹，除了北风呼啸外一片寂静。在这里，刚刚结束了一场反击战，浓浓的火药气息还弥漫在空气里。红军指战员和赤卫队员们正在擦拭枪支，燃起的一堆堆篝火上架着瓦罐，战士们正在烧开雪水煮饭。滕代远听完黄云桥大队长的战斗情况汇报后，下达了妥善安排伤病员，加强梨坪阵地侧翼防守力量的命令。滕代远漫步走向战士们，在篝火旁坐下。他环顾了周围席地而坐的战士们，看到他们单薄的军衣，疲惫而又兴奋的状态，关切地询问大家："你们打了两天两夜，吃不好，睡不好，还能继续坚持战斗吗?"战士们响亮回答： "能，绝对没问题。"滕代远提高了声调："我们红军战士就是要具备这种连续作战，压倒一切敌人的大无畏革命斗志。"滕代远向大家通报了井冈山五大哨口两天来的战斗情况后说："敌军压境，虽然他们人数超过我们红军几十倍，但是我们凭险守卫井冈山，我们多守住一天，就能为红四军的弟兄们安全转移多争取一天宝贵时间，井冈山革命火种就有燎原的希望。红五军全体指战员，全体共产党员一定要发扬平江起义红旗不倒的革命精神，誓死保卫井冈山革命根据地。”阵地上立即爆发出战士们响亮的口号声：“坚决打退敌人的进攻!”“誓死与阵地共存亡!”滕代远在阵地上一一慰问了伤员，深夜才返回茨坪红五军军指挥所。今天井冈山茨坪还在红军旧址完好保存着“滕代远旧居”。

1 月28 日，井冈山保卫战坚持了三天三夜，敌军三万多人被红军歼灭了数千兵力，却始终攻不下井冈山五大哨口。湘军悬赏两百大洋，收买了井冈山黄洋界下斜源村一个“反水”的捕蛇人陈开恩。在 1 月 29 日敌人沿着他平时捉石蛙的小溪，闯进了小井村，使黄洋界哨口阵地腹背受敌。守卫黄洋界的大队长李灿和三十二团一连的徐彦刚指挥部队拼命向攻上山头的敌军进行反包围，希望将这股敌军前后夹击吃掉。但是，敌人攻上黄洋界的兵力几十倍于我。尽管红军以一当十、以十当百地与敌人展开血战，但是武器简陋，大部分红军战士英勇牺牲了，红军终因寡不敌众，黄洋界哨口失守。1 月29 日李灿率领没有牺牲的指战员解下绑腿布，结成长绳，从悬崖滑下，冲出敌人的包围圈。就在同一时刻，八面山哨口阵地也被敌人调集十几门重炮，用密集炮火摧毁。大队长彭包才率领红军战士与冲上阵地的敌人激烈肉搏厮杀，除少部分战士突围出去，八十多名红军战士壮烈牺牲。其他几大哨口，如桐木岭哨口的白泥湖阵地、梨坪阵地、双马石哨口、荆竹山、朱砂冲、下庄和九龙山守卫各地的红军、赤卫队员腹背受敌，情况万分紧急。1 月 30 日早上 6 点钟，彭德怀和滕代远接到了红五军第八大队大队长贺国中从白泥湖派人送来的一封急信，报告部队伤亡很大，急需弹药补充。滕代远正准备命令特务大队收集弹药，紧急送往白泥湖阵地。从八面山跑过来一个通信员，满面尘土和血污，他报告敌人用几十门重炮摧毁了八面山所有的工事，第十大队大队长彭包才和指战员们几乎全部壮烈牺牲。很快白泥湖阵地也失陷，敌军直逼红五军军部茨坪。在外线作战的红四军也全无消息。（后来才了解到：红四军离开井冈山后，本来想袭击吉安，引江西进攻井冈山的国民党军队回援吉安。但是突然被敌人谢文彬旅从背后袭击，无法按原定的“围魏救赵”方案打破敌人的“围剿”，只能经赣南出闽西了。）滕代远经历了秋收起义、醴陵年关暴动和平江起义，转战湘鄂赣根据地，遭受过多次被敌重兵包围的险境。残酷的战争造就了他临危不惧，果断指挥的性格。他与彭德怀周密研究后，定下保存火种，率领红军按 1 月 14 日会议制定的应急方案，寻找敌人包围圈的薄弱点杀出一条血路，向赣南、闽西方向突围，去和红四军会合。

为了胜利向外突围

滕代远与彭德怀在 1 月 30 日召集各部队排以上军官开了一个紧急作战会议。简明扼要地分析了目前战斗情况和敌我态势，为了保存革命力量，红军决心杀出一条血路冲出去，暂时撤离井冈山，等形势变化，再重回井冈山，恢复根据地。宣布了红五军前委的决定：红五军各纵队、大队与酃县、遂川赤卫队由彭、滕率领向南突围，冲出敌人的包围圈。红四军三十二团改番号为“黄洋界大队”，由何长工率领转入井冈山深山，与敌人周旋，使井冈山根据地保留有红军的武装力量。会后，滕代远又在下庄田菜坪村主持召开了动员大会，红五军各部队，刚刚新成立的“黄洋界”大队，酃县、遂川县赤卫大队，遂川县县委、县政府的工作人员以及伤病员接近二千人参加了大会。

彭德怀宣布了突围命令，滕代远布置了撤退后的一系列工作任务。会后，为了保守红军部队行动机密，将部分捕获的土豪劣绅坏分子押到下庄处决了。井冈山的人民群众听说红军要撤离井冈山，纷纷前来为红军送行。红五军沿着红四军下山的小道向遂川突围。

1929 年 2 月初，连日寒风凛冽，大雪纷飞，莽莽井冈山银装素裹。滕代远、彭德怀率领红五军第四纵队的八大队、九大队、还有军部的特务大队，以及八面山的十大队（只剩下了几个人），连同地方武装总共千余人从井冈山的河西垅、荆竹山一线出发，冒着连日凛冽寒风，纷飞大雪，消失在莽莽井冈。黄洋界、金狮面的五纵队一大队和十二大队均下落不明。

红五军艰难地攀行在井冈山主峰腹部的悬崖峭壁处，在猎人和野兽出没的小道上向南前进。曾与“围剿”的敌人在桃子圆、老井冈山村等处发生过激烈战斗。这一年冬天，因为井冈山连续下雪一个多月，积雪厚达一米，天气特别地寒冷。滕代远、彭德怀踏着厚雪率领红军边走边用马刀斩断荆竹开路，从突围起第一天，红军就几乎没有吃上一顿饱饭。指战员们数九寒天，还穿着单衣。寒风刺骨，又冷又饿。晚上宿营找不到房子，只能走到哪里，就在哪里原地坐下，无铺无盖，战士们冻得直发抖。但是又不能暴露目标，所以不能生火取暖。为了鼓舞士气，军党代表滕代远带领军政治部边行军边做政治宣传鼓动工作，滕代远亲自上阵，大声领着同志们高喊口号“坚定信心，红军必胜！”“顽强战斗，突出重围！”在红军政治工作的激励下，虽然每个战士的单薄军服早已被汗水浸透，但是没有一个人叫苦，没有一个人掉队。因为他们军长彭德怀和军党代表滕代远和他们一样走在悬崖峭壁上。

榜样就是无声的命令。红五军刚刚冲出敌人的包围圈，下了井冈山，在遂川境内的大汾芋，又遭遇敌人一个团的三面伏击和堵截。红军在战斗中，抓到了一个敌军官，从他的口供中得知：敌人一个营，再加一个靖卫团，已经做好拦截红军的准备。另外敌人的两个营明天就要赶到大汾来。彭德怀和滕代远认为，必须抓住这最后一个突围出井冈山的关节点。滕代远马上大声地向指战员们喊话：“同志们，这是最后一个口子了，我们一定要打垮敌人冲出去。”红军指战员精神抖擞，斗志昂扬，以迅雷不及掩耳之势直插敌阵，打开了一个缺口。霎时间，敌人被红军的英勇吓破了胆。趁敌人摸不清头脑，混乱之时，红军如飞箭离弦早已冲出了包围圈。然后从左侧小路拐向山后，继续向崇义、上犹方向前进。

1929 年 2 月 9 日，红五军终于彻底摆脱了敌人的封锁包围，进入南康县境。一路上，到处可以看到国民党“湘粤赣剿匪司令部”每个人悬赏五千银元抓捕朱德、毛泽东、彭德怀、滕代远的带头像的布告。滕代远看见布告后，嗤之以鼻笑着说：“我的身价比在长沙作农民运动领袖时可是涨了不少。”部队在南康县休整时，彭德怀与滕代远在县里一间草屋里制定了部队下一步行动计划，决定红五军向赣粤边开进。摆脱了敌人的包围，红军可以一面行军，一面歼灭沿途国民党军队和反动民团组织。

2月12日，红五军到达赣南于都的桥头，这里有共产党的组织和游击队，附近还有红军的独立团，他们热烈欢迎红五军的到来。敌军刘士毅旅侦察到红五军转移到兴国县的莲塘、东山一带，马上集中兵力从于都袭来，而红五军获得情报：敌人只留了一个营守卫于都城，滕代远与彭德怀商定：趁深夜摸出敌人的包围圈，以伪装、隐蔽、迅速的动作，一举夺取于都城。红五军派出一支英勇善战的精悍部队，十八个小时走了一百四十里地，出其不意地到达县城外，利用梯子攀登，一拥而进，当即歼灭敌人一个营及保安部队共六七百人，缴获步枪三四百支、轻机关枪两挺以及大量弹药，同时筹款两万多元。对在战斗中抓到的俘虏——敌军官兵三百多人，滕代远规定必须执行优待俘虏的我军政策，除由红军战士进行个别谈话，启发他们的阶级觉悟外，还召开了全体俘虏大会，滕代远耐心给他们讲革命形势和红军宗旨，还讲了红军优待俘虏的一系列政策，欢迎他们来当红军。俘虏兵一半愿意来当红军。红军马上对其中表现好的士兵进行秘密教育，派他们回到敌军内部去做瓦解工作。对不愿参加红军的，则发给路费放他们回家。

1929年3月底，红五军与红四军在瑞金第二次会师。4月初，红四军、红五军两支部队相继开往于都。

重回井冈山

4月8日，红四军前委在于都召开了扩大会议。滕代远参加了这次会议。中共中央军事部代表罗寿南也前来参加会议。

会议讨论了当前的形势："这时的蒋桂战争初幕虽毕，再幕三幕必将继起，蒋介石虽入武汉，但湖北问题未了，湖南问题、广东问题不久即将发生。北方冯玉祥、阎锡山之争必然发生，革命潮流逐渐上涨，反革命潮流逐渐低落，这是必然形势。"会议决定了红军的行动方针和政策是："针对江西反动势力薄弱，而党的工作有普遍发展的情况，以争取江西为目标，大区域的发动群众……使赣西、赣北、赣南、赣东几个独立不相连的区域联属起来。"会议确定红四军当前的任务是与赣南特委合力，发动于都、宁都、吉安、永丰、兴国、瑞金、广昌等县群众，以一月为期，而后视情况再赴闽西。红五军即回赣西，收复湘赣边界，一面收集红五军旧部，一面帮助湖南党的工作。

滕代远根据这次会议的决定，召开了部队排以上干部会议，作了传达部署。决定红五军返回赣西，收复湘赣边界。之后率领部队昼夜兼程，向井冈山进发。

经过二十多天的长途行军，部队于 4 月底到达遂川。当地土豪劣绅李世连和萧家璧的靖卫团，在黄坳封锁了遂川通往井冈山的要道，阻击红五军。部队得到情报，巧妙布阵，激战三小时，击溃萧家璧的靖卫团。1929 年 5 月初，红五军终于回到了井冈山。滕代远面对遭受敌军"石头要过刀，茅草要过火，人要重换种"残暴政策的井冈山群众，对敌军心中燃起了仇恨的怒火。部队到达井冈山后，滕代远与彭德怀不顾长途行军的疲劳，带着战火的硝烟，立即会见了依旧在井冈山坚持斗争的何长工、李灿等人，当天晚上，彭、滕就与地方和部队领导人员召开了联席会议，传达了前委有关当前工作的指示，研究了在湘赣边界开展武装斗争，恢复红色政权，进行土地革命、扩大红军的一系列重要议题。第二天，地方党组织在茨坪北桥召开了群众大会，滕代远、彭德怀在大会上传达了毛泽东、朱德对井冈山人民的慰问，宣讲了红军回师井冈山的重大意义，动员人民群众重建井冈山革命根据地。滕代远和彭德怀还在小木桥边向每一位贫苦百姓散发一块银元，以表红军慰问之情。

井冈山的同志们。1938 年拍摄于延安，第一排左起：宋裕和、谭冠三、谭政、滕代远、萧克、林彪、毛泽东、高自力、何长工、曾玉、欧阳毅。

正当彭德怀和滕代远率领井冈山军民，奋力重建井冈山根据地的时候，5 月中旬，江西敌军金汉鼎又率两个团的兵力，向宁冈进攻。红五军甩掉敌军，向湘东南、粤北游击，首先占领了酃县、桂东两个县城，消灭了民团，救出了关在监狱里的干部群众，筹集了部分经费。经过桂阳时，除消灭地主武装外，还收编了一支红四军留下的游击队。接着，部队继续向南，乘势攻占了粤北的城口、仁化。在这个地方，滕代远找到了当地的党组织，将中共“六大”决议等文件送给他们，并同他们一起召开了党的会议，帮助他们纠正一些盲动主义的错误行动，勉励他们坚决执行“六大”决议。随后，他们率领部队逼近广东韶关，一举打下了南雄府。

南雄是粤北的重要城市，红五军攻占后，召开了群众大会。彭德怀和滕代远在会上讲了话，着重宣传党的政策和红军的宗旨，揭露国民党反动派欺压群众的罪行，号召大家团结起来，打倒军阀和土豪劣绅，建立人民当家做主的苏维埃政权。

几天后，滕代远、彭德怀等主动向北转移，7 月初再次胜利返回湘赣边区。

党的坚强领导是胜利的保障

作为认真向毛泽东、朱德学习过“党指挥枪”建设红军宗旨和经过 1928 年底到 1929 年初保卫井冈山革命根据地艰苦卓绝的生死战斗，滕代远的视野比领导发动“平江起义”时更加开阔，思路更加敏捷。从返回井冈山的第一天，他头脑里就在考虑如何进一步加强红五军与地方党组织的紧密配合，尽快健全井冈山革命根据地各级党的组织，尔后在这个基础上一步步恢复建立各级红色政权，把国民党军队蹂躏井冈山的恶行一一清除掉，把根据地的人民群众重新发动和组织起来。

滕代远率领红五军政治部全体人员与坚持井冈山斗争的湘赣边界特委领导周密筹划，日夜加班发动群众，首先把茨坪中共区委恢复和充实起来，而后建立起第一个红色政权——茨坪区工农兵政府。紧接着由红五军各级政治工作人员深入井冈山各个村镇，帮助区政府恢复各乡镇的红色政权，重新建立起各乡镇的党支部、农民协会和妇女会等组织。并通过各级党员民主选举，组建了中国共产党茨坪区委员会。

同时红五军派出指战员，拨出一大批枪支弹药，帮助训练和恢复了地方各级红色武装：区一级健全了赤卫队组织，乡一级恢复了暴动队组织。很快井冈山五大哨口内，以乡为单位掀起了平田废债，镇压“还乡团”，发展生产，支援红军热气腾腾的大好局面。根据红军前委的命令，中共湘赣边界特委把边界红军独立一团编入红五军的第六纵队，地方党委和政府又大力“扩红”，成百上千的青年报名参军。

红五军的部队一下子大大扩充，在军长彭德怀的大力支持下，滕代远领导红五军司令部和政治部对部队进行了整编。滕代远强调要以政治教育为主，让新战士懂得“为谁扛枪、为谁打仗”的道理。同时他特别要求加强军事训练。滕代远从各部队选调一批连、排战斗骨干，组成教导队，对新战士从最基本的单兵战术动作开始，一直到班、排、连的进攻、防守战术，手把手地教会每一个新兵。滕代远经常到教导队去检查训练进度，和新战士促膝谈心，用生动的事例，深入浅出地讲红军的性质和宗旨，红军的纪律与传统。教育新战士如何发动群众，组织群众。如何打土豪、分田地，建立红色政权等一系列最基本的革命本领。新战士从滕代远身上真真切切看到了红军“官兵一致”的优良传统，迅速完成了从老百姓到红军合格战士的转变过程。

1930 年 3 月，滕代远和彭德怀率领红五军攻打安福，击毙了江西省国民党督察员、守敌营长和靖卫团总。3 月 18 日，在中共湘鄂赣边特委领导下，滕代远、彭德怀率领红五军配合万载、浏阳、宜春、萍乡等地赤卫队一万多人，发起了著名的“黄茅暴动”，全歼了敌人靖卫团。3 月 23 日，红五军又在滕代远、彭德怀率领下攻下袁州（今天的宜春市），消灭了全部守敌。国民党十八师在湖南招收的一个新兵营，还未拉上前线，就全部被俘虏。经过滕代远带领红五军政治部工作人员大力宣传鼓动，俘虏“人人愿意到红军当兵”，等于国民党白白给红军送来一个营的兵力。滕代远自井冈山与红四军会师后，就组织红五军政治部系统地学习了红四军毛泽东、朱德、陈毅等一整套政治工作方法，尤其是“支部建在连上”、“三大民主”、“党指挥枪”等毛泽东亲手培育的建军方策和优良传统。

从 1929 年下半年开始，红五军全军陆续举行了党员的重新登记，完善了“连有支部”、“大队有总支”、“纵队有党委”、“军部有前委”。滕代远特别强调红五军从军长到士兵，每个人都必须把自己置于党的领导和各级组织的监督下，谁也不许特殊。红五军第一纵队司令员孔荷宠，一次作战胜利后，没有向军里请假，擅自离队回家。后按党纪、军纪处理，撤销了他司令员职务，给他“留党察看三个月”的党纪处分。无论战地生活多么紧张，各连队每天要保持一个小时以上的政治课教育时间。中队长以上的军官每天都要作一个小时以上的“军官讲课”。班、排长每天都要点名和训话。内容都是党的“六大决议”、“红军宗旨”、“三大纪律、八项注意”。

红五军在前委和军政委滕代远的直接领导下，普遍开展了六种政治课训练，取得了全军上下政治风气浓厚，官兵团结一致，军纪严、党风正、整体作战水平大大提高的喜人效果。在转战湘粤鄂赣，日行几百里，北上征战繁忙的途中，滕代远没有忘记我军既是战斗队，又是工作队、宣传队的职责。他强调：红军的游击战区都是白区，要求全军上下人人会做群众工作和敌军士兵的教育工作。除了口头宣传鼓动，滕代远还带领军政治部宣传人员用弓箭射出宣传材料，或者在河边用竹板刷上共产党的标语口号，放在水里漂流而下，这些方法极大地动摇了敌人军心。

红五军每攻占一个县城，都由军政治部与各级士兵委员会派出红军宣传队，到市民群众中散发传单，张贴标语，口头演讲，并打开豪绅的仓库，将大米、白面和被褥分给穷苦百姓。有的群众白天不敢来取，红军战士就晚上将物品挑上，直接送到群众家里。

滕代远特别强调全军要严格执行“三大纪律、八项注意”。红五军纪律严明，宿营时从来不进入群众内室，部队离开时，一定要把地打扫干净，把所借物品全部归还。购买物品一律现金交易，不打白条，连喝茶都给铜元。所以红五军经过之地，群众都烧茶送水，放爆竹，夹道欢迎。每次与敌军作战，各地群众都积极支援红军。红五军攻打袁州城时，滕代远像以往那样，把袁州城划为东西南北四个工作区，每区指定军政治部工作人员，负责调查和宣传鼓动工作。主要是调查工人、农民及一般群众的生活状况、反动武装的力量，以及苛捐杂税种类情况。调查以后，确定宣传鼓动口号。更重要的是帮助地方党组织建立县苏维埃政府和工会、农会组织。滕代远时时挂在嘴边的一句话是：“打仗不是目的，建立红色政权，扩大根据地才是我们的目标。”

在欢庆袁州战斗胜利之际，红军军事政治学校输送来一批新干部。这所红军学校，正是在滕代远的倡议下诞生的。

那还是1928年12月初，滕代远率领红五军来到井冈山与红四军胜利会师后，为了适应红军力量的不断扩大，培养领导骨干，滕代远倡议并积极促成，红四军与红五军合办了一个有六十多名学生的政治训练班和有百多名学生的教导队。本来还决定办一所有一个营人数以上的军官学校，但是由于敌人开始对井冈山“会剿”，此事就耽误了。红五军第一次攻打安福后，牺牲了一批指挥员，领导干部极度缺乏，滕代远积极努力，克服重重困难，红军办起了这所军事政治学校。

1930 年攻克长沙后，滕代远（中左六）与何长工（中左四）、袁国平（中左五）等合影。

第六章

势如破竹，所向披靡

- 红三军团向前进
- 再占长沙城
- 成立红一方面军

红三军团向前进

1930 年前后，国内形势发生了有利于红军和革命战争的变化。国民党统治集团内部矛盾进一步激化，新军阀之间混战连续不断，规模越来越大，特别是当年 5 月蒋介石与阎锡山、冯玉祥、李宗仁等新军阀之间爆发了中原大战和湘粤桂边战争，引起了广大人民群众对国民党反动统治的强烈不满，同时也消耗和牵制了国民党军进攻红军的力量，客观上为共产党领导的土地革命战争和红军的发展提供了有利条件。经过近三年艰苦卓绝的游击战争，到 1930 年春，中国共产党领导的工农红军已经发展到 13 个军，创建了遍及 11 个省的 10 多块农村革命根据地。中国工农红军已经完成了创建时期的历史任务，实现了土地革命战争初期的战略展开，其发展进入了一个新的阶段。

中共中央的一些领导人，看到形势发生一些有利于革命的变化，又受到共产国际的“左”倾指导思想的影响，头脑开始发热，他们无视国内国际革命力量仍然相对弱小的基本状况，片面夸大形势对革命有利的一面，逐渐形成以中共中央政治局常委、秘书长兼宣传部长李立三为代表的“左”倾冒险错误。

当时，李立三认为革命高潮已经到来。在李立三主持下，1930 年 6 月 11 日，中共中央政治局通过了《目前政治任务的决议》（即《新的革命高潮与一省或几省的首先胜利》）。决议认为统治阶级继续削弱崩溃，群众斗争日益逼近革命高潮，“有极大的可能转变成为全国革命的胜利与军阀统治的死亡”，“总的形势，都表明中国新的革命高潮已经逼近到我们面前了”。决议提出：“在新的革命高潮日益接近的形势下，准备一省或几省首先胜利，建立全国革命政权，成为党目前战略的总方针。”要求各地组织总暴动，要求红军“坚决进攻打击敌人的主力，向着主要城市与交通道路发展”，以便会师武汉，饮马长江，实现以武汉为中心的几省首先胜利。为此除发表文章，制定政策，进行各项准备外，并决定召开全国苏维埃区域代表大会和全国红军代表会议，将这项错误主张付诸实施。

1930 年 4 月，滕代远率领红五军转战到江西宜春时接到通知：“中共中央预定 5 月在上海召开全国苏维埃区域代表大会和全国红军代表会议。”要求各地红军派代表出席。红五军军委决定派滕代远、何长工为代表到上海参加会议。并且利用这次机会由滕代远向中共中央汇报红军英勇作战的详细情况。

4 月中旬，滕代远向邓萍交代了军委书记和军党代表的工作后。由一名地下交通员带路，从江西宜春经萍乡、浏阳、长沙各地的秘密交通线来到了上海。滕代远生长在湘西山区，虽然到过长沙、武汉，但像上海这样繁华的大城市，他还是第一次来到。上海虽然街道纵横，高楼林立，车水马龙，但穷人与富人之间的对比，比起武汉、长沙更为明显。一面是终日忙碌的人力车夫、码头工人，满头大汗地来往奔跑，破衣烂衫的乞丐沿街要饭，一面是傲气十足的洋人和阔佬，天天花天酒地，纸醉金迷。停泊在黄浦江上的外国兵舰，时刻都用炮口对准中国老百姓。这种半殖民地的畸形异状，使得滕代远这个共产党员和红军将领，感到有一种说不出来的难受。

他向中共中央写了两份报告，详细汇报了红五军转战湘赣、湘鄂赣，与敌军奋勇作战的成绩和红五军党组织的发展与建设情况。同时，汇报了成立以黄公略为军长的红六军状况。

中共中央在上海召开的全国苏维埃区域代表大会和全国红军代表两次会议于5月间相继完成。开会时，党中央做了周密部署，以防意外。参加会议的代表都经过严格审查，取了化名。会场周围设置了便衣武装队，一楼由扮成小商小贩的同志守卫，二楼伪装成一所医院，有医生、护士和病人；三楼正式会场布置为一个赌场，在会议桌上放了麻将牌等赌具。会场楼上窗户都系有长绳，遇到危险，与会者可以马上顺长绳撤退。大会由中央秘书长李立三主持。向忠发、项英、关向应、董必武、陈潭秋、任弼时等参加了会议。大会在宣言纲要中指出："目前全国农村斗争及苏维埃区域的主要任务之一，便是集中武装，积极建立与猛烈发展红军。""红军的发展方向，必须是积极的向着交通要道……夺取主要的城市。"

滕代远为大会热烈的革命气氛所感染，心情极为振奋，对会议的各项决议都表示赞同。那时他还无法辨别出会议决议的"左倾冒险主义"的错误。

会议结束以后，滕代远深感任务繁重，时间紧迫。他与何长工在一家照相馆合影留念后，带着中共中央派往红五军工作的彭雪枫、黄克诚、周恒、谭政文等十几名干部扮成商人、学生的模样离开上海回到红五军驻地，与彭德怀、邓萍等相见。大家见面十分高兴。彭德怀拍着滕代远的肩膀笑着说："代远，你这回到了大上海，又见了中央的同志，大开了眼界，见了世面了！"滕代远笑着说："这回确实是见了大世面，尤其是上海的会议有很多新的精神，老彭你要去就更好了。"第二天，何长工来到司令部，彭德怀笑着迎过去握着他的手说："长工师傅这回成了暴发户了！"大家闻声都笑了起来。之后滕代远向大家介绍了上海会议的精神内容，商定迅速召开会议传达贯彻。

6月16日，在湖北大冶县的刘仁八村召开了红五军军委扩大会议。会议根据中共中央的指示，红五军与红八军（不久又增加了红十六军、红七军）合编为红军第三军团。红三军团当时有一万多兵力，彭德怀为红三军团总指挥，滕代远为红三军团政委，邓萍为军团参谋长，吴辑之（后袁国平）为政治部主任。

1930年6月中旬，滕代远和彭德怀率领红三军团又一次占领了湖北省的大冶县城。红军一鼓作气拿下了长江沿岸的石灰窑和黄石港，没有料到停泊在长江上的日本军舰突然向我军开炮射击。滕代远在上海党中央开会时，在吴淞码头看到帝国主义军舰耀武扬威就十分愤慨，现在日本军舰居然敢向红军挑衅，"狠狠打这个小日本！"滕代远马上与彭德怀商量，命令红军各部队使用轻重武器，集中火力猛烈轰击长江上的日本军舰。半小时以后，日本军舰狼狈逃跑。这是二十世纪三十年代，中国共产党领导的红军对日本军队的第一次正面交火。

红三军团一路军旗飘扬、凯歌震荡，相继攻占了通山、崇阳、鄂城、咸宁、蒲圻、通城等地，歼灭国民党罗霖师大部，这一带的地主武装、靖卫团、保安团被红三军团一扫而光。除了与彭德怀一起指挥各军、师、团逐一消灭敢于顽抗的国民党正规军以外，滕代远每到一地，都要率领军团政治部积极开展群众工作。他们首先与当地党组织取得联系，宣传和发动工农群众，帮助当地建立苏维埃政权、恢复工会、农会。在黄石港、大冶，滕代远命令部队没收日本帝国主义在当地的企业和矿山的资产财物，分给当地贫苦的工农群众。而且发给大冶铁矿工人家属和失业工人一定数量的现金。红军离开时，一下子有五六百工人、农民强烈要求参加了红三军团。

在赵李桥、临湘等地，滕代远针对铁路工人集中的特点，领导红三军团政治部帮助沿线铁路工人建立了“赤色工会”，制定了“工人目前革命的纲领”。在临湘的广大乡村，发动农民斗争了土豪劣绅，枪决了当地血债累累的恶霸区长。打土豪、分田地，这一切都赢得广大农民群众的拍手称快，积极参加红军、拥护共产党成为人民群众的自觉行动。红五军截击国民党军队时，铁路工人积极参加拆毁铁轨，或开车运送红军，同时详细侦察敌人的动向，迅速报告红军。当红三军团在鄂东南节节胜利，逼近武汉东南外围时，鄂东南黄梅、广济地区的游击队（即后来成立的红十五军）也在武汉东面积极活动，豫西的红四军、红六军（7 月初即合编为红二军团）也在开始向东北发展。这极大地威胁到武汉的敌人。

国民党武汉行营急调岳阳钱大钧的两个师缩回武汉防守，而岳阳只剩下国民党王东原部的一个旅。滕代远和彭德怀在通山召开了红三军团前委扩大会，决定虽然中共中央一再要求攻打大城市武汉，但是各地敌军回援武汉，武汉更加难打。而岳阳敌军防守出现“空当”，加之粤、桂军阀张发奎、白崇禧部与湘军何键部在湖南混战，敌人无暇北顾。所以前委会议决定红三军团先攻岳阳。

1930 年 7 月 3 日，滕代远和彭德怀合力指挥红三军团向岳阳发起总攻，激战两个小时，歼灭守敌两个营，残敌在日本军舰掩护下，乘船逃亡洞庭湖的君山。红军占领岳阳，马上切断了武汉到长沙的铁路交通线，引起敌人极度恐慌。敌人慌忙调长沙的第十五师，咸宁的罗霖部和钱大钧部，联合向红三军团反扑。滕代远和彭德怀率领红三军团在占领岳阳期间，焚监释囚，炮击美国、日本向红三军团挑衅的军舰，同时开仓济贫，筹集军饷。除截获大批枪支弹药和军用物资外（其中有75野战榴弹炮四门，山炮六门，从此红三军团建立了我军第一个野战炮兵营），并且筹得军饷三万元，征集了大批粮食储备。发动数万工农基本群众，参加和支援红三军团。组织了六千多名工人，成立了各级党组织和工会、农会组织。滕代远率领军团政治部联络部人员，在岳阳城陵矶对岸的白螺矶，与洪湖苏区的红六军段德昌部派来的人员接上了头。滕代远命令何长工的红八军送给红六军段德昌部迫击炮弹十二担、食盐三十余包。彭德怀、滕代远当时就考虑攻打长沙，并把这个想法告诉红六军的同志。请红六军的同志相机夺下常德或益阳，以形成东西呼应。7月中旬，红三军团重占平江，滕代远马上按照军团前委会议精神，着手将原来的纵队建制改为师和团的编制。红五军和红八军各编成两个师四个团。增加了红军新兵六千名。红三军团总指挥彭德怀兼任红五军军长，红三军团总政委滕代远兼任红五军政委。何长工、邓乾元任红八军军长和政委。胡一鸣、孔荷宠任由原红五军第一纵队、湘鄂赣边境的独立师，加上平、修、铜、岳各县的赤卫队合编的红十六军的军长、政委。在整编部队的同时，滕代远又帮助中共平江县委在十八个区普遍建立和恢复苏维埃红色政权，再一次成立了县苏维埃政府。滕代远还和军团其他领导人参加了在长寿街召开的全县工农兵代表大会，使当地军民备受鼓舞。

再占长沙城

当红三军团驻扎平江期间，滕代远与彭德怀分析军团司令部情报处综合上报的敌情：湘桂军阀混战，桂系军阀退守衡阳、邵阳，湘军何键部南下追击，长沙守敌空虚。我军可以乘虚而入，占领长沙。于是，滕代远、彭德怀在平江长寿街会同中共湘鄂赣边特委，召集边区各个县委参加的紧急会议，研究如何做好夺占长沙的各项准备工作。紧急会议后，立即成立了湘鄂赣边工农兵军事暴动委员会，由赖汝樵任总指挥，动员平、浏、修、铜、万等各县的游击队、赤卫队近二十万之众，配合红三军团攻打长沙。敌军听说红军要打长沙，何键马上调集危宿钟第十五师和罗霖第十九师共四个旅的兵力，分两路纵队向平江进犯。敌人企图先发制人，打破红军夺取长沙的计划。

1930 年 7 月 23 日，滕代远与彭德怀接到报告："敌先头部队进到离平江十五公里的瓦江镇，第二梯队到达金井，第三梯队到达春华山。各梯队之间相隔十五至二十公里，摆成了一个长蛇阵的形式。"滕代远、彭德怀召集军团司令部人员研究：敌人兵力不集中，无法迟滞红三军团对长沙的攻击。于是，定下决心，堵头、截尾、分割歼灭这四个旅的敌人。7 月 24 日，彭德怀率红五军正面迎击敌军进犯部队，滕代远率红八军从瓦江公路两侧向进入晋坑一线的敌军两侧迂回夹击。整整打了两个小时的围歼战，活捉了敌人团长，歼灭了敌军。滕代远拎着驳壳枪，指挥红八军迅速包抄敌军残部。他命令何长工："何军长，敌先头主力已被我们打垮了。你们军要用更猛烈的炮火追击敌人，决不给他喘息的机会。一直追到长沙，乘机拿下长沙城。"军长何长工接到命令后，率领红八军指战员高喊着："坚决消灭敌人、夺取长沙城！"指战员们被军长的口号所激励，全军士气大涨，红八军像猛虎下山，一鼓作气杀向金井的敌人第二梯队。这一回是红八军担任正面主攻任务，红五军迂回断敌退路。7 月 26 日，敌我两方展开决战，敌人用猛烈炮火，阻击我军前进。红八军第三纵队纵队长（三师师长）何士达指挥部队冲在最前面，不幸被敌人炮火击中，壮烈牺牲，纵队政委郭一清也负伤牺牲。正在敌我双方胶着，十分危险的关头，湘鄂赣边独立师丘炳带大部队增援上来，一下子就冲垮了敌人防线。敌人狼狈逃向春华山，我军一鼓作气追击下去，很快又消灭了敌人的第三梯队，整整歼灭了敌人第十五师两个旅四个团。红三军团凯歌高奏，一路向长沙方向长驱猛进，很快就逼近了长沙市的东郊。在直驱进攻长沙城的沿途上，滕代远命令军团、各军、各师、各团政治部、政治处大量散发油印的红军传单，刷标语、贴布告，宣传红军的宗旨、表明红三军团夺占长沙的深远意义。以达到鼓舞士气、安定民心、发动群众、威慑敌人的目的。

长沙的人民群众看到红军布告上署有"滕代远"三个字，都奔走相告："滕委员长又打回来了！"因为早年滕代远曾任湖南省农民协会委员长、长沙近郊区农民协会委员长、中国共产党长沙近郊区委第一任党委书记。滕代远的名字在工人农民中早已家喻户晓，并代表着大革命时期轰轰烈烈的农民运动……所以，红三军团向长沙挺进的一路上，群众纷纷送茶送饭，自觉自愿帮红军挑粮食、运炮弹、抬伤员。

7 月27 日，滕代远与彭德怀指挥红三军团自永安、春华山出发，击溃和歼灭了榔梨、七里巷等处的敌守军后，从东屯渡跨过湘江，向长沙市区猛烈进攻。27 日傍晚 20 点从小吴门、韭菜园、浏阳河一线攻进长沙城，占领了国民党湖南省省政府大楼、清共清乡督办署等首脑机关。同一时刻，平江、浏阳各县的农民赤卫军也源源不断涌入长沙城内。7 月28 日拂晓，红三军团歼灭了长沙城内的全部敌军，彻底解放了长沙城。军阀头子何键率余部狼狈逃到湘江西岸，何键本人则远远逃到沅江。

红三军团攻打长沙战役历时三天三夜，以八千人的兵力打垮了三万有余的国民党正规军，俘虏敌军五千余人、缴获步枪三千余支、各种大炮数十门、各种弹药上千箱，其他军用品堆积如山，长沙战役取得了辉煌的战果。诚然，在敌强我弱形势下，我军应该以运动战为主，不应以夺取大城市为主要目标。但是，长沙战役，我军以少胜多，军事指挥随机应变，是第二次国内革命战争时期红军攻占国民党省会大城市的唯一战例。此次战役不仅狠狠打击了蒋介石和各国民党军阀嚣张的反共气焰，极大地鼓舞了人民群众和各路红军，而且震惊了国内外、苏联共产党和共产国际，使他们看到了中国共产党、中国红军的潜力和威望。

7 月28 日，滕代远、彭德怀在长沙召开了红三军团前敌委员会会议。决定滕代远率红八军驻守长沙，彭德怀率红五军的大部向长沙南面的易家湾追击退守湘江西岸的敌军。其余部队则在长沙城外驻扎防守，发动群众、恢复和组织工会、农会，建立苏维埃政权和工农武装力量。红三军团司令部、政治部就设在浏阳门正街德国侨民韩里生公馆和吉祥巷的大吉祥旅馆，滕代远指示："即刻开始军团指挥机关的各项组织工作。"在滕代远的亲自领导下，由军团政治部主任袁国平出面，以红三军团政治部名义，张贴一系列布告，分别公布各项巩固红色政权、安定社会秩序、严厉打击反革命行为的法令和法律。同时出版了以红三军团为名义的《红军日报》，宣传共产党对工农和小资产阶级、中产阶级和官僚大资产阶级不同的政策，宣传中国共产党现阶段的努力目标和最终目标。

同时，三军团和各军、师、团政治机关发表《告工农群众书》，适时召开各种群众大会，揭穿国民党反动派对红军的造谣诬蔑，安定民心。成立以三军团参谋长邓萍为司令员的长沙市警备司令部和肃反总司令部，镇压恶霸土豪，严厉打击反革命分子，维持社会秩序，工厂开工、商店营业、学校开学上课，红色政权没收反动军阀官僚的资产分给平民百姓，特别是从没收的数万袋"官盐"中提出一大部分分发给长沙市的人民群众。

十几家剥削群众的大当铺也一律没收，准许执当票人无代价取回抵押的财物。滕代远指挥政治部工作人员到纱厂等各行业工厂成立了六十多个赤色工会，特别是恢复了长沙近郊区的农民协会，打土豪、分田地。红三军团还筹得银元三十万元作为军饷。红三军团占领长沙市，在长沙的一些外国侨民引起了震惊和骚乱。滕代远认为：要区分外国人与帝国主义分子的界限，以免引起不必要的麻烦，同时也要警告那些给帝国主义当走狗的仇华外国人不许乘机捣乱。

滕代远知道何长工会讲英语和法语，便马上以红三军团政治部名义，在湖南省苏维埃政府大会议室召集了一个外事会议，邀请了各个国家驻长沙的领事，以及外国教堂、医院、学校、商团的外国人及外国记者三百多人参加会议。滕代远主持会议，让何长工用法语、英语几种语言向外国人宣传中国共产党和中国红军对外国人的政策，说明红军是保护外国人合法的经济利益和贸易自由的，要他们不要惊惶。但明确告诉他们，不许干涉中国的内政，命令他们马上通知本国的军舰撤离湘江，如与红军为敌，红军照打不误。讲到这里，何长工特别举了日本军舰挑衅红军、被红三军团炮火重创的鲜明战例。外国记者要如实报道，不许造谣惑众，否则就是敌视红军，会被驱逐出境。这样一场会议，使绝大部分外国人安心了，不少人改变了对红军的敌视态度，有七八个外国人办的医院还帮助红军收治伤员。

红三军团占领长沙后，马上打开监狱，放出几千名政治犯。滕代远为了加强红军的组织工作，特别细心地从释放的政治犯中挑选出一批优秀的共产党员充实红三军团各级指挥机关。其中有唐延杰、杜理卿、许建国（六十年代驻阿尔巴尼亚大使）、向仲华（七十年代解放军副总参谋长、广州军区政委）、曾佑生、常乾坤（建国后空军副司令员）等人分别充任红三军团政治部秘书长、司令部副参谋长、红五军司令部参谋长、参谋等职务，有些人则充实地方党政领导机关。同时，红三军团与各军、师、团吸收了三千多名赤卫军战士和产业工人参加红军。整编了军团炮兵营，收编了投降的炮兵军官、士兵，用缴获的三十多门野战炮正式组建了红三军团炮兵团，这也是中国共产党领导下的红军第一支炮兵团，成立时间是1930年7月底。

攻进长沙以后，滕代远命令军团后勤部争分夺秒利用从敌人那里缴获的军需物质补充红三军团的后勤给养。给红军每个战士发了两套军装，换发了军帽、绑带、子弹袋、布鞋。滕代远抽出时间，带领政治部工作人员到各个医院慰问红军伤病员，督促抓紧时间治疗，伤愈后马上归队。经过一系列工作，红三军团的整体作战能力，没有因为这次比较大的战斗减员而削弱，相反，由于工农群众的踊跃参军，军团实际作战能力获得大大提高。滕代远在政治工作总结大会上，很兴奋地讲到红三军团现在已经有兵力一万六千多人，武器有一万余件，还做好了两万套军服，红三军团准备继续扩大到两万兵力。

7月28日，湖南省苏维埃政府宣告成立，李立三（未到职，由王首道代理）、杨幼麟被选为正副主席，滕代远、彭德怀都被选为执行委员。省苏维埃政府宣布了土地法令、劳动法令、县区乡苏维埃组织法，宣布没收帝国主义财产，收回外国租界。当天夜晚，停泊于湘江上的美、英、日等帝国主义军舰突然向长沙城内开炮，守卫长沙城的红八军当即用刚刚缴获的野战山炮对敌人军舰狠狠回击，几艘军舰被红军炮火击中，狼狈向下游逃窜，潜伏长沙城内的敌特乘机出来破坏，奸商抬高粮价、制造恐慌。刚刚成立的湖南省苏维埃政府立即会同红三军团政治部、长沙市警备司令部宣布全城戒严，严厉镇压反革命，平抑粮价，维护革命秩序。

8月2日，在省教育会坪召开了庆祝长沙解放和省苏维埃政府成立大会。滕代远在大会上受到长沙城广大人民群众的热烈欢迎，当年的近郊区农民协会乡亲们望着主席台上的滕代远，高兴得热泪盈眶。滕代远身着红军军装，英姿勃勃，走下主席台与乡亲们嘘寒问暖，鼓励当年的“复仇队”队员们踊跃参加红军，把农会恢复起来，把农民武装力量恢复起来。参加8月2日这次庆祝大会的团体还有泥木、电灯、人力车、码头等数十个工会和近百个农会以及红三军团各部队和各县赤卫队，总计有工农兵群众十五六万人之多。红三军团、省委、省苏维埃政府的领导全部参加大会，并相继讲话。庆祝大会开得十分隆重热烈，会场上红旗飘扬，革命口号声激荡在会场上空。

大会惩处了一批叛徒、特务和破坏红军攻打长沙的反革命分子。特别值得一提的是处决了从井冈山红军逃跑、出卖中共湘鄂赣边特委书记郭亮的叛徒苏先骏。很可惜的是，滕代远与红三军团政治部在长沙期间，始终没有找到毛泽东的妻子杨开慧，这是一件十分遗憾的事情，而杨开慧也没有与红三军团联系。造成红军离开长沙后，何健回到长沙，首先抓捕了杨开慧，以此要挟毛泽东，最后杀害了杨开慧。

成立红一方面军

红三军团攻占了长沙，国民党和帝国主义者万分惊恐，他们相互勾结、疯狂反扑。国民党武汉行营主任何应钦集结了十五个团的兵力从湖北武汉，湖南汨罗、湘潭一带形成包围态势凶恶地压过来。滕代远与彭德怀分别指挥红五军、红八军、红十六军以及军团直属炮兵团交替掩护，迅速撤离长沙。毛泽东、朱德率领红一军团红三军、红四军、红十二军、二十军、二十二军共五个军占领南昌牛行车站后，获知红三军团正在与湖南国民党何键激战的情报后，决定红一军团去浏阳阻击迟滞敌人。

8月18日，红一军团进入万载黄茅，8月19日，毛泽东写信给党中央："估计目前形势是一个急转直下的形势，何键在被红三军团攻击大败后，一定更加动摇，有把敌人次第消灭，占领长沙、岳州、进攻武汉、九江，开展三省更大局面，促进全国暴动的必要。"很快红三军团到达平江长寿街，而红一军团恰好转战到与平江相隔很近的万载县境内。红一军团与红三军团互相配合，分别歼灭了各自的正面之敌，红一军团消灭了文家市之敌——戴斗恒旅；红三军团歼灭了浏阳永和市之敌。红三军团前委马上派滕代远联络毛泽东、朱德率领的红一军团。

1930年8月23日，红一军团来到浏阳永和同红三军团胜利会师，两个军团举行了联席会议，本来中共中央要求：红一军团扩编为红一方面军、红三军团扩编为红三方面军。但是，滕代远、彭德怀考虑，红一、三军团是从井冈山的红四军和红五军开始的，始终共同战斗在一起。朱毛不能分开，朱毛与彭滕更没有分得开的理由，因为他们是一个战斗的整体，而没有必要另外再成立一个红三方面军。于是，1930年8月23日，在湖南浏阳县东北面的永和市，中国工农红军第一方面军正式诞生。朱德任总司令、彭德怀任副总司令、毛泽东任总政委、滕代远任副总政委。朱云卿任总参谋长、杨岳彬任总政治部主任。（今天在当年红一方面军成立地浏阳李家大屋前，矗立着朱德、毛泽东、彭德怀、滕代远四位红一方面军统帅的铜像，他们是一个从井冈山斗争时起就并肩战斗，同生死、共患难的领导核心。这组雕像反映了中国中央红军的成长发展史。）红一、三军团的高级指挥员依旧由原建制继任。红一方面军首长有权指挥方面军编制内两个军团的各个野战军，从而使中央红军的整体作战能力、灵活性、机动性获得了大大提高。同时，成立中国共产党红一方面军总前敌委员会，以及统一指挥红军和地方政权的“中国工农革命委员会”。总前委书记和革委会主席由毛泽东担任。

从此，“毛主席”的称谓自然产生。总前委委员有毛泽东、朱德、滕代远、彭德怀、黄公略、林彪、谭震林……红一军团五个军长依次为黄公略、林彪、罗炳辉、曾炳春、陈毅；五个军的政委是蔡会文、罗荣桓、谭震林、刘士奇、丘达三。红三军团三个军长依次为邓萍、何长工、孔荷宠，三个军政委是张纯青、袁国平、黄志竞。红一方面军的成立，使活动在赣南、闽西和湘鄂赣苏区的两大主力红军汇集在一起，红军战略上集中了兵力，实现了红军大兵团从以游击战为主向以运动战为主的战略转变。这时，红一方面军的总兵力达到四万人。

8 月 23 日，红一方面军总部发布分三路向长沙推进的命令，滕代远和彭德怀率领红三军团担任中路进攻任务，会同红一方面军的红一军团采取包围态势进逼长沙。9 月 1 日，红一方面军发布《向长沙总进攻的命令》，滕代远与彭德怀奉命指挥红三军团的三个军向杨家山、五里牌、胡迹渡发起猛烈攻击。经过两天激战，突破敌军第一、第二道工事后，与敌形成胶着状态。敌人乘机从猴子石向红军侧击，滕代远和彭德怀将红三军团各军布成一个口小肚大的条形口袋。当敌军满腹狐疑地钻进伏击圈内，其后续部队还未跟上时，彭德怀一声令下，滕代远早已带领红五军、红八军突击队从两侧冲了上去，一顿猛揍，当即击毙敌军八百多名，俘虏了一千多名敌人官兵，取得了第二次攻击长沙的一次重大胜利。由于长沙守敌已经做好充分固守的准备，防守的兵力多达二十多个团。在当前总趋势为敌强我弱的条件下，决不可以把作战重心放在夺取中心城市上，即使在特定条件下夺取一两个城市，也要随时准备撤离。红军在那个时期的作战方向主要是巩固和扩大农村革命根据地建设上。因此，红一方面军分析敌我态势，决定撤围长沙，于1930年9月12日发布了《撤围长沙后进占萍乡株洲待机的命令》。10月5日，红一方面军攻打并占领了吉安，使赣西南红色区域连成一片，宣布成立了江西省工农兵临时苏维埃政府，滕代远与毛泽东、朱德、彭德怀等人被选为苏维埃政府成员。

湖南浏阳市李家大屋红一方面军四位统帅，左起：彭德怀、朱德、毛泽东、滕代远。

第七章

风扫残敌如卷席

- 中央苏区第一次反“围剿”
- 用生命和鲜血保卫红色根据地
- 英勇机智的东方军
- 雷厉风行的总动员武装部长

中央苏区第一次反“围剿”

1930年夏，中国工农红军经过三年游击战争，主力部队和地方武装迅速发展到约十万人，并开辟了十余块苏区。

红军的发展壮大和攻打中心城市的行动，引起了国民党当局的极大震惊。军阀之间的中原混战刚结束，蒋介石就急不可耐地掉转矛头，对付红军和革命根据地。

国民党政府主席、陆海空军总司令蒋介石于8月下旬令武汉行营主任何应钦在汉口召开湘、鄂、赣三省“绥靖”会议，确定了以军事为主，党务、政务密切配合，分别“围剿”各苏区红军的总方针。10月，蒋介石在同冯玉祥、阎锡山的中原大战基本取得胜利后，即迅速抽调兵力，组织对苏区的大规模“围剿”，企图在3～6个月内消灭红军，并将重点置于中央苏区，从1930年10月起，蒋介石先后调集十一个师另三个旅，即张辉瓒第十八师、路孝忱新编第十三师、罗霖第七十七师、公秉藩新编第五师（后改第二十八师）、谭道源第五十师、许克祥第二十四师、毛炳文第九师、蔡廷锴第六十师、戴戟第六十一师、刘和鼎第五十六师、张贞第四十九师、第十二师之马昆第三十四旅、刘夷独立第三十二旅、周志群新编第十四旅，及三个航空队，共十万人的兵力，分布于樟树、抚州、南昌、靖安、高安、上高及闽赣边地区，由江西省主席兼第九路军总指挥鲁涤平为陆海空军总司令南昌行营主任，张辉瓒为前线总指挥，采取“长驱直入，分进合击”的作战方针，准备向中央根据地以江西中央根据地和红一方面军为重点，开始了第一次大规模的“围剿”作战。

红一方面军总部和红一军团在吉安一共停留了十天。在这个期间，朱德非常注意搜集并仔细阅读国民党方面的档案和当时的各种报刊，认真分析时局变化的动向。他正确地判断：军阀混战结束后，蒋介石必定要调集军队向革命根据地大举进攻，一场大战已迫在眉睫。他认为，这种进攻一旦发生，红军如果久留吉安将十分不利，应该迅速撤出吉安，以便机动作战。

为了做好这场即将开始的反“围剿”战争的准备，1930年10月13日，毛泽东、朱德在吉安召开会议，讨论红一方面军今后的行动计划。这时，中共中央六届三中全会虽已纠正李立三的“左”倾错误，但由于军事封锁和交通阻隔，全会的精神还没有传达到江西苏区和红一方面军中来，所以，少数领导干部仍坚持应按照中央和军委八月初的指示，去攻打南昌、九江。会上发生了争论。根据毛泽东的提议，会议最后通过了一个灵活的方案，决定先向吉安以北、南昌以南的袁水流域推进，在这里发动群众，筹措给养，并等待战机。

会议结束后，朱德、毛泽东在当天命令红一军团的三个军分别于10月14日和15日拂晓撤出吉安，移师向北，到清江附近集中。17日，朱德、毛泽东率领红一方面军总部到达峡江，这时，他们已得到蒋、冯、阎军阀混战结束的确实情报，并获悉敌人有六个师开到南昌，准备向樟树推进。

当晚，朱德在峡江县城出席由毛泽东主持的红一方面军总前委扩大会议。会议开了一夜，在讨论红一方面军的行动问题时，展开了激烈争论。争论的中心问题是：（一）是否继续攻打中心城市和交通要道？（二）把即将开始的反“围剿”的战场摆在哪里？

在争论中，朱德完全同意毛泽东的意见：“我们不能以卵击石硬打南昌、九江，而是要东渡赣江到革命根据地内部去关门打狗。”“因为大前提还是敌强我弱，而且具体地看，湘敌强，赣敌弱，我们要避实就虚，‘诱敌深入’，以弱胜强。赣江西岸夹在湘、赣江之间，机动范围小；而赣江之东呢，地跨闽、浙、赣边界，有大山，回旋余地大，在根据地内实行群众的战争，想怎么打就怎么打。”但是，红三军团的少数领导干部没有接受毛泽东、朱德的意见，坚持要在赣江西岸作战，反驳说，“井冈山就不要了？”为了维护红一方面军的团结，会议没有硬性作出东渡赣江的决定，而把问题留待继续讨论。朱德、毛泽东也没有立刻命令部队东渡赣江，而命令红一军团继续向袁水流域开进，同红三军团靠拢。

10 月下旬，蒋介石加快了“围剿”江西苏区的步伐，从中原战场调集大量兵力南下，集结在南昌周围，开始部署对革命根据地的包围。大敌当前，形势咄咄逼人。在这个严峻时刻，必须尽快结束红一方面军领导干部内部的争论，把下一步的行动方向和战略方针确定下来。否则，必将贻误战机，陷于被动。

10 月 25 日，朱德、毛泽东率领红一方面军总部到达新余县的罗坊，立刻在这里召开红一方面军总前委和江西省行动委员会联席会议，这是一次十分重要的决策会议。毛泽东，朱德、周以栗，彭德怀、滕代远、袁国平、李文林（江西省行委书记）、曾山（江西省苏维埃政府主席）等出席了会议。

会议在毛泽东主持下，继续讨论峡江会议上争论而没有解决的战略方针问题。毛泽东首先指出："在强大的敌人进攻面前，红军决不能去冒险攻打南昌"，"必须采取诱敌深入'的作战方针，选择好战场，创造有利条件，充分依靠人民群众，实行人民战争，把敌人放进来，才能集中力量消灭敌人。"

朱德在讲话中完全支持毛泽东的意见，指出在强大的敌军已经在南昌、九江周围集结的情况下，决不能冒险去打南昌、九江。只能实行"诱敌深入"的作战方针，东渡赣江，在革命根据地消灭敌人。经过毛泽东、朱德的耐心说服，对打不打南昌、九江的问题统一了认识。第二天，会议一致通过《关于目前政治形势与一方面军及江西党的任务的指示》，明确指出："目前在敌人大举增兵与南昌、九江固守工事的形势之下，单凭红军轻袭南昌、九江，而且红军相当给养都不具备，运输条件十分缺乏，这无疑的要成为游击式的进攻，结果攻不下又转而他往，反使一省胜利延期实现。所以这一轻装袭取的游击观点与争取一省首先胜利有计划的有布置的战略绝不相容，应加以严重地纠正。"打不打南昌、九江的问题解决了，接着的问题就是在什么地方同敌人作战？也就是反"围剿"的战场摆在赣江以东还是赣江以西？对这个问题仍继续发生争论。红三军团和江西省行委的少数领导干部，反对东渡赣江的方针，提出"夹江而战"的主张。彭德怀在回忆中写道："在三军团渡江之前，因三军团之五军和十六军大多数是平江、浏阳人，八军大多数是阳新、大冶人，地方主义者利用这一点来反对过江，主张一、三军团分家，夹江而阵：一军团位置于赣江以东，三军团位置于赣江以西。认为这样既可以集中消灭敌大部队，也可以团为单位分散于湘赣边、湘鄂赣边、鄂东南区进行游击战，对将来夺取湘鄂赣三省政权都有利。从坚持长期战争这方面看，这些同志也还是有些理由的，因此它就得到相当一部分人的拥护，但实际上一、三军团在战斗中一次要各消灭敌军一个师（六个团的师）是很勉强的，如果两个军团合起来消灭敌人一个师就比较轻松。为了消灭敌人，必须反对地方主义，在政治上以朱、毛为旗帜，集中统一红军，一、三军团不再分开。我这一票在当时是起相当作用的一票，站在哪一方面，哪一方面就占优势。我说：一、三军团分开，两军团夹江而阵，这对于目前准备粉碎蒋介石的大举进攻不利。”“我说，有意见到河东讨论，但不能妨碍行动，更不能说一、三军团分家。”红三军团政治委员滕代远在回忆中也说：“当时，我们也感到在强大的敌人面前，我们的力量不能分散，而要集中，要团结对敌，如果在这个问题上意见不统一，就会导致分裂，对革命不利，所以我们同意了毛主席的正确意见。”最后，大家终于统一了认识，接受毛泽东、朱德的意见。

10 月 30 日，会议正式通过两个军团一起东渡赣江、“诱敌深入”的作战方针。罗坊会议是红军历史上的一次十分重要的会议。红一军团和红三军团在统一指挥下东渡赣江，汇合在一起协同作战，大大提高了红军的作战能力，标志着红一方面军完成了由游击战向运动战的转变。会议在极端紧急的时刻，从客观实际情况出发，毅然改变原有部署，确认毛泽东、朱德提出的“诱敌深入”的战略方针，依靠人民群众，进行人民战争，这就为以后打破国民党军队的第一、第二、第三次“围剿”奠定了坚实的基础。罗坊会议一结束，红军在“诱敌深入”的正确作战方针指导下，立刻开始第一次反“围剿”的准备工作。

滕代远在会后，除了参加对各军团、各军、师的兵力军事部署外，他尤其注重做好反“围剿”的思想政治动员工作，特别是高级将领的思想统一。滕代远知道三军团政治部主任袁国平，在罗坊会议上对毛泽东提出的“东渡赣江”作战方针有抵触情绪，作为红军高级将领，思想不统一是绝对不允许的。滕代远耐心找袁国平谈话，和他一起重温红一方面军总前委颁布的《八个大胜利的条件》、《三十条作战注意》等重要条例，袁国平思想理顺了，滕代远就督促红三军团政治部把这些文件马上转发全军。滕代远在军团、军、师、团作战会议上，反复向部队各级指挥员讲清当前敌我态势，分析十万参加“围剿”的国民党军队内在的致命弱点，宣传四万红军打败十万蒋军的有利条件，阐明红军的作战指导思想、战略战术，滕代远还将反“围剿”作战的原则、要求、战场纪律、战场救护、后勤保障等各方面的制度一一强调。使全军部队统一了思想，树立了“敢打必胜”的坚定信心。

不久，红一方面军总政治部在黄陂召开了方面军宣传工作会议，滕代远听了袁国平的汇报后，指示他除完成方面军会议交代的各项工作外，要特别教育部队在战场上做好瓦解敌军的思想工作，要发挥军团政治部政治工作统帅部作用，全盘布置各营、连队、排政治宣传员向广大指战员和驻地人民群众广泛宣传坚定信心、粉碎敌人“围剿”的方针政策和主力红军转移机动后，赤卫军、游击队和根据地人民群众对付敌人“围剿”的策略。经过这些工作，部队中对“诱敌深入”的作战方针，普遍有了认识，原来存在的抵触情绪得到消除，士气大大提高，对反“围剿”作战有了较充分的思想准备。

就在红一方面军积极准备粉碎敌人对中央苏区的第一次“围剿”时，1930 年 12 月上旬，中央苏区发生了震惊红军上下的肃反扩大化与“富田事变”。

1930年10月，正当红一方面军隐蔽集结于地形有利，群众条件好的江西宁都西北部黄陂、小布一带，准备粉碎蒋介石的第一次大规模“围剿”的紧急时刻，滕代远与彭德怀率领红三军团进入小布地区。

12月上旬，革命队伍内部发生了分裂红军的“富田事变”。由于红军内部清查“AB团”扩大化，激起红二十军第174团政委刘敌等人强烈不满，他们把造成事变的责任归于总前委和毛泽东个人。他们把二十军拉到湘赣，脱离红一方面军的领导，并提出“打倒毛泽东，拥护朱（德）、彭（德怀）、滕（代远）、黄（公略）”的蛊惑人心的口号。尤其错误的是，他们伪造了一封毛泽东写给总前委秘书长古柏的信，派人假装误送到红三军团。此信说要迫使人招出“朱、彭、滕、黄”系红军中“AB团”主犯，此信的目的就是企图激起朱、彭、滕、黄的义愤来反对毛泽东。在位于宁都东山坝的红三军团司令部，彭德怀接信后大吃一惊，立即同滕代远、袁国平、邓萍等军团领导人商议。滕代远凭着对毛泽东为人的了解，刚一看完此信，就断言：“这是一封假信，是一个破坏红军内部团结的大阴谋。”在红一方面军副总政委兼红三军团总政委滕代远的提议下，红三军团公开发表了“拥护毛泽东，拥护总前委”宣言，并立即召开红三军团前委紧急会议，滕代远专门来到七公里外的红一方面军总前委请来毛泽东，在红三军团前委干部大会上发表了讲话，彭、滕在大会上代表红三军团全体指战员表示坚决服从方面军总前委的领导，拥护总政委毛泽东的指挥。从这一事件的处理上，可以充分看出滕代远对毛泽东的信任和了解。

1930年10月，蒋介石对中央苏区发动第一次“围剿”，蒋介石命令武汉的第十九路军迅速进入江西作战，命令驻福建的第五十六师、四十九师、第二旅在闽赣边界堵截红军。至此，蒋介石总共对中央苏区的“围剿”投入了十一个师又二个旅，一共十万多兵力。由鲁涤平担任陆海空军总司令南昌行营主任。

红一方面军毛泽东、朱德决定：在敌强我弱的形势下，面对各路敌军大规模向红色根据地逼近，红军要先向苏区内部退却，避开敌军来势汹汹的锋芒，依靠苏区人民的支援和有利的地形条件，发现和造成敌军的弱点。尔后我军集中兵力，在运动中逐一各个歼灭敌军的主力部队。这就是第一次中央苏区反“围剿”作战方针——诱敌深入、各个歼灭。

1930年11月26日，红一方面军首长毛泽东、朱德、滕代远、彭德怀率领红三军团、红十二军转移到苏区中部的东固、龙冈地区待机。

11月28日，朱德、毛泽东率领红一方面军总部和总前委机关来到黄陂。中共宁都县委、县苏维埃政府和黄陂区委、区苏维埃政府以及当地群众，为了欢迎朱毛红军，搭起一座彩门，彩门两边用“黄陂”二字题写了一副对联。上联是：“黄虎出林啃白犬”；下联是：“陂水入潭养赤龙”。当朱德、毛泽东率部走来时，夹道相迎的群众中锣鼓、唢呐、鞭炮齐鸣，黄陂、小布顿时欢腾起来。第二天，朱德和毛泽东一起，会见中共宁都县委、县苏维埃政府和黄陂区委、区苏维埃政府的负责人，赞扬他们反“围剿”的准备工作做得好，并鼓励他们继续支援红军，粉碎国民党军队的“围剿”。

朱德虽然是红军总司令，但从没有一点架子。他来到黄陂、小布后，不仅经常找地方干部和人民群众谈心，了解地方工作的情况和人民群众的疾苦，而且同红军战士打成一片。有个刚参加红军不久的小通讯员一次在打草鞋时，因为没有掌握好打草鞋的技术，手里拿着黄麻和破布，怎么摆弄也编织不好。他又急又气，拿起棍子在不成形的草鞋上乱打乱敲，嘴里气呼呼地说："打草鞋！打草鞋！"这时，忽然听到背后有笑声，扭头一看，原来是朱德站在那里。朱德走向前去，对小通讯员说："小同志，别着急，来，我来教你。"说着弯下腰去，指点这位年轻战士打草鞋。经过朱德的耐心帮助，一双又合适又好看的草鞋很快打好了，朱德这种平易近人的作风和爱兵如子的精神，在红军中人人皆知，广大官兵从中受到了很大教育。

红一方面军总部驻黄陂。红二十军分散在白沙、富田、龙冈地区构筑假工事，以迷惑敌人。"富田事变"后，为避免暴露红一方面军主力，红一方面军首长于15日率红三军团各军和红四、红十二、红二十二军转移到平田、安福地区隐蔽集中。抓紧时间进行夜间作战演习，同时把红二十二军缩编为第六十四师，师长粟裕，政委高自立。管辖一九零、一九一、一九二，三个团。

12月16日，国民党"围剿"中央苏区的各路大军开始向苏区中心进攻。19～21日，新编第五师（后改称第二十八师）、第十八师先后进占东固，未见红军主力，该两师却在浓雾中发生误战。第五十、第六十、第六十一、第二十四、第八师分别进到招携、万安、泰和、草台岗、新丰、三坑等地。沿途屡遭红军小部队和地方武装袭扰、阻击，交通运输常被阻断，故进展迟缓。红军集中到黄陂、麻田地区隐蔽待机，同时派出第十二军第三十五师独立活动于兴国东北的约溪地区，严密监视并吸引西面之国民党军。24日至28日，国民党军第二十八师进至因富，第十八师先头一个旅进到南垄；第五十师进到源头，准备续攻小布；第二十四师经东韶进至洛口；第八师进到广昌，先头进至头陂；第六十师准备经赣州转向北进，配合泰和之第六十一师进攻兴国。红一方面军总前委得悉第五十师欲孤军进犯小布，遂决定集中兵力，首先歼灭孤军进犯小布的第五十师。

红一方面军根据敌军多路分散进攻的情况，下达“大步进退、诱敌深入、集中兵力、各个击破、在运动战中灵活机动全歼敌军”的作战命令。

12月24日，滕代远和彭德怀根据红一方面军的总体作战意图，研究分析敌军进攻人数不过十万人，这些敌军又分成许多路，每路又分成几个梯队，各路敌军间隔相当大，有利于红军穿插分割、各个歼灭。敌人张辉瓒第十八师和谭道源第五十师是鲁涤平的嫡系部队，也是这次敌人“围剿”的主力军。消灭这两个师，敌人的“围剿”就可以基本粉碎。张、谭两师各有一万四千人，我红军总兵力四万人，一次歼灭敌人一个师那是四打一，有相当的把握。

25日和27日，红军主力两次在小布附近设伏，都因第五十师未脱离源头巩固阵地，不能求歼该师于运动中而未达预期目的，遂撤回原集结地待机。28日，鲁涤平下令其深入苏区的五个师向宁都以北的黄陂、小布、麻田地区的红军实施总攻。29日，其前线总指挥兼第十八师师长张辉瓒以一个旅留守东固，率师部和两个旅进占龙冈。红一方面军总部得悉第十八师主力向龙冈推进，抓住该师孤军深入、立足未稳的有利时机，当即决定以一个团兵力在赤卫军、少先队配合下，牵制源头、洛口、头陂之第五十、第二十四、第八师；集中主力分左右两路秘密西进，求歼第十八师主力于运动中或立足未稳之际。29 日下午，方面军在向龙冈前进途中，查明第十八师主力已到龙冈，当晚确定围攻龙冈的部署：左路红三军为右翼，于 30 日晨占领木坑以北地区，继向龙冈攻击前进，红十二军（欠第三十五师，指挥第六十四师）为左翼，于 30 日拂晓向表湖前进，以一部占领龙冈南端之盲公山，主力截断龙冈至南垄大道，从兰石、茅坪攻击第 18 师侧后；右路红三军团、红四军以主力向上固、下固前进，以一部到还铺附近，向龙冈西北端之张家车攻击前进，如上固无敌，主力向还铺、张家车攻击前进，以一部向下固、潭头警戒。在约溪地区的红三十五师，于 30 日午前插至南垄、龙冈之间，配合红十二军主力攻击龙冈，并向南垄警戒。方面军总部 30 日进至小别附近的黄土岭指挥。

12 月 30 日早晨，敌主力张辉瓒的第十八师和谭道源的第五十师，已接近红一方面军的集结地龙冈、源头一带。红一方面军总部决定以张、谭两师为主攻目标，对敌军实行中间突破，打开缺口的战略。谭道源师刚从源头向小布入侵，发现红军设有埋伏后，就返回源头，固守不出。而张辉瓒师已进至龙冈，企图从三面包围红军。方面军总部根据敌情决定，放下谭师，先歼灭龙冈张师。滕代远和彭德怀指挥红三军团以及配属他们指挥的红四军分成两部，将敌军包围于龙冈圩。

12 月 30 日凌晨，龙冈群山雾气蒸腾，一片寂静。在大雾中，红三军团已经完成龙冈外围的埋伏任务。上午九点，敌张辉瓒师开始从龙冈向东移动。担任正面阻击的立即予以痛击。

敌军使用两个团强攻，到中午夺占了部分山头高地。红军全部兵力投入战斗，争夺高地的战况异常激烈。敌人的四个团完全展开，多路进攻。到下午三点，在战况异常紧急的时刻，彭德怀和滕代远及时赶到最前线，果断指挥红军，从龙冈北面高山猛冲，扑向敌军。滕代远冲在部队的最前面，他一面高喊“勇敢冲锋”“全歼敌军”的口号，一面指挥红军部队发起对敌军的强大攻势。他指挥占领长沙时新建的山炮连，摧毁了敌人的多处炮兵和重机枪阵地。歼灭了数千敌军。敌人慌不择路，在浓雾中像被火烧的野蜂，四处乱窜，到黄昏时战斗全部结束。这一次战役，全歼敌军十八师师部和两个旅将近一万人，缴获各种武器九千余件，子弹一百多万发，电台一部，活捉了敌军前线总指挥兼十八师师长张辉瓒。龙冈大捷，敌人全线震惊，第十八师主力被歼后，深入苏区的其他各路“围剿”敌军闻讯退缩。其中，第五十师于 1931 年 1 月 2 日晨分路溃逃，主力经南团撤往东韶。红一方面军总部当日决定，分左、中、右三路尾击第五十师主力。中路红十二军经南团、琳池由西向东攻击东韶；左路红三军团经头陂由北向南攻击东韶；右路红三军到达田营后，以主力牵制第二十四师，以一部迂回东韶以东攻击；红四军为总预备队，随红十二军跟进；方面军总部进到龙坛指挥战斗。3 日，红军中、左路相继进抵东韶附近。滕代远和彭德怀又于 3 日凌晨，指挥红三军团经头陂向东韶攻击，歼灭敌军谭道源师一个旅三千多人，缴获大批枪支弹药。东韶战斗后，各路国民党军争相撤离苏区，在兴国、泰和、吉安、吉水、永丰、乐安、宜黄、南丰之线转入防御。至此，红军彻底粉碎了蒋介石对中央革命根据地的第一次“围剿”。

此战胜利有着重大的意义，它是中国工农红军建立后歼敌最多、战果最巨大的一次战役，也是红军由以游击战为主向以运动战为主转变过程中取得的第一次重大胜利。红一方面军采取诱敌深入的方针，在苏区人民支援下，以少胜多，共歼国民党军一个师部和三个多旅约一万五千人，缴获各种武器 1.2 万余件，取得了反“围剿”的重要经验，不仅保卫了中央苏区，而且使中央苏区得到巩固与扩大。1931 年 2 月，中共中央政治局通过的《中央给中国红军及各级党部训令》中这样说：“红军一、三集团军与江西劳动群众，在苏维埃政权之下的一致行动，得到了出人意外的结果，他们在伟大的中国革命史上，已经写上了新的光荣的一页。”

毛泽东欣然赋诗，称赞红军的伟大胜利：

渔家傲《反第一次“大围剿”》

一九三一年春

万木霜天红烂漫，
天兵怒气冲霄汉。
雾满龙冈千嶂暗，
齐声唤，前头捉了张辉瓒。

二十万军重入赣，
风烟滚滚来天半。
唤起工农千百万，
同心干，
不周山下红旗乱。

用生命和鲜血保卫红色根据地

1931 年 2 月，蒋介石派军政部长何应钦代行总司令职权，调动十八个师加三个旅总共二十万军队，又对红一方面军发动了第二次“围剿”。何应钦采取“稳扎稳打、步步为营”的战法，兵分四路，从东西八百里战线上，从北向南对赣南革命根据地中心区推进。而我红一方面军有三万四千多人，步枪一万七千五百支、机关枪一百三十三挺、炮十六门。滕代远被中共苏区中央局和红一方面军总前委派遣为中央的巡视员，正在湘鄂赣革命根据地巡视检查工作。他指导和督促根据地各个县都要建立红军警卫营或警卫团，这些地方红军部队的任务就是消灭苏区内的地主武装和支援红军主力部队的作战任务。

滕代远特别关心红三军团编制内、从长沙战役撤退后留在湘鄂赣根据地的红十六军。他专门检查了红十六军的反“围剿”准备的进展工作。向军长孔荷宠、军政委黄志竟传达了中央局的指示，纠正了“左”倾错误。红十六军军领导坚决执行滕代远代表苏区中央局和红一方面军总前委的指示和领导。滕代远专门参加了 4 月 1 日红十六军政治部扩大会议，做了“当前形势和红军的任务”报告，统一了全军的思想。他特别指出：政治工作要以身作则，在反“围剿”作战中，充分发扬政治工作的强大威力，鼓舞士气，战胜敌人。红十六军在滕代远指挥下，在鄂东南消灭了数量相当大的一批敌军，缴获数百支武器。紧接着又集中两个师的兵力占领江西宜封、万载等地区，有力地配合了中央苏区反击国民党军队的第二次“围剿”的战役。

1931 年 4 月，结束对湘鄂赣边区和红十六军的巡视后，滕代远正在湘赣边区巡视。国民党军队在对中央根据地发动第二次“围剿”的同时，又派出第五路军罗霖的第七十七师、五十二师、十八师、湘军的新三十一师分别从万安、泰和、吉安、峡江、安福、宜春、分宜和袁水向湘赣和湘东根据地进攻。目睹敌军蜂拥而至、来势汹汹的四个师，已经到达湘赣根据地中心永新的滕代远接到中共湘东南特委转达红一方面军总前委的命令：成立红一方面军河西指挥部，同时成立中共河西指挥部总前委，统一领导指挥对国民党这四个师“围剿”的反击战役。滕代远担任总前委书记兼河西指挥部政委，统一指挥 3 月上旬从广西百色起义后转战来到江西中央苏区的张云逸（建国后任广西壮族自治区书记，1955 年授予大将军衔）为军长的红七军、湘东南独立一师、红二十军这三支部队反击敌人进攻的作战，牵制国民党军队对中央苏区的第二次“围剿”。

4 月初，敌七十七师占领吉安，逼近永新。滕代远马上命令红七军向敌人七十七师侧后突击，首先歼灭永阳敌人守备部队，而后向吉安发起猛烈攻势，截断敌在赣江的交通。此战消灭了敌人七十七师部队。这时意外获知，红七军总指挥李明瑞、军政委许卓（1931 年 1 月，红七军进入江西南部的崇义时，原红七军政委邓小平去上海向党中央汇报工作，由许卓接任政委）率领红七军另一支部队正沿遂川北上，滕代远马上命令：由李明瑞、张云逸亲自率领红七军，与独立一师、红二十军合力向安福地区敌军反击。红军三支部队第一次联合作战，士气高昂，猛打猛冲，敌军大败，一下子被歼灭千余人，缴获步枪一千多支。同时，红一方面军从5月16日到30日，连打五次胜仗，横扫七百里，歼敌三万人，缴获武器二万件，痛快淋漓地粉碎了国民党军队的第二次“围剿”。

1931年7月1日，蒋介石调集二十三个师又三个旅，总共三十万人的兵力分左中右三路，由南丰、南昌、吉安三面向中央苏区疯狂扑过来。此时，红一方面军的红一军团、红三军团只有三万多兵力，在第一次、第二次反“围剿”的艰苦作战还没有得到休息和补充。滕代远马上根据红一方面军总政委毛泽东的安排，抓紧时间做好部队的战前思想动员和兵力部署。敌军进入中央苏区后，发现红一方面军集结在高兴圩地区，马上将主力分路由北向南、由东向西压过来，企图压迫红军到赣江东岸而消灭之。滕代远与彭德怀根据方面军部署，指挥红三军团以及配属作战的红三军、红四军，对良村敌军发起猛攻，全歼敌五十四师。

紧接着，滕代远又指挥红三军团以及红四军、红十二军，迂回到黄陂东面，切断敌人退路，滕代远冒着瓢泼大雨，指挥红军各集团军对敌军发起总攻，又歼灭敌人第八师四个团。敌人找不到红军主力，被拖得疲惫不堪，蒋介石被迫于9月初下令“围剿”部队总退却。红一方面军可是不想放掉口边的肥肉，9月7日，当敌人三个师（蒋光鼎、蔡廷锴、韩德勤）掩护敌蒋鼎文师向吉安退却时，滕代远指挥红三军团，还有红三军、红四军在距兴国城15公里的高兴圩和老营盘，分三路设伏截击敌人。敌军投入战斗的部队有四个师二十七个团，总兵力达七万人，红军只有三万多人。这一仗从9月7日早晨开始打响，越来越激烈，战线延长到三十五公里，是第三次反“围剿”中规模最大、最激烈的一场战斗。9月7日下午，左路我红三军在老营盘消灭敌人第九师的一个旅，9月8日，右路红三军团和中路红四军、红三十五军同敌人第六十、第六十一师在高兴圩发生决战。红三军团前线指挥所就设在高兴圩北面山头上。滕代远和彭德怀冒着似火骄阳，不顾汗流浃背，专心致志地指挥部队作战。由于前天上游大雨，河水猛涨，突击部队无法迂回，只得与敌人展开正面争夺。当时红军的通信联络设备很差，没有电话、电台，指挥作战主要靠口令、靠吹号，各部队之间很不容易协调联络。几个军在一起，统归红三军团指挥，因为协调配合不了，敌军占据有利地形，凭借优良装备和强大火力，死守工事。红军战士多次发起猛攻，但是依旧被阻击在敌人工事前面，我军伤亡越来越大。滕代远一看就火了，他对彭德怀说："你在这里指挥，我到最前沿去组织进攻。"说完就冲上前线，他的警卫员黄萍一见副总政委亲自去最前线，连忙跟了上去。滕代远回头看见他年龄太小，不过十五岁，就命令他回去。滕代远来到冲锋出发阵地，看到进攻的战士不断被敌军的火力击倒在地，他马上命令连长、指导员收拢部队，命令战士避开敌人正面的直射火力，从阵地两侧匍匐前进，接近敌人后发起攻击。同时，抽出部分战士，利用敌人炮火暂停的间隙，紧急抢救伤员。

由于副总政委滕代远亲临前沿阵地指挥作战，战士们斗志高昂，士气大振。阵地态势马上发生了有利我军的变化。可是正当滕代远在工事里指挥作战时，突然一发流弹击中了滕代远的右肩，鲜血很快就染红了滕代远的军装。战士们看到副总政委也负了重伤，立即围上来，有的赶快给他包扎伤口，有的要马上把他抬下阵地。滕代远阻止了战士们的行动，他不顾自己的伤痛，命令战士抓紧机会对敌发起新的攻击。滕代远忍住伤痛，一步一步来到了红三师七团的阵地。七团多次发起强攻，已经歼灭敌军一千多人，但是自己伤亡也很严重。全团只剩一百多人了。滕代远闻讯，用手捂住肩部，强忍住疼痛，一步挨一步来到七团阵地。英勇善战被称作“赤脚团长”的曾春苓，看到受重伤的方面军副总政委滕代远亲自来到了最前线，十分激动，马上带领战士准备再次发起进攻。滕代远让他先在山背后的小森林里集合部队，滕代远对这一百多突击队员说：“你们的身上，寄托了全军团、全方面军的希望。共产党员、共青团员一定要带头冲锋陷阵，坚决拿下敌人的制高点，为牺牲的战友们报仇。”战士们亲眼看到滕代远带伤指挥战斗，大家高呼口号，奋勇向敌人发起强大的进攻。9 月 15 日拂晓，红三军团在东固南面一举歼灭敌人第五十二师和第九师全部兵力。但是和滕代远一起参加“平江起义”的黄公略（红三军军长）英勇牺牲。滕代远后来专门为黄公略撰写了传略，1932 年，东固地区改名为公略县。滕代远养伤不到一个月就重新返回了自己的部队。

在毛泽东、朱德的领导下，滕代远和彭德怀指挥红三军团与中央红军其他兄弟部队一起并肩作战，历时两个月，六战五捷，歼灭敌人十七个团，共三万人，胜利地粉碎了敌人的第三次“围剿”。

在 1932 年 5 月，蒋介石亲自担任“剿共”总司令，以何应钦为前线总指挥，以三十多个师五十万兵力又对中央苏区发动了第四次“围剿”。

此时的红三军团在“赣州战役”后又一次整编，由红四军、红七军、红十四军和红五军、红八军组织成新的红三军团。

第四次反“围剿”开始，红一方面军总部决定从赣江东岸北上作战。8月中旬，滕代远与彭德怀受命率领红三军团，同红一、红五军团一起，从兴国挥戈北上，8月20日，红三军团攻占了宜黄城，10月中旬占领了黎川县城。就在这时中共苏区中央局在宁都召开全体会议，博古（秦邦宪）、项英等人推行王明“左”倾路线，在会上大肆批判毛泽东在运动战中歼灭敌军的正确战略方针，并且撤销了毛泽东红一方面军总政委的职务，由周恩来兼任红一方面军总政委。

1932年12月，蒋介石集中三十个师的兵力，分左中右三路中央苏区，夺占金溪，计划在金溪西、南两面夹击红军。滕代远和彭德怀在红五军团和红二十二军的配合下，率领红三军团在1933年1月4日至6日，全歼黄狮渡敌军的一个旅，重新夺占金溪。1月8日，滕代远亲率红三军团追歼敌军到金溪西面的浒湾，逼近抚州，又全歼敌军一个旅，还同时击溃敌军三个师，总共俘虏敌军四千多，挫败了敌人的夹击计划。

1933年1月，蒋介石以他的嫡系部队中路军共十二个师组成三个纵队，采用分进合击的作战方针，妄图一举歼灭红一方面军于黎川、建宁地区，并摧毁苏区中央根据地。恰恰这个紧要关头，博古以临时中央负责人身份兼管苏区中央局工作，他对前方反“围剿”的作战指挥随意进行干预，瞎指挥，不惜暴露红军作战意图。他命令红军攻击敌人重兵扼守的南丰和南城，滕代远和彭德怀虽然一再抵制，最后还是不得不服从命令。

红三军团1933年2月12日，向南丰城西北敌外围阵地发起进攻，滕代远冒着瓢泼大雨在最前线指挥部队小股多路向敌人阵地冲击，整整与敌人激战一夜，虽然夺取了三十多个堡垒，但还是没有能够突破敌人的主阵地。担任主攻任务的红三师师长彭遨和两个团长不幸牺牲，滕代远忍住悲痛，继续在炮火连天的第一线顽强指挥其他几个师向敌人冲击，一直到红一方面军首长周恩来、朱德下令转移。红一方面军从南丰地区撤退以后，敌人一时摸不清红军去向，误以为红军主力撤向黎川、广昌。敌马上部属中路军三个纵队向红军合围。滕代远与彭德怀指挥红三军团会同红一、红五军团于 2 月 27 日共同对敌发起攻击，四天不到，红军就在黄陂西南的蛟湖、霍源一带，全歼敌军五十二师和五十九师，并抓获两个师长李明、陈时骥。

1933 年 3 月，敌军第九师和第十一师逃窜到宜黄的草台岗、徐庄地区。红一方面军决定分两翼围歼这两个师，草台岗地势低洼、四周高山怀抱，十分有利于红军围歼。滕代远与彭德怀指挥红三军团、红一军团、红二十一军、独立五师组成的左梯队于 20 日夜晚进入攻击位置。另外几支红军部队组成的右梯队也神不知鬼不觉地到达攻击位置。21 日拂晓，当红三军团在滕代远与彭德怀率领下冒着弥漫的浓雾登到山顶时，敌军全然不晓，还在半山腰构筑工事。滕代远率先带领三个团压向敌军，打响了第一枪。顿时，敌人乱作一团。滕代远在激战中发现对面的山头有敌人出现，马上命令军团预备队——第三师一团从大山右侧插过去，占领对面山头制高点，滕代远对一团政委王平交代："你马上集合部队，认真动员，共产党员要冲锋在最前面，干净彻底地全歼敌人，消除我军团右侧的威胁。"一团政委王平（建国后任武汉军区政委，总后勤部政委、中央军委副秘书长、1955 年授予上将军衔）和团长当即集合部队，简单动员后，既扑向对面山头，干净利索地消灭了掩藏在树林里的一个营敌军。与此同时，红三军团红一师师长彭绍辉（建国后任副总参谋长、55 年上将）率领部队攻占了草台岗的制高点霹雳山，争取了主动权。经过大半天的决战，到 21 日下午，红三军团全歼了敌军第十一师。22 日，红三军团又在东陂全歼了敌军第九师。

黄陂、草台岗两仗，滕代远与彭德怀指挥红三军团打出了中央红军的威风，总共全歼了敌军三个师，俘虏了敌军两万人，消灭了蒋介石第四次"围剿"的主力部队。特别是在草台岗战役中，蒋介石的王牌军第十一师的覆灭，使各路敌军为之胆寒，敌人中路军知晓后纷纷自动撤退。蒋介石这第四次对中央苏区的"围剿"基本流产。这次战役创造了红军战争史上前所未有的以大兵团伏击歼敌的光辉范例。

滕代远作为红一方面军副总政委兼红三军团政委，参与指挥了 1930 年 10 月到 1933 年 3 月期间中央苏区粉碎国民党、蒋介石第一、第二、第三、第四次"围剿"的战役。前三次滕代远是在朱德、毛泽东直接领导下英勇作战的。从第四次反"围剿"开始，滕代远是在朱德、周恩来直接领导下指挥部队作战的。

在粉碎蒋介石第一次到第四次对中央苏区的"围剿"战役中，滕代远与彭德怀这两位红军高级指挥员密切协同、配合默契，互相关心，服从大局，得心应手地指挥红军大兵团作战。在"平江起义"时，滕代远与彭德怀率领红五军遇到的对手不过是七八个团、十来个团，能够全歼敌人的不过是一二个团。几年过去了，滕代远与彭德怀都成长为红军方面军的指挥员，统帅的部队也演化成十几个师，有时甚至是二三个军团。而被消灭的国民党、蒋介石的嫡系部队早已经变成动辄几个师。这就是从井冈山革命根据地走出来的红军高级指挥员，这就是经受井冈山精神熏陶过的“老”红军。其时，红一方面军副总政委兼红三军团总政委滕代远只有28岁，红一方面军副总司令兼红三军团总指挥彭德怀也只有34岁。

英勇机智的东方军

1931年九一八事变后，日本侵略军占领了中国东北，并继续向关内挑衅。1932年1月，中国希望“积极抵抗”的孙科政府垮台，由蒋介石和汪精卫组成联合的南京政府，他们希望与日本妥协。于是，1933年5月31日，国民党政府与日本帝国主义签订了丧权辱国的《塘沽协定》。

1933年3月，日军占领热河，并进攻长城各关口，宋哲元指挥的国民革命军29军奋力抵抗，但日军仍然攻破冷口、古北口（古北口是由于汉奸带领日军从山路经豁口越过长城包抄才得以攻破的）进入关内。不过由于日本被国联开除，国际声誉下降，日军也希望能稳定一段时间巩固东北。经当时北平政务委员长黄郛和日本关东军副参谋长冈村宁次秘密交涉，最终由国民政府军事委员会北平分会代理委员长何应钦委任的全权代表陆军中将熊斌和冈村宁次在塘沽签署了这个协定。此协定等于中国默认了伪满洲国和日本占领热河的合法性，也丧失了部分华北主权。

蒋介石利用协定签订后日军暂停南侵之机，坐镇江西庐山，策划和部署对中央红军根据地的第五次“围剿”。

1933年5月，蒋介石调集五十万大军，准备发动对中央苏区的第五次"围剿"。这次"围剿"，蒋介石确立了持久战与堡垒主义相结合的战略和以守为攻的合围战术，在苏区周围广筑碉堡。红军反"围剿"斗争的形势十分严峻。

在王明"左"倾冒险主义统治下的中共中央，根据共产国际派来的军事顾问的意见，作出了一个关于今后作战计划的指示，于6月13日下发前方各部队。指示认为，蒋介石与闽、粤军阀有矛盾，目前不可能联合"围剿"红军，蒋在中央根据地北面取守势，不会很快向红军进攻；而福建的第十九路军"对目前形势居举足轻重的地位"。因此，提出红军"分离作战"的方针，将中央红军和部分地方武装分成两部分：一部分在抚河、赣江之间牵制和防备敌人；一部分先入闽作战，再回师北上，合攻抚州和南昌。当时在前线的周恩来、朱德和各军团领导人，包括彭德怀、滕代远在内，都认为这是"两个拳头打人"的分散兵力的错误计划。与十九路军硬拼对我军不利，所以不同意这个计划。但是，当时在瑞金的临时中央负责人博古和苏区中央局却坚持必须执行这个"分离东西作战"的计划方针。使得红军丧失了反"围剿"准备的宝贵时间，自身也遭到削弱，给第五次反"围剿"造成了很大困难。

事情的始末是这样的：

1931年1月，中共六届四中全会的召开，标志着王明"左"倾错误路线在党中央取得统治地位。在军事上，其错误路线主要表现为冒险主义，反复要求各地红军"不要再重复胜利后休息"。同年9月，由于主持党中央工作的王明赴共产国际工作，加上此时在上海的中央委员和政治局委员都不够半数，于是经共产国际批准成立了"中共临时中央政治局"（简称“临时中央”），由博古负责。博古全盘继承了王明的“左”倾冒险主义，在临时中央给各地红军的训令中，他不厌其烦地反复重申：争取一省或数省首先胜利，“已经不是遥远的前途，而是今天行动的总方针”。由于上海临时中央远离各地苏区，“将在外，君命有所不受”，王明的“左倾”思想没有产生多大影响。

对此，博古当然心中不满。1932 年 10 月上旬，中共苏区中央局在江西宁都举行会议。根据博古的授意，会议传达临时中央对毛泽东的不满和批评，斥责毛泽东在军事上“保守、退却”，坚持的是“纯粹防御路线”。会后，周恩来代替毛泽东兼任红一方面军总政委，从此排斥了毛泽东及其军事路线在红军中的指导地位。

1932 年底至 1933 年 3 月底，国民党军四十万人对中央苏区发动第四次“围剿”。在红一方面军总司令朱德、总政委周恩来指挥下，运用前三次反“围剿”行之有效的“诱敌深入，运动反击”战术，以少数兵力钳制敌之数路，运用大兵团伏击的作战方法，集中主力歼击敌之一路，在江西宜黄县黄陂、草台岗接连破敌，两仗歼灭国民党军近三个师，俘敌一万多人，从而胜利地打破了敌人的“围剿”，也创造了红军战争史上前所未有的大兵团伏击歼敌的范例。

第四次反“围剿”胜利后，中央苏区范围扩大到三十多个县，政权建设和经济建设都取得很大成绩。红一方面军扩大到约十万人，地方部队和群众武装亦有很大发展。1933 年 1 月，在中央苏区反“围剿”不断获胜的形势下，临时中央负责人博古进入中央苏区首府江西瑞金。第四次反“围剿”的胜利战果尤其是黄陂战斗、草台岗战斗两战皆捷，更坚定了他推行进攻战略的决心。他曾洋洋得意地说，没有毛同志，我们干得不是更好么？临时中央抵达中央苏区后，中央苏区的军事行动实际上就由博古等人在瑞金直接发号施令了。

1933 年春，时任中共福建省委代理书记的罗明认为，党在闽西上杭、永定等边缘地区的条件比较困难，党的政策应当不同于根据地的巩固地区。临时中央和苏区中央局错误地把这种意见说是对革命“悲观失望的”、“机会主义的”、“取消主义的逃跑退却路线”，因而撤销了罗明的职务，开展了所谓反“罗明路线”的斗争，借机打击排斥了大批坚持毛泽东正确路线的党政军领导干部。当时，把毛泽东坚持的正确主张，说成是“狭隘的经验主义”、“富农路线”和“极严重的一贯右倾机会主义”等等，号召在党内和红军中“要集中火力反右倾”，并提出了一整套“左”的纲领和政策，以取代过去在中央苏区的实践中证明是正确的纲领和政策：军事上，提出“要夺取中心城市，要大踏步地打出去”；土地政策上，提出实行地主不分田，富农分坏田；城市政策上，提出实行八小时工作制；干部政策上，提出所谓百分之百的布尔什维克化，把赞成和拥护毛泽东正确主张的一些干部撤换掉……

5 月，在博古筹划其“大踏步地打出去”进攻战略的同时，蒋介石在南昌设立全权处理赣、粤、闽、湘、鄂五省军政事宜的军事委员会委员长南昌行营，亲自组织和指挥对各苏区进行更大规模的第五次“围剿”。此次“围剿”，蒋决定采取持久战和“堡垒主义”的新战略，同时对苏区实行经济、交通封锁，企图逐步压缩并摧毁苏区。这次“围剿”，直接用于进攻中央苏区的兵力达五十万人。其部署为：北路军，总司令顾祝同指挥三十三个师又三个旅，由北向南挤压苏区；南路军，总司令陈济棠指挥十一个师又一个旅，筑碉堡扼守粤赣边境，阻止红军向南机动，相机向赣南推进，配合北路军作战；西路军，总司令何键所部九个师又三个旅，在“围剿”湘赣、湘鄂赣苏区红军的同时，阻止红一方面军向赣江以西和赣东北机动；第十九路军，总指挥蔡廷锴指挥六个师又二个旅，负责福建防务，并阻止红军向东机动；空军五个队（飞机二百架），配置于南昌、临川、南城，支援作战。

面对国民党军采取“堡垒主义”新战略和重兵进攻，博古等却认为，这次反“围剿”战争是争取中国革命完全胜利的阶级决战。在军事战略上，他拒绝和排斥红军历次反“围剿”的正确战略方针和作战原则，变本加厉地推行“左”倾军事冒险主义。5 月 8 日，博古、项英加委自己为中革军委委员。6 月初，博古、项英等赶到江西宁都，召开中共中央局（由临时中央和苏区中央局合并而成）会议，参加这次会议的有博古、张闻天、项英、陈云、周恩来、朱德、毛泽东、杨尚昆。会议决定：中革军委由前方移回瑞金，另组建中国工农红军总司令部兼红一方面军司令部，朱德、周恩来分别担任中国工农红军总司令兼红一方面军司令、中国工农红军总政委兼红一方面军政委之职。朱德在前方时，由项英代理中革军委主席。宁都会议后，红军的军事指挥权转移到博古和项英手中。这样，“左”倾路线掌握了军事指挥大权。

6 月上旬，红一方面军所属部队进行整编：红一军团下辖第一、第二、第三师；红三军团下辖第四、第五、第六师；红五军团下辖第十三师；红七军团（实际到当年 10 月才正式建立）下辖第十九、第二十师；福建军区（司令员周子昆、政委曾日三）部队改编为第三十四师。

整军过后，临时中央推出了一套和毛泽东截然不同的战略方针：毛泽东提出“诱敌深入”，临时中央主张“御敌于国门之外”；毛泽东强调“集中兵力，各个击破”，临时中央主张“兵分两路，两个拳头打人”。6月13日，临时中央正式推出“两个拳头打人”的军事战略方针：主力红军实行“分离作战”，在两个战略方向上同时取胜，以实现革命在江西的首先胜利。

这一“方针”，其实是共产国际驻中共军事总顾问曼弗雷德·施特恩在上海拟定的，史称“上海计划”。“上海计划”认为，红一方面军在整个夏季应在东、西两个方向“分离作战”。博古和项英对这一意见奉若圣旨，他们具体提出：以红三军团为主组成东方军，入闽作战；以红一、五军团组成中央红军，在赣江、抚河之间作战，负责看守中央苏区的北大门；最后，集中主力夺取抚州（今临川）、南昌，实现所谓“革命在江西和邻近省区的首先胜利”。显然，“分离作战”是反“罗明路线”在军事上的必然选择。

获悉新军事战略方针后，身在前方的红一方面军军政首长朱德、周恩来震惊不已：国民党军在第四次“围剿”惨败之后，并没有从中央苏区周围撤走什么兵力，相反正在加紧准备发起新的进攻。红军一、三、五军团及地方武装总兵力虽说有近十万人，但与国民党几十万大军比较起来，仍是弱小之军。在这种情况下，若再将红军一分为二，“分离作战”，岂不更加削弱红军力量？积红军多年作战经验，集中兵力击敌一翼则胜，分散兵力伸开巴掌打人则自损自弱。思虑再三，朱德、周恩来联名致电博古、项英，表示原则接受夏季作战方针，但强调“方面军主力一、三军团目前绝对不应该分开”。

但是项英和博古哪里能听进朱德、周恩来的意见，他们连续致电前方，表示“不能允许以讨论或含糊的步骤来浪费我们的任何时间”，批评朱、周消极对待临时中央指示。这顶帽子，朱、周怎敢戴在头上？他们只好复电瑞金表示：“绝对服从你们命令，并立即报告。我要求在部队调动中回瑞（金）一行，面陈不同意见或改在博生（县）开军委会或中局会。因许多问题非电文所能详，许多批评完全不是我们愿（原）意也。”

这时，一意孤行的博古、项英，就连这一要求也不答应。

7 月1 日，一道由中革军委代主席项英签署的命令从瑞金发出：《关于东方军之组成及干部配备和指挥关系的指示》，以红三军团（暂缺第六师）和拟建中的红七军团第十九师组成东方军（随着战事的发展，红三军团第六师、红五军团第十三师、红七军团第二十师、福建军区第三十四师，以及江西地方武装第二十一师一部陆续编入东方军序列），任命彭德怀兼任东方军司令员、滕代远兼任东方军政治委员，袁国平兼东方军政治部主任。活动在抚河、赣江之间的红一军团（欠第三师）及江西的四个独立团，则组成中央红军（随着战事发展，红一军团第三师、红九军团第十四师也加入中央红军序列），林彪、聂荣臻分别兼任司令员、政委。

7 月1 日当天，东方军主力红三军团第四、第五师共一万多名指战员，在江西乐安县大湖坪举行东征誓师大会，周恩来、彭德怀等领导同志作了动员报告，提出“筹款百万、赤化千里”，“创造百万铁的红军”，“把红旗插到福建去，开辟新的根据地”的任务。接着，滕代远在会上作了政治鼓动，要求大家英勇作战，消灭东方战线上的敌人，巩固苏区和开辟新苏区。

会后，彭德怀、滕代远率领东方军冒着酷暑踏上入闽征途。5 日，参战部队到达福建宁化以西地区，开始了入闽作战。

东方军入闽后，项英在瑞金乌石垄中革军委作战室里，每天对着地图计算着部队的行程，直接给东方军和福建军区领导发出一道又一道指令。至于这些指令是否切合部队情况和战地地形、民情实际，他可不管这一些。在他的“运筹帷幄”下，短短十余天时间，东方军未打一仗，沿途便留下五百多伤病员。周恩来忍无可忍，致电项英恳求：“除直接通知敌情与紧急危险时的处置外，项代主席请勿直接电令彭、滕、周、曾，使他们对上级整个部署无所适从，这在战斗中大忌。”

项英根本不管这些，照样我行我素。但是，周恩来于 7 月 20 日，不得不再致电项英，反问道：“我们争论并非企图不同，更非执行‘上海计划’不忠实，你何以喋喋虑此？”确实，项英“虑”的不是周恩来执行“上海计划”不忠实，而是担心自己的威望和军事指挥权。后来，杨尚昆追忆，“博古、项英和以后的李德下命令时，朝令夕改，使前方将领无所适从。周恩来有过不止一次的申述电报，他们也不理睬。周恩来从来不在我们面前讲他的不满情绪，但我们看得出来。”

东方军入闽作战后，从攻打泉上开始，就受到博古、项英和以后的李德干扰。他们不顾实际情况，盲目指挥，要求攻打城市。彭德怀、滕代远坚持原则，在周恩来、朱德的支持下，根据红军历来的战略战术，从实际出发，同他们进行了斗争。

东方军积极对国民党军驻闽部队第十九路军展开进攻。7 月 9 日、14 日、19 日，彭德怀、滕代远不顾项英的意见，决定“围点打援”，攻下泉上后，再攻清流。他们相继袭占归化

（今明溪）、清流二县及宁化县泉上土堡，重创闽西军阀卢兴邦部。其中，泉上土堡战斗战果辉煌：活捉国民党宁化县长黎群薰，毙敌团长程思海以下官兵三百余人，俘敌九百余人，缴获步枪七百余支，迫击炮三门，机关枪三挺，手枪六十支，大洋一万余元和大批粮食、食盐。7 月底，东方军前锋指向连城县。

国民党十九路军区寿年部七十八师占据着连城，总兵力约万余人。区寿年将主力驻防于连城及附近地区，以一团兵力驻防在龙岩至连城、长汀两条大路的交叉口的朋口镇。

连城县朋口战斗，是东方军最主要的战斗之一。朋口是一个四面高地环围的小圩镇，东北面通连城比较开阔，西北面通长汀和东南面通龙岩都是山地隘道。我军如控制朋口，即可切断敌人的后方交通线，威胁连城及龙岩。据彭德怀回忆，当时上级给东方军规定了由北向南夺取连城及朋口的进攻路线。这样，东方军就处于仰攻地位，十分不利，而且难于接敌，无法完成任务。为此，彭德怀亲自带领侦察排，冒着酷暑深入前沿阵地侦察，寻找攻击点。回来后和滕代远说明情况，经过研究决定，选择朋口作为突破口，采取围城打援的方针，调动连城援敌，集中主力歼灭援敌于运动之中。彭德怀、滕代远一起向朱德、周恩来并转中央军委提出这个作战计划，朱德、周恩来充分肯定这一作战方案，经过反复争论，终于获得批准。

7 月29 日晨，彭德怀、滕代远指挥东方军向朋口守敌发起进攻。30 日，在东方军绝对优势兵力的强大攻势下，敌人全部阵线被我突破，红军愈战愈勇，不到五个钟头，敌守军被我全歼。8 月1 日，东方军攻城部队在连城东面的下堡胜利会师，举行了纪念“八一”建军节和祝捷大会。大会由袁国平主持，彭德怀讲话后，滕代远接着讲话，他表扬全体指战员的英勇作战，提出“打下连城”“消灭区寿年部七十八师”等口号，鼓舞士气，争取更大胜利。

8 月3 日，十九路军总指挥部恐区寿年师被全歼，电令区师放弃连城，向永安撤退。滕代远可是不想放掉已经到嘴边的肥肉，马上亲自带领东方军追击部队于8 月3 日凌晨进入姑田，正好赶上区寿年部剩下的两个团集合部队，准备出发。东方军一阵猛冲猛打，敌人一触即溃，兵败如山倒。东方军缴获轻机枪三挺、重机枪三挺、步枪三百多支，子弹十万余发。这一次战役，使十九路军受到巨大震动，使他们开始从“反蒋反共抗日”转变到“联共反蒋抗日”。

此役，东方军共消灭区寿年师一个旅三个团，俘敌团以下官兵二千余人，缴获各种枪支二千余支，军粮一千五百担，无线电台三架，筹款万元以上。后来，蔡廷锴回忆：连城的溃败，是十九路军内战史上受到的一次重大打击，也是随后该军觉悟转变的一个重要因素。

东方军入闽作战，国民党第十九路军遭到一连串的失败，蒋介石只管追究责任，又没有援兵调来。这就让十九路军面临一种尴尬处境：不“剿共”必为蒋介石所不容，而“剿共”又将为红军所消灭。这样促使十九路军领导人蒋光鼎、蔡廷锴最终做出了“联共反蒋抗日”的抉择。

他们决定在福建前线设法与东方军领导人取得联系，1933年9 月中旬，东方军总司令部由西芹移至富屯溪西岸，与延平相距30 公里的王台镇。蒋光鼎、蔡廷锴派出谈判代表陈公培携带致朱德、毛泽东的信件来到东方军总司令部。

滕代远接到陈公培携带来的信件，一开始感到太突然：

"一直与共产党拼杀的敌人，忽然改变态度，要谈判求和，这件事太蹊跷了。但是，事关重大，必须慎重处理。"滕代远马上与彭德怀协商：将此事马上报告中革军委，并提出东方军对谈判的先决条件，即以《共同抗日宣言》为原则，要求十九路军退出部分防线，取消封锁政策。周恩来当晚回电：同意东方军滕代远、彭德怀的先决条件，再加二条："一、释放政治犯，二、发表抗日反蒋宣言。"同时提醒东方军对对方保持警惕，防止对方等待援兵之阴谋诡计。

9 月23 日上午，滕代远、彭德怀在上大庙总司令部接待了陈公培。开始，陈公培不知道红军的态度如何，自己很紧张。滕代远对他说："你们反蒋抗日，我们共产党是欢迎的。"滕代远除将周恩来提的几点要求向陈公培说明外，还要求十九路军"不干涉红军已占领与围困的福建地区。蒋系走狗刘和鼎、周志群全部防守阵地，十九路军不得侵入，而十九路军支援延平的谭道源师必须撤退回水口。"陈公培对此表示完全照办，滕代远安排陈公培借用东方军总司令部电台，向蒋光鼎、蔡廷锴等十九路军领导汇报和东方军谈判情况。

会谈后，滕代远、彭德怀与陈公培共进午餐，按照红军到食堂用脸盆盛饭菜的习惯，盛满肉、鱼的丰盛菜肴一脸盆又一脸盆地端上来，对陈公培给予盛情款待，陈公培大受感动。滕代远与陈公培边吃边聊，使陈公培真切体会到红军的博大胸怀。王台谈判后，东方军和十九路军很快进入休战状态，并开始了一定程度的相互支持。同时，开启了全面谈判的大门，终于达成了一系列的协议，最终导致了"福建事变"的发生。（上海一二八事变后，蒋光鼐、蔡廷锴率领的十九路军因在事变中坚持抗战而被蒋介石驱赶到闽赣前线"剿共"。在与红军连战失利后，十九路军内部许多人逐渐认识到内战没有出路，决心走抗日反蒋的道路，并采取联合共产党的步骤。1933 年 10 月 26 日，十九路军代表与中共代表在瑞金签订了《反日反蒋的初步协定》。11 月 24 日，以李济深为主席的“中华共和国人民革命政府”在福州成立，史称“福建事变”。)

在总结连城朋口战斗时，东方军政治部主任袁国平曾高度评价此役“士气之盛，作战之勇，动作之速，歼敌之多，鼓动之烈”为当时战斗所罕见。

8 月4 日，连城守敌弃城而逃，我军不费一枪一弹，就收复了连城。8 月8 日，为庆祝东方军在闽西对十九路军作战所取得的巨大胜利，毛泽东与项英、张国焘联名致电彭德怀、滕代远，发布《中央政府电贺东方军的伟大胜利》。

周恩来也在红一方面军政治干部会议上高度评价了东方军，认为这是“开创了我们中央红军的新纪录”。他赞扬东方军“能适应情况变动，在不违反整个意图下，发扬其机断专行的能力”，“遂行战斗任务”。

与此同时，滕代远也因“领导红军长期斗争，极有功勋”，获得中央革命军事委员会授予的二等红星奖章。

这时，东方军已完成第一阶段的作战任务。8 月16 日，除留福建军区第三十四师驻守连城外，东方军其余部队奉命执行第二阶段新的战斗任务挥师北上，即向闽北进军，逼近沙县、将乐、顺昌三县，解放了沙县夏茂、高桥等地。夏茂镇比较繁华，商品也很丰富，东方军在这里筹集到不少物资。26 日，攻占闽江上顺昌县洋口、延平县峡阳两个重要商港，获得食盐十几万斤、煤油六百余斤，还筹款十万元。8 月30 日，东方军司令部在洋口下达向延平挺进的命令：以一部兵力围攻将乐、顺昌，主力围攻延平，意在调动沙县、水口两处之敌来援，求歼援敌于运动中。由于十九路军总指挥蔡廷锴行动谨慎，东方军未能大量歼灭援敌，围攻将乐、顺昌也久攻不下。

在东方军入闽作战的同时，中央红军在江西吉水、永丰、乐安、宜黄、新淦（今新干）之间打击敌人修筑碉堡部队和破坏敌人交通线，除在乌江地区歼敌三个团外，未能阻止敌人构筑碉堡封锁线的行动。

1933 年 11 月，在福建省建宁县。从左至右叶剑英、杨尚昆、彭德怀、刘伯坚、张纯清、李克农、周恩来、滕代远、袁国平。

东方军入闽作战三个月，取得了一定胜利，但本身也受到相当削弱，中央红军在抚河与赣江间活动，也没有取得预期的战果。综观全局，主力红军“分离作战”的结果，削弱了我军战斗力，丧失了进行反“围剿”斗争准备的宝贵时间，给以后的反“围剿”作战造成了很大的困难。后来，参加东方军入闽作战的黄克诚感慨：经验证明，红一、红三军团分离作战，就打不好仗，就要吃亏。这次东方军入闽作战三个月，基本上没有打过好仗，部队受到很大的损失和消耗。

不过，从积极方面来说，东方军入闽作战，取得了伟大胜利，给敌人第五次“围剿”准备工作以一定程度的打击，极大地鼓舞了苏区人民的革命斗争士气，它的历史功绩是不可磨灭的。

1934 年初，各部归原建制。

雷厉风行的总动员武装部长

当东方军入闽作战的时候，临时中央犯有“左”倾错误的领导人正在福建开展反“罗明路线”的斗争，后来又把这场斗争扩大到红军中来，引起了东方军内部的混乱。他们在军事上反对所谓“退却逃跑”、“纯粹防御”的“右倾主义”；在组织上推行宗派主义，排挤执行正确路线的同志，批判所谓“红军中罗明路线的代表”萧劲光、陈正人、李井泉等，撤换红军中如罗荣桓等一些政治委员。滕代远和彭德怀因坚持原则，执行毛泽东的军事路线，多次同中革军委某些领导人发生争执，提出过不符合他们“胃口”的意见，滕代远被撤销了红三军团政委的职务，调离红三军团，彭德怀也被免去中革军委副主席的职务。

调离红三军团，不仅滕代远内心抑郁，彭德怀也非常气闷。他当即于 12 月 19 日发电向博古等提出意见：在战争环境，军中高级干部不宜轻易调换，滕代远在历史上和工作上同红三军团战士有密切联系，而彭德怀又体弱多病，可能要短期休息，滕代远以不调离三军团为好。结果没有得到博古等人的允许。不久，又将滕代远调往瑞金中央临时政府另行分配工作。滕代远只好服从命令，离开红三军团。他于12月24日在建宁同彭德怀一起，签发最后一道命令之后，就交代工作，收拾行装，辞别司令部、政治部多年的战友彭德怀、袁国平、邓萍等人，从建宁城关出发，向赤都瑞金而去。

滕代远是红三军团的创建者，又在军团任职数年，他素来平易近人，爱护干部，关心群众。军团上下对他的印象很好，他对军团也有深厚的感情。临行时，大家握手含泪，依依不舍。滕代远也不禁怅然泪下。

1933年末，农历的十一月中旬，闽赣边的山区虽然还是青山绿叶，但寒意已深。滕代远身着灰色棉军装，由警卫员陪伴着，穿行在群山峻岭之间。他离开火热的战斗生活和朝夕相处的战友，不免有些惆怅，但想到瑞金是中华苏维埃共和国的首都，那里有在湖南、江西共同战斗过的同志，特别是在长沙搞农运就已结识、后来在红一方面军又是自己战友的毛泽东也在那里，他的心情也就振奋起来。他加快了行程，于年底到达瑞金。

1934年1月22日到2月1日，在瑞金沙洲坝中央政府大厅，召开了第二次全国苏维埃代表大会。滕代远参加了这次大会，听了毛泽东代表中央执行委员会与人民委员会所做的工作报告，以及会议结论，很有启发。特别是毛泽东在这次大会上进一步强调指出“应该使一切政府工作人员明白，贪污和浪费是极大的犯罪”，和结论中提出的“关心群众生活，注意工作方法”的问题，以及对“那些严重的机会主义者与官僚主义者”，“应该严厉的指责”等指示，他听了更受教育。尽管他向来工作严肃认真，作风深入踏实，但他认为今后还是要改善自己的工作避免发生官僚主义。大会选举了博古、毛泽东等一百七十五人为正式中央执行委员，滕代远也被选为中央执行委员。

根据苏区廉政建设的需要，苏维埃中央政府先后下达了《怎样检举贪污浪费》等一系列条例和指令，组建了从中央到地方的各级工农检察机关——工农检察部，设立了控告局。与此同时，加强舆论监督，苏维埃中央政府机关报——《红色中华》报专门开设"反贪污浪费"专版，"红板"宣传正面典型，开设"黑板"披露贪污浪费行为。不仅如此，苏区政府还广泛发动群众开展检举运动，从中央苏区工农检察部控告局设立第一个举报箱后，各地苏维埃政府纷纷效仿，举报箱遍布大街小巷。中央苏区还成立了吸收工农群众参加的突击队、由共青团员组成的轻骑队随时进行巡查。

滕代远到达瑞金后不久，红三军团奉命回师闽中，攻克了沙县县城，收获了许多的战利品。这时，农历的年关将近。从来廉洁自守、不事馈赠的彭德怀，想起了亲密战友滕代远，远在后方的瑞金，难免生活清苦。他亲自嘱咐红四师十一团政委王平，派人给滕代远送去些鱼肉鸡鸭，让他好好地过一次年。滕代远先是听到红三军团打开了沙县县城，就已是高兴不已；随后见到彭德怀送来许多食物，想起军中的战友，顿时十分激动。

早在1933年4月，苏区中央局就决定在中革军委的下面建一个军事人民部，后来定名为"总动员武装部"。这个部主要担负红军后备队伍"一切动员、训练、给养、供给与政治工作的任务"。第一任部长是杨岳彬（曾任红一方面军总政治部主任，井冈山时期首先提出"红旗不知道还能打多久?"这个疑问，1934 年叛变革命投入国民党，建国后被处以死刑）。他对军事动员工作不认真、不负责。在他的领导下，武装部系统发生不少问题，有些地方部队混乱，赤卫军、少先队组织不健全，“扩红”突击运动没有很好展开。为此，中革军委就以他犯有“官僚主义、机会主义”的错误，撤销了他的部长职务。总动员武装部一时无人负责。

临时中央领导人，知道滕代远作过农运工作，在红五军、红三军团任党代表和政委时，在湘鄂赣、湘赣等根据地领导和帮助地方做过许多发动群众、建立武装的工作，很有群众工作经验，便提议由滕代远接掌武装部。于是中革军委任命他为总动员武装部部长。

滕代远虽对受到排挤调出中央红军一事不无怨愤，但他对个人得失很少介怀。而且第二次全国苏维埃代表大会，在关于红军问题的决议中就曾经强调过要重视军事动员工作。决议要求“健全各级政府之动员机关（即军事部），……来加强对他们的领导与建立他们的工作”。并且指出，“必须加强巩固红军的后备军——赤卫军和少先队的组织和训练”。滕代远对此是深有认识的，因而他接到调令，即刻赴任。

当时，苏区的军事动员和地方武装工作，虽然由总动员武装部主管，但许多工作是由中央组织局和少先队中央总队部共同负责的。担任中央组织局主任的是罗迈（李维汉），担任少先队总队长的是张爱萍。滕代远一到任，就同他们紧密联系，取得他们的支持和配合，积极开展工作。

鉴于前任官僚主义作风，遗留下不少问题，滕代远便雷厉风行，从转变作风，整顿工作抓起。他首先把精力放在解决总动员武装部机关和县区两级武装部的问题上面，把一些消极怠工、企图开小差的人员撤换下来，补充了一批富有朝气、工作踏实的干部；建立请示报告和会议制度，提出严格要求；督促干部深入下去，加强调查研究。这样，武装部门的工作很快有了转变。

接着，滕代远又把注意力转向整顿地方武装组织方面。他除亲自抓直属县瑞金的工作和到一些落后的县区检查外，又派出巡视团到南丰、广昌、博生、洛口、长胜等县巡视，发现了各地赤卫军和少先队存在的不少问题。滕代远便和罗迈、张爱萍商议，共同发起了一个整理赤卫军和少先队的突击运动，规定自3月1日至4月15日，为突击运动的期限，限期作出成绩。经过运动的开展，在很短时间内便取得了明显的效果：按新的编制组建了一批赤卫军和少先队；整顿和改选了一批营连长、政委和政治指导员；训练了大批赤卫军和少先队员；加强了“赤色戒严”的工作，增设了哨位，添置了号炮、号锣，严格了站岗放哨和戒严的制度与纪律。滕代远还很关心中央机关的武装建设，要求中央机关作出表率，工作取得了很大的进展。

1933年9月25日，国民党军大举进攻黎川，中央苏区和红军第五次反“围剿”斗争拉开战幕。中央苏区取得第四次反“围剿”胜利后，范围扩大到三十多个县，政权建设和经济建设都取得很大成绩，主力红军扩大到约十万人，地方部队和群众武装亦有很大发展。但面对国民党军采取堡垒主义新战略和重兵进攻，还处于绝对的弱势。而中共临时中央领导人博古等却认为，这次反“围剿”战争是争取中国革命完全胜利的阶级决战。在军事战略上，拒绝和排斥红军历次反“围剿”的正确战略方针和作战原则，继续实行“左”倾冒险主义的战略指导，提出御敌于国门之外的方针，企图以阵地战、正规战在苏区外制敌，保守苏区每一寸土地。这时，共产国际派来的军事顾问李德从上海到达中央苏区，直接掌握第五次反“围剿”的军事指挥权。在国民党军“围剿”前夕，未及时有效地组织苏区军民进行反“围剿”准备，而是命令由红三军团、红十九师为主组成的东方军和由红一军团、红十四师为主组成的中央军，继续在闽西北地区和抚河与赣江之间地区对国民党军实行不停顿的进攻。红一方面军主力在持续作战而未得到休整和补充的情况下，即于9月下旬仓促开赴中央苏区北线迎击国民党“围剿”军。到1934年1月至4月，红军第五次反“围剿”的作战日益激烈。在博古、李德等提出的“不让敌人侵占一寸土地”、“或者胜利或者死亡”等口号下，中央红军与敌人硬打硬拼，伤亡五千多人，损失严重，前方急需补充兵员。

滕代远马上将向前方补充大批新的力量作为他工作的重点，发出了“赤卫军和少先队员参战光荣”的号召。要求各县区动员大批赤卫军和少先队员加入红军，把已经编好的赤卫军和少先队调到前方去参战。瑞金、兴国、长汀等县的赤卫军和少先队纷纷上前线配合红军打游击。宁化、西江等县赤卫军和少先队帮助红军修筑工事。龙岗县在三天内就集中赤卫军和少先队员一千二百多人挖战壕，掘暗坑，布置土炮，防御敌人。广昌、太雷等县的赤卫军和少先队给前线运粮。乐安县一次就动员了一千六百多人运粮上前线。

为了进一步动员群众参军，滕代远又与中央组织局、赤卫军和少先队总队部一起发起了一个“红五月”“扩红”的突击运动。根据临时中央和中革军委的决定，作出在5、6、7的三个月内扩大红军五万人。运动一开始，在滕代远的督率下，很快有部分先进县区作出了成绩。兴国的模范赤卫军、少先队有三个营加入红军，长汀、长胜有两千人参加了红军。同时滕代远还会同张爱萍等举办了一次赤都模范赤卫军和少先队的大检阅，在瑞金有两千多人参加集会。张爱萍带领大家举行宣誓典礼。滕代远到会致词。他指出，加入红军，保卫苏区，是模范赤卫军和少先队的光荣。希望大家学习兴国等县的榜样，上前线去消灭敌人。

由于滕代远等人的努力工作，短短一个月时间八个县就“扩红”一万四千名，超额完成计划。到“红五月”的最后一天，已经达到三万人，超过了原定计划。其中瑞金县一个月内就完成了计划，成了“扩红”的模范县。

为了巩固成绩，表扬先进，推动运动深入发展，滕代远还帮助先进的瑞金县于6月2日召开了一个总结会，认真总结“扩红”经验。参加会的有县、区两级的干部和各区的突击队长等一百多人。除滕代远外，还邀请了中央组织局的罗迈、中革军委的朱德参加。会议肯定了瑞金县的工作，指出他们取得成绩的主要经验，就是坚决执行党中央的指示。会上朱德代表中革军委授给瑞金县一面奖旗。举行授旗典礼时大家都很兴奋，热烈鼓掌。滕代远也很激动，望着旗上写的“三月计划一月超过”，不觉念了起来。

当“扩红”运动取得很大收获时，前方的反“围剿”战争，在错误路线和错误指挥下，却遭到重大失利。5月28日广昌失守，红军被迫于当晚撤出广昌城，向广昌以西以南转移。至此，广昌战役结束。广昌战役是中央红军在第五次反“围剿”作战中进行的一次防御战役。广昌保卫战，中央红军采取处处设防、节节抵御的战法，硬是以较弱小的力量同优势的国民党军在固定的阵地上拼消耗，结果，虽然在历时 18 天的作战中毙伤俘敌共 2626 人，但是自身却伤亡了 5093 人，约占参战总人数的五分之一。其中红三军团伤亡 2705 人，约占全军团总人数的四分之一。这是红军历史上最典型的阵地战、消耗战。它给红军尔后的作战带来了极为有害的影响。这样，前方就更需要补充兵员。为此，党中央又于 6 月上旬发出指示信："由于目前的战争局面"，"无论如何要在 6 月内完成三个月'扩红'计划"。滕代远接到这个指示，深感形势严峻，任务艰巨，立即作出布置，要求中央和县武装动员部门坚决执行中央指示，加紧工作。要加强各地突击队的力量，特别要注意那些落后区的工作。

在这期间，滕代远夜以继日，往来奔走，紧张工作。由于他的认真督促和各县区的积极行动，在 6 月上半月内，瑞金等六县提前完成了三个月的"扩红"计划，人数达到一万四千多人，出现了许多动人的事迹。此后，随着运动的深入，工农群众武装上前线的热情更加高涨，参加红军的人源源不断。从 5 月 1 日到 6 月 20 日止，五十天就完成了三个月"扩红"五万的计划，到 6 月 30 日，竟达到六万二千多名，超额完成了任务，"扩红"运动取得了前所未有的成绩。后来罗迈在他的著作《回忆与研究》中也满意地提到，"这项任务完成得很好"，"是正确路线在那里起作用"。

滕代远并不满足他的成绩，对工作毫不放松。到 7 月中旬，他又把运动的方向转到整理赤卫军和少先队方面，继续紧张地工作，使这支红军后备队伍，不但在数量上能完成任务，而且在质量上也过得硬。

正当滕代远全身心地为红军第五次反“围剿”而努力工作的时候，新的使命向他走来。离开了曾经同他一起流血奋战的红三军团和战友，离开了红色首都瑞金。未曾和老战友彭德怀等人告个别，便匆匆踏上了远去的征程。

1937 年 10 月滕代远在新疆办事处

第八章

忠于使命，沥血新疆

红色审稿

受重托赴莫斯科参加第三国际第七次代表大会

1934年7月上旬的一天上午，罗迈（李维汉）代表中央找滕代远谈话，派他到苏联莫斯科作为中共代表团的成员出席第三国际召开的第七次代表大会。当时的莫斯科是全世界革命者向往的圣地。滕代远听到组织上这个决定，心中万分高兴。从他入党以来，早就盼望能到苏联去学习，这次终于实现了自己的愿望。

第一次世界大战爆发后，第二国际蜕化变质。为了团结各国的革命左派，在俄国十月革命胜利后，以列宁为首的俄国布尔什维克党积极倡导、组织和主持建立了一个世界共产主义运动领导机构，于1919年3月2日，在莫斯科召开第三国际成立大会，宣告第三国际（共产国际）诞生。三十个国家的共产党和左派组织代表出席会议，通过《共产国际宣言》、《共产国际行动纲领》等文件。其最高权力机关是代表大会，闭会期间为执行委员会。总部设在莫斯科，各国共产党都是它的支部，共五十七个支部。1922年7月，中国共产党第二次全国代表大会决定，中国共产党加入第三国际，并成为它的支部。第三国际的任务是宣传马克思主义，团结世界各国工人阶级和广大劳动人民，为推翻资产阶级的统治，建立无产阶级专政，消灭剥削制度而斗争。第三国际在其存在的二十四年中共召开过七次代表大会、领导过六十五个共产主义政党和组织。在捍卫马克思主义，推动国际工人运动和亚非拉民族解放运动，反对法西斯主义和帝国主义战争，促进国际共运发展等方面作出了重要贡献。它对中国革命和中国共产党的建设产生过重大的影响。在中国革命进程中，第三国际曾给予过帮助和支持；同时也因策略和指示的严重偏差，给中国革命带来了不良后果。1943 年 6 月第三国际宣告解散。

就在这年的 7 月中旬，滕代远交代了总动员武装部长的工作，改穿便衣，离开瑞金，经汕头，来到上海。当时，从中国去莫斯科的主要路线有三条：一条是取道哈尔滨，可是这条路很不安全，因为东北已为日本侵略者占领；第二条是经过欧洲，这条路最安全，但是费用太大；第三条是经上海，坐船到海参崴，再转乘火车到莫斯科，这是最切实可行的路线。

滕代远到上海后，遇到红一军团第三军政治部主任高自立，他也是被派去莫斯科参加共产国际第七次代表大会的。他们同住在租界上的一个客栈里。当时的上海，处在蒋介石和外国帝国主义的控制下，白色恐怖严重，斗争极其复杂。因此，他们很少外出，每天在客栈里读书看报，等待出国。为了躲避巡捕、侦探的注意，他们经常东住一宿，西住一夜。在上海整整等了两个月，才弄到了去海参崴的船票。这一天，他俩带着简单的行李，同船离开上海。滕代远化装成一个四川籍的学者，到外国去考察农业。在船上，他们很少与外人接触，只偶然到甲板上透透空气，观赏一下海上的风光。船上的生活是单调乏味的。经过五个昼夜，他们终于安全抵达了海参崴。

海参崴是一个海滨城市，在 1860 年前属中国领土，中国传统名为“海参崴”，当地人称“崴子”（意为港湾），因盛产海参而得名。清朝为吉林珲春协领所辖。1860 年《中俄北京条约》签订后被沙俄占领。改今名为符拉迪沃斯托克，意即“控制东方”。1872 年俄罗斯在此建设军港，将太平洋舰队驻地从尼古拉耶夫斯克（庙街）迁于此。1875 年设镇。从 1880 年起升格为市，1888 年成为俄国滨海省行政中心。1903 年起莫斯科至符拉迪沃斯托克直达铁路线建成后，城市发展迅速，成为俄罗斯在远东的重要城市和港口。苏联解体前，它是苏联俄罗斯联邦滨海边疆区首府。苏联解体后，仍是俄罗斯联邦滨海边疆首府，远东第二大城市。

滕代远到那里的时候，那里还富有东方色彩。著名的米里昂卡或称华人区，类似美国旧金山的唐人街。饭馆、茶馆、赌场、戏院、大烟馆等应有尽有。9 月的海参崴，已下起了大雪，白皑皑的一片银白世界。滕代远虽然初次到海参崴，但他无心欣赏这东方港口，只是盼望能早日到达向往久已的莫斯科。因此，一到海参崴，他就立刻去找苏联驻海参崴的一个秘密机关，说明他们是中共中央派往莫斯科出席第三国际召开的第七次代表大会的，要求和常驻在第三国际的中共代表团的王明取得联系。回音很快就来了，去莫斯科的火车票和路费，也为他们准备好了。

滕代远和高自立离开了海参崴，登上了去莫斯科的列车。大约是 10 月初他们到达了莫斯科，比会议召开的日期早了 8 个月。一到莫斯科，他们找到了王明、康生（王明当时担任中共驻共产国际代表团团长，康生是副团长）。中共代表团要求他们利用会前这段时间，专门学习军事。除他们两个外，还从已在列宁学校学习的各苏区派来的干部中选出一批军事干部，组织了一个秘密的军事训练班。这个训练班的地点，设在莫斯科郊外一个僻静小巷内的一幢独立楼房内，居住条件很差，十几个人睡在一间大屋子里，过着士兵一样的生活。军事训练班的主任是苏联一位军事专家。来训练班讲课的有红军中的高级和中级军官。参加这个训练班的学生有滕代远、许光达、高自立、阎红彦、周平、陈贵、李国华、陈平、李富、胡王三、李井、金荣、李子良、胡虎清等十多人。班长是许光达，党的支部书记是高自立。不久许光达调走了，滕代远接任班长。曾涌泉是这个班的俄文翻译。

军事训练班的课程相当多，讲战略也讲战术。战术从班、排、连、营、团、师、军讲到兵团为止。讲进攻和防御的战斗，还讲飞机、坦克、装甲车的主要性能及对它们进行打击、破坏的办法。这是针对敌人有飞机等武器而我们没有的情况下特设的教学内容。他们不仅在室内听课，还被带到野外去演习。他们还学过开汽车、飞机、坦克车，学过爆破、跳伞等。

滕代远在学习班里对学习抓得很紧。在课堂上，他集中精力听课，埋头记笔记。下课后，他抓紧时间整理笔记，凡是在听课时来不及记上的东西，立即一一补上。每天晚上他还要把整理好的笔记找翻译核对。他每天要比别人早起一小时，怕惊醒别人，在黑夜里轻手轻脚地摸到教室里开灯学习钻研，并联系中国实际反复思考。他常说，过去在战争环境中，没有可能坐下来系统地学习，现在党要我们学习，这是千载难逢的良机，绝不能放弃一分一秒，时间比金子还贵呀！滕代远的这种勤学苦钻、学而不倦的精神，感染了全体同学，使这个班的学习热情始终旺盛。特别是班中有几名工农出身的干部，文化程度较低，虽用尽了自己的全部力量，但在学习中仍有困难，滕代远不惜牺牲自己的学习时间，耐心地帮助他们，提高了他们的学习成绩。由于他在各个方面的模范表现，赢得了全班同学的好评。他是班长，他还要定期把全班的学习情况向中共代表团汇报。由于他深入了解每个同学的学习情况，他的汇报内容具体，客观，实事求是。

为了迎接共产国际“七大”的召开，并为大会做好准备工作，高级军事训练班提前结业了。他们搬到了共产国际为中共代表团安排的住处集中。由于当时国际上对中国共产党中央苏区的真相很不了解，所以共产国际和中国共产党决定要利用这次会议进行扩大宣传。滕代远来自中央苏区，当过红三军团政治委员，参加过多次战役，对红军的英勇斗争事迹和红军战士的生活状况非常熟悉，因而代表团决定要他在大会上作一次发言，介绍中国工农红军的事迹和生活状况。同时，还要他参与起草王明在“七大”的报告。滕代远投入了紧张的准备工作。

1935 年 7 月 25 日—8 月 20 日，共产国际在莫斯科召开代表大会，这也是共产国际最后一次代表大会。30 年代上半期，法西斯势力日益成为世界人民的主要威胁，迫切需要共产党同社会民主党等政党联合起来，建立工人阶级统一战线，共同反对法西斯。为适应这一变化，共产国际召开第七次代表大会，以确立新的战略和策略方针。65 个党的 510 名代表出席了大会。季米特洛夫在大会上所作的《法西斯的进攻与共产国际在争取工人阶级统一、反对法西斯的斗争中的任务》的报告及大会据此通过的《关于建立反法西斯统一战线的决议》，揭露了法西斯的阶级本质，呼吁各国人民行动起来，反对法西斯，制止战争爆发，要求各国共产党同社会民主党采取联合行动，实现工人阶级的统一，并联合其他民主阶层建立反法西斯人民阵线，殖民地半殖民地国家的无产阶级要争取建立反对帝国主义侵略的民族统一战线。会议决定，鉴于国际形势日益复杂，各国具体情况又极为不同，共产国际执委会“一般不直接干涉各国党内部组织的事务”。大会实现了共产国际的重大策略转变，纠正了“左倾”宗派主义错误，对推动反法西斯斗争的开展起了积极作用。

共产国际“七大”的意义是：共产国际“七大”在反法西斯斗争上提出的斗争策略，指导了各国共产党在本国反法西斯斗争中的行动，推动了世界人民的反法西斯斗争。

这次代表大会上极详细地审议了中国民族解放斗争的问题，代表大会的决议说：“中国共产党必须尽一切努力来扩大民族解放斗争的阵线，并把一切准备击退日本和其他帝国主义强盗行径的民族力量吸收到这一阵线中来。”大会还详细讨论了中国反帝和反封建的可行性纲领，建议中共修改某些措施，以便政策更清楚地表现出人民大众的、民族的性质。大会还号召各国共产党“积极地支持殖民地和半殖民地国家被压迫人民的民族解放斗争，特别是支持中国苏维埃地区的红军”。

中共代表团在“七大”期间，为了提出抗日民族统一战线的政策，进行了大量活动，发挥了重要作用，先后有九名中共代表在大会上作了十次发言，其中滕代远作了《保卫自由和独立》的发言。由于他是苏区派来的红军代表，所以他着重介绍了红军第一方面军在长征中的英勇事迹和取得的重大胜利，并且还绘了一张略图，作了扼要说明。滕代远说：“中国共产党在马克思、恩格斯、列宁、斯大林学说原理的指导下，组织并领导人民群众的民族革命战争，反对帝国主义在中国的扩张。英勇的中国工农红军是全中国人民进行民族革命战争的主力军。”在总结红军作战经验时他说：“我们取得的胜利和打败敌人的秘诀是：一、红军懂得为什么而战，我们党采取各种措施教育红军战士，每天都进行政治学习，甚至在长征途中和战斗中都很少间断；二、红军的战略和战术艺术；三、广大人民群众对红军的支持；四、共产党对红军的布尔什维克领导；五、红军拥有布尔什维克党的和非布尔什维克干部，拥有杰出的国家和军事活动家，有毛泽东、周恩来、项英、博古、张闻天等同志，有英明的、勇敢的和天才的革命军事委员会主席兼总司令朱德同志……”滕代远的报告讲得生动具体，简明扼要，常常引起会上的欢呼和鼓掌。后来，这篇发言刊登在1935年8月17日的苏联《真理报》第二版。

大会闭幕后，苏共中央斯大林、莫洛托夫、伏罗希洛夫、卡冈诺维奇等亲切接见了中共代表团的王明、陈云（刚刚由国内到达莫斯科）和滕代远。斯大林勉励他们要注意党的团结，才能争取对敌人斗争的胜利。会见后，滕代远回到住处，激动的心情，久久不能平静。

大会批准了中国共产党提出的在中国建立反对日本帝国主义及其在中国的代理人的广泛统一战线的政策方针。大会还选王明、周恩来、张国焘、毛泽东为共产国际执行委员，康生、博古为候补执行委员。1935年6月，中共代表团起草了《为抗日救国告全国同胞书》。在七天的反复讨论中，滕代远在会议上积极发言，提出了自己的意见。写成初稿后，由王明译成俄文，经季米特洛夫最后定稿，作为中国共产党及中华苏维埃政府宣言，于8月1日正式发表，故又称“八一宣言”。这个宣言深刻地揭露了日本帝国主义的侵华罪行和蒋介石国民党政府的卖国政策和内战政策所造成的民族危机，向全国呼吁停止内战，集中一切力量，为抗日救国的神圣事业而奋斗。宣言郑重宣告："只要国民党军队停止进攻苏区的行动，只要任何部队实行对日抗战，不管过去和现在他们与红军之间有任何旧仇宿怨，……红军不仅立刻对之停止敌对行为，而且愿意与之亲密携手共同救国。"宣言还提出了抗日救国十大纲领，倡议组织国防政府和抗日联军；并号召全体同胞总动员，武装起千百万民众，战胜日本帝国主义侵略者。这个宣言的发表，对国际尤其是对国内起了很大的作用。

11 月，中共驻共产国际代表团派林育英（张浩）回国传达共产国际"七大"的精神。林育英作为中共代表正式出席了共产国际第七次代表大会，又参加了中共代表团讨论"八一宣言"的会议。11 月下旬，他在直罗镇作了一次传达。11 月 28 日，中华苏维埃共和国中央政府主席毛泽东和中国工农红军革命军事委员会主席朱德根据"八一宣言"的内容，随即发布了《抗日救国宣言》。宣言指出："不论任何政治派别、任何武装队伍、任何社会、任何个人类别，只要他们愿意抗日反蒋者，我们不但愿意同他们订立抗日反蒋的作战协定，而且愿意更进一步同他们组织抗日联军与国防政府。"宣言同样提出了十大纲领。

共产国际"七大"闭幕后，中共代表团决定让滕代远等人再到列宁学校去学习马列主义理论。滕代远参加的是特别班，和他同班的有陈云、陈潭秋、饶漱石、曾山、孔原、高自立等十几人。主要学习：列宁主义问题、政治经济学、社会发展史、西方革命史、中国革命问题和中共党史等。

滕代远参加完"七大"后，要求回国，不想再在苏联呆下去。他迫切地想把学到的军事理论知识运用到实践中去，以便在中国的革命战争中发挥作用。他在 1935 年到 1936 年的两年时间里，用李光的化名写了一本约二十万字的名为《中国新军队》的书，第一次向国外介绍了中国红军的发展历史。这本书共分十三章，记述了朱毛红四军的简略历史；彭德怀组织的红军第五军的经过；平江的武装起义；红军夺取长沙省城的经过；当时红军的编制、训练和生活状况；敌人的五次"围剿"，以及中国工农红军的生活状况等等。写得生动、具体、详尽。正如他在序言中所说的："读了这本书之后，对于中国红军发展的历史，特别是红军那种艰苦的、果敢的、刚毅的、顽强的斗争精神，完全表现出我中华民族伟大的奋斗精神，由此更可以增强中国人民团结一致抗日救国必定胜利的信心。这也是我的主要意向。"本书1937年公开出版，对当时的共产国际了解中国工农红军的历史，起了很重要的作用。

大智若愚的新疆办事处主任

1936年9月，参加完共产国际第七次代表大会的中共中央代表滕代远接受了党中央下达的任务：马上回新疆去接准备进入苏联的中共中央代表邓发。

1935年底，由于种种原因，中共中央和共产国际的通信联络突然中断。为了与共产国际保持联系，取得国际支援，党中央派邓发代表中共中央到迪化（今乌鲁木齐），然后转赴苏联。但是1936年6月27日邓发到达甘州后，就与中共中央失去了联系。后来知道邓发由西安到了迪化。滕代远由苏联秘密赴新疆。组织上安排苏联火车上有列车员照顾滕代远，下了火车改乘汽车，到达国境后由苏联红军接待他，并且帮助他越境。

滕代远由一位维吾尔族老人赶马车送到塔城，在塔城和苏联领事打了招呼，就坐长途汽车到了迪化。滕代远找到事先联系好的民政厅长，住在他家里。滕代远通过盛世才的外事处长王宝乾打听邓发的情况。他在迪化住了一个多月，到约定的地方，不见邓发到来，只好又回苏联去了。原来邓发到了甘肃边境地区，不幸身染重病，不能继续前进，等病稍好后，于 10 月 16 日由西安启程继续西行，一路历尽千辛万苦，11 月上旬才到达迪化。

滕代远回到莫斯科已是 10 月中旬，之后，中共中央马上又命令他和陈云分别担任副团长与团长，带领中共中央代表团再次赴新疆接应红军西路军。这个代表团即代表共产国际，又代表中共中央。在中共代表团离开莫斯科前，共产国际领导人季米特洛夫宴请他们，并询问他们有什么困难和要求。滕代远提出，西路军进新疆后，缺少武器弹药。于是季米特洛夫通过苏共中央，答应送他们九十门大炮。红军西路军在张掖县梨园口失败后，中共中央通知他们向新疆前进，党中央已派陈云、滕代远率代表团接应他们。

1937 年 3 月，新疆盛世才对边防处交代："共产党有一部分军队在甘肃被国民党打散了，新疆省政府同意接应他们，现在已派王效典为全权代表前往星星峡做接应工作。但是，驻哈密的警备司令饶乐博斯极力反对共产党进入新疆，企图在中途阻击，要让边防处安排部队消灭他们。"4 月下旬边防处星星峡办事分处发回电报："红军已到星星峡，人数只有三四百。"迪化北门外军校操场上，50 多辆苏式大卡车整齐地排列着，准备前往星星峡。中共中央代表陈云和滕代远经苏联到达迪化后，盛世才亲自到操场为陈云、滕代远送行。在操场上，当边防处副处长，地下共产党员陈培生见到从小卧车下来的陈云、滕代远时，他有一种久违了的亲切感觉，很想冲上前和党中央的代表说说心里话，但是一想到自己的潜伏身份，陈培生压抑住自己的冲动。

1937年4月28日，陈云、滕代远率领代表团乘着由盛世才部提供的五十多辆汽车，车上满载着武器、服装和食品。其中还有一个苏联顾问以及一个营的武装部队向新疆通向内地的星星峡开进。这天适逢春雪，冷峻的天空，雪花划破凝重。浩浩荡荡的车队鱼贯而行，在雨雪中颠簸着前进。车队当天到达吐鲁番县城，第二天继续前进，到达七角井。在途中，车队的警卫部队与饶乐博斯的骑兵发生激烈交火，击退了饶乐博斯匪徒。但是，当盛世才的顾问提出要解除西路军的武装时，陈云和滕代远提出强烈抗议。他们来到星星峡以后，二三十座碉堡，挺立山顶，俯视峡口。边防处星星峡分处主任王效典领着两个人走进教导大队队长宫自宽住的小屋，介绍说："这是中共中央代表施平（陈云）和李广（滕代远）!"又向二人介绍说："这是宫大队长。"宫自宽命令警卫部队换下周围山上的红军岗哨，并且将从省里带来的衣服、米面、饼干、竹笋罐头以及日用品分发给红军指战员。

陈云、滕代远与早已等候在那里的西路军领导人李卓然、李先念、程世才、李天焕、郭天民、黄火青、宋侃夫、王子纲等人热烈拥抱，陈云告诉同志们：党中央给他发急电，要他马上与滕代远率领代表团火速由苏联进入新疆接应西路军。滕代远高声对大家说："我们是代表党中央、毛主席来迎接大伙的。同志们，你们辛苦了、受罪了。现在你们回到自己家里了。"

当滕代远和西路军总部作战科科长吕黎平握手时，站在一旁的李卓然向滕代远介绍了小吕。滕代远松开手后退一步，上下端详着吕黎平说："吕继熙？你不是吕继熙吗？"原来，吕黎平原名是吕继熙，在滕代远担任中革军委总动员武装部长时，吕黎平在军委作战科，经常接触很熟悉。滕代远再一次紧紧搂住了吕黎平说；"小吕，你受苦了，你们都受苦了。"在星星峡召开了五一节纪念大会，陈云、滕代远代表党中央亲切地慰问了西路军的同志们。5 月 1 日下午，西路军左支队四百余将士在陈云、滕代远带领下，乘车向迪化驶去。5 月 7 日傍晚，车队进入迪化西南十余公里的红雁池，尔后，西路军将士们住进了新落成的纺织厂女工宿舍。两天后，盛世才在督办公署东花园贵宾室秘密会见了陈云、滕代远和西路军的主要领导人。7 月底，西路军的将士们从驻地迁移到东门外的营房里（今天是五星路），与盛世才的部队住在一起。陈云、滕代远研究决定，将西路军左支队进行整编为——红军西路军总支队，下设干部队和四个大队，对外称"新兵营"。

陈云、滕代远亲自为指战员们上文化补习课，尔后，又开展了飞机、大炮、坦克、骑兵、电台等业务训练，还专门请苏联专家来上课。陈云、滕代远还专门上马克思主义理论课，使将士们在掌握现代军事的同时提高思想觉悟。

为宣传中共的抗日主张，开展统一战线工作，推动群众性的抗日救亡运动，联络友军，采购与转运军需物资，八路军先后在南京、武汉、西安、重庆、太原、长沙、桂林、兰州等地设立了办事处。

由于盛世才是在苏联的支持下才成为"新疆王"的，因此，当时的新疆是苏联与延安之间的重要通道。为保卫和建设新疆这一抗日大后方，“保持一条和苏联之间物资运输与人员往来的通道”，八路军改编后，中国共产党还决定以八路军名义在迪化设立办事处。而就在这时，奉行亲苏政策的盛世才也发电邀请中共派员协助其政府工作。1937 年 10 月，党中央经过仔细研究后，决定抽调 50 多名得力干部，由周小舟以八路军总部代表身份带领，从延安来到新疆，得到盛世才同意后，在迪化设立了八路军驻新疆办事处，对外称“南梁第三招待所”。不久，恰逢陈云从苏联回国到达新疆，于是党中央委任他担任八路军驻新疆办事处党代表。办事处先后有四位党代表——陈云、滕代远、邓发、陈潭秋。

八路军驻新疆办事处既是八路军在新疆的办事机构，也是中国共产党在新疆的领导机关，它领导着中国工农红军西路军总支队（新兵营）和在新疆工作的党员干部，动员新疆各族人民开展抗日救亡活动：通过发动群众募捐等各种方式为八路军抗日筹集物资，管理在迪化治疗养病的八路军伤病员，推动新疆政治、经济、教育、文化等事业的发展，确保国际援华物资途经新疆运往内地。

同时，这里还接待取道新疆来往于苏联与延安之间的中共干部和国际友人，周恩来、任弼时、王稼祥、蔡畅、邓颖超等，以及越南共产党总书记胡志明、日本共产党主席野坂参三、印度尼西亚共产党领导人阿里阿罕姆等人都曾在八路军驻新疆办事处安排下，往来于延安与莫斯科之间。

办事处成立后就积极投入工作，同志们积极宣传马列主义及毛泽东著作《论持久战》等，先后创办了《新疆日报》、《阿克苏日报》、《喀什日报》等，还针对新疆教育十分落后的状况，筹建了多所小学和中学。

此外，办事处还协助盛世才创办了坦克学校、炮兵学校和飞行学校，聘请苏联军事专家担任教员。由于中共人员热心帮助、勤奋工作，短短几年，贫困落后的新疆发生了重大变化。不但民族矛盾趋于缓和，而且抗日统一战线更是红红火火。滕代远、马明方、陈潭秋等一批重要人物先后担任过办事处主任。

1941 年，第二次世界大战处于艰难时期，盟军在欧洲战场进退维谷，苏联面临德寇重大压力。盛世才看到苏联处境十分危险，开始检讨原先完全对苏“一边倒”的政策，转而向蒋介石靠拢。1941 年 8 月 29 日，宋美龄飞抵迪化，要求盛世才肃清新疆共产党。1942 年 9 月，盛世才突然变脸，下令逮捕了共产党员陈潭秋（时任办事处主任）、毛泽民、林基路等 131 人。1943 年，陈潭秋、毛泽民、林基路、杜重远等 10 位优秀共产党员和进步人士惨遭杀害。

1945 年抗战胜利后，毛泽东亲赴重庆参加国共和平谈判。经过严正交涉、艰苦努力，我军在新疆被关押人员终于获释，并与办事处其他留守同志一道，于 1946 年返回延安。

八路军驻新疆办事处由中共驻新疆代表主持，第一任党代表是陈云，任职时间从 1937 年 4 月到 11 月，11 月 27 日，陈云回延安后，滕代远接任陈云职务，主持八路军驻新疆办事处工作。在滕代远主持下，八路军办事处紧紧抓住共产党与盛世才的抗日民族统一战线方针和政策，宣传我党的抗日主张。一是帮助盛世才巩固“六大政策”政权，建立新新疆。二是巩固抗战后方和保持国际交通线的畅通。三是筹集和转运援助延安八路军的军火和其他军需物品。四是为延安和新疆培养人才。五是迎接和接待往返于延安和共产国际间的高级干部。六是指导和管理在新疆各地共产党组织积极开展党的工作。滕代远除了管好“新兵营”的工作外，还积极与共产国际、盛世才进行联络、交涉，筹集了羊皮大衣五万件、汽车十辆、高射机枪十二挺、子弹十二万发支援了八路军。

滕代远还将“新兵营”的各大队指战员从掌握基本战役战术思想入手，归纳总结红军的作战思想，进一步提高同志们的战役战术理论水平。滕代远利用自己在苏联军事学院系统学习过现代化武器装备的优势，与盛世才交涉，让“新兵营”挑选出来的44名学员参加飞行班和机械班的系统学习。吕黎平担任飞行班的班长。延安来的严振纲为机械班的班长。吕黎平担任学员队的党支部书记。盛世才派两台卡车到新兵营，接纳新学员到航空队学习，在滕代远的精心运筹下，44名航空学员中，来自红军各个方面的部队。红一方面军16人；红二方面军2人；红四方面军24人；红二十五军1人。他们成为我军空军的开创者。1937年底，滕代远奉中共中央命令返回延安，就任中共中央军委参谋长。

许多年后滕代远回忆了那段往事：

“1935年，因接红四方面军要和邓发接头，我去了一次新疆。我由苏联阿拉木图秘密赴新。我不会俄语，在火车上经事先联系，有个列车员同志关照我。由火车改乘汽车后，又托一司机带我。到国境时，由红军边防军接待越境，又由一位维吾尔族老人赶马车拉我到塔城，招待得很好。在塔城和苏联领事馆打了个招呼。买了汽车票就到了迪化（今乌鲁木齐市），找到事先联系好的一个民政厅长家里（姓名忘记）。这人很进步，后担任过和田行政长，其爱人是个进步学生，盛世才常到他家去。一听到盛世才去，我就赶紧躲开，以免被盛的马弁发现。当时，苏联给盛派了一部分干部，我和其中的王宝乾接过头。听

1937 年，滕代远将八路军驻新疆办事处主任职务交给接任的邓发（右）

说，盛直接走斯大林路线，想直接加入苏共，斯大林未同意，盛有意见。我在迪化住了个把月。到约定地方未见到邓发，就回苏联了。1936 年中共中央指示我们，西路军损失惨重，应想法如何组织起来，整顿一下找个出路。当时决定陈云代表中央，还有我、冯铉、李春田、段子俊一同赴新迎接西路军。我们未走之前，见过斯大林、莫洛托夫、伏罗希洛夫一两次，向他们反映红军长征情况。他们问要什么，我们提出西路军进疆缺弹药等，他们表示要大力帮助，有 90 辆坦克，90 门大炮让我们看，我们很高兴，想接到西路军后打开一个局面，于是几个人就秘密到了边境。

到边境后，恰遇“双十二事变”，中共驻共产国际代表团让我们停下来等候指示。陈云流鼻血很厉害，就用飞机送到阿拉木图去治病。我们住在边防军一个营长家，他有个妻子，一个老母亲、两个男孩、一个女孩。当时正值冬天，常下雪。没书读，只有俄文报，让冯铉给我们读。也没事干，很寂寞，就打扑克。他们招待我们很好。后来接到指示，和陈云一同向迪化出发。盛世才派了一个顾问，给了一辆汽车，给我们每人一件牛皮大衣穿在外面、羊皮大衣穿在里面，我们一同到了迪化，盛表示欢迎。

这时，李先念、程世才、李天焕、宋侃夫等同志已到星星峡一带，盛未打也未阻拦。我们向盛表示感谢，说督办掩护、关怀了西路军。这时才知西路军只有几百人了，苏联给那么多的东西不好要，要了也拿不了。当时盛对西路军招待很好，也未发生什么冲突。盛的顾问提出来要我们放下枪，以免出事。陈云为此坚持斗争很久，说我们是去训练干部，是盛同意的，我们不干涉其他事务，不能放下枪，放下枪岂不成了投降？最后我们胜利了。

1937 年 5 月，西路军由星星峡到达迪化。到达迪化后，对外称“新兵营”。我们按营、连、排把“新兵营”组织了起来，组织他们学飞机、炮兵、无线电、文化、政治，其中百分之八十的人都是干部。我们着重从政治思想上进行正面教育。当时不少人要求去莫斯科学习，我们说服他们先在此训练一下再去。同志们思想很复杂，陈云很耐心，做了不少工作，我们有电台，于明和我经常给中央报告训练情况。

1937 年“七七事变”后，中共中央派周小舟来新，公开身份是八路军代表。当时盛也表示抗战，我们争取他援助，盛给了 3 万件皮大衣，一批机枪。中央调周小舟回延安后，让我公开担任了八路军驻新疆代表，正值苏派来驻华大使潘友新途经新疆，盛举办宴会，国民党政府并派有武官相随，还有邓文仪在场，我以八路军代表身份也去表示欢迎。

在这一期间，我们一直未和盛世才发生什么矛盾。我们还请他到“新兵营”去看看，建立了一些感情。

不久，中共中央派来邓发接任中共中央驻新疆的代表，陈云回了延安。接着，中共中央又派徐梦秋、毛泽民等来新疆。有的人本拟去苏联看病，因盛一再向中央要干部帮他建设新疆，所以毛泽民等暂未去苏联就留在新疆工作了。不久，王明、康生由苏联回国途经新疆，盛设宴款待，我也参加了。盛给王明一万美金，王不要，盛说是帮八路军抗战的，王才收下。

我很想回延安，1937 年底，我同李先念、程世才等一批干部，带了些机枪、大衣等回到延安。临行时盛很客气，并亲到机场送行。”

1937 年 12 月，党中央令滕代远返回延安。12 月底滕代远偕同李先念、李天焕、曾传六、郭天民、宋侃夫、王子纲等从迪化经兰州、西安回到延安。

1938 年，毛泽东、刘伯承与滕代远（左一）在延安。

第九章

抗日战争爆发担任中央军委参谋长

- 运筹　　，决胜千里
- 组建我军第一个炮兵团
- 团结抗战喜迎八方客
- 情报工作“步步前进，就步步胜利！”

运筹帷幄，决胜千里

1937年底，滕代远刚刚和陈云完成接应红军西路军到迪化的任务后回到延安，不久，毛泽东主席接见了他，滕代远感到特别亲切。毛主席问了他一些情况，然后就当面要他就任中共中央军委参谋长的工作。毛泽东对滕代远说："你和我一起来管八路军、新四军。"滕代远谦虚地向毛主席说："我胜任不了参谋长。"但毛泽东一言九鼎。1938年1月15日，中央军委正式任命滕代远为中央军委参谋长。并电告在抗战前线的中央领导人和八路军、新四军的将领。在同一电文中，还宣布了军委参谋部一局局长郭天民、二局局长曾希圣、三局局长王诤、四局局长黄春圃（江华）的任命。

滕代远受命担任中央军委参谋长的时候，全国抗战已进行了六个多月。由于国民党坚持消极抵抗的方针，对日军步步退让，丧失了大片国土，以至国民党政府迁都重庆，军政领导人败走武汉。以中国共产党为主体的游击战争成为抗战的主体。共产党领导的八路军、新四军在华北和江南展开了广泛的游击战争，创建了许多抗日根据地，钳制了日军向中原和西北的进攻。八路军敌后根据地已成为抗击日军侵略的重要战场。此时，八路军参谋长叶剑英随同周恩来副主席赴武汉、南京与国民党谈判，不在延安。叶剑英走后，肖劲光接任过军委参谋长，但不久又改任八路军后方留守处主任。副参谋长左权随同朱德、彭德怀在前方指挥作战。

就在这战局危急时刻，滕代远毅然走上了新的战斗岗位。他协助中央军委主席毛泽东、副主席周恩来指导全国抗日战争的进行，指挥我军的军事行动，主持军委参谋部的日常工作。

那时，八路军、新四军主力均已开赴华北、华中敌后战场开展持久的游击战争，各根据地基本上是独立作战，分散活动。所以当时参谋部的一项重要工作就是切实了解和掌握全国各战区的作战情况，摸清敌军、伪军、友军和我军四个方面的情况。这方面的工作是紧张、不间断地进行的。这就要求参谋部各局协同动作，密切配合。滕代远首先紧紧抓住军委参谋部一局，通过他们把敌、伪、友、我军的部署与动态摸清楚，并做出综合分析。他几乎每晚 11 点至 12 点都向毛泽东主席汇报情况，并及时把主席的指示传达到各个部队。当时情况主要来自前方，也有些来自电讯侦察。滕代远特别强调时效观念。他常对参谋人员说："前方来电，均与战局直接有关，且来之不易，必须以严肃的态度，最快的速度作出处理"。他给一局立了个规矩：凡是前方来的电文，连同译电原稿，都先送他亲自过目，作出批示后再交有关人员处理，并将处理结果向他报告。他每天要处理几十份、甚至上百份电文，从不积压。他还给一局规定了每天要作分析研究，每周系统汇报一次，每月写一份综合报告的制度。对于敌情报告，要求有情况、有分析，还要绘制附图，鲜明地标示出敌伪军、友军和我军的分布状况。报告经他审阅后，呈送毛泽东、王稼祥等军委领导人。这就为中央军委制定战略方针和对敌斗争的决策，及时提供了重要依据。

参谋部刚迁到延安王家坪时，没有专门的战争室。为了便于作战指挥，在滕代远的领导下，发动和组织一局的参谋、警卫及各方面工作人员，去城里拆除了一座废弃的旧庙，筹集砖石木料，自己动手，修建起一间作战室，挂起作战地图，参谋人员昼夜值班，与各根据地和各战区，保持着不间断的电讯联系。参谋人员勤奋地工作着，随时掌握着各地战况的变化。滕代远就住在王家坪上坡的窑洞里。他经常到作战室听取对战局形势的分析。遇有重大军情变化，他就在作战室与大家一起研究作战形势，常常工作到深夜，甚至通宵达旦。他的努力得到了毛泽东主席及军委参谋部工作人员的一致肯定。

摄于延安机场。1939 年时任中央军委参谋长的滕代远（左四）与参加中共六届六中全会的军队代表。

前排左起：肖克、罗瑞卿、罗荣桓、滕代远、邓小平、朱德、周恩来、彭德怀、贺龙、徐海东

不久又遇到了八路军一一五师师长更换的问题。1938 年 3 月 1 日，一一五师师长林彪擅自身穿日军军大衣而被阎锡山部队哨兵开枪误伤，后回延安并转赴苏联医治。据罗荣桓

给毛泽东的电报中说：林率直属队到达隰县以北之千家庄，已与第十九军警戒部队最前线取得联络，未及时通知后面阵地哨，林骑马独在先头走，即遭受射击，子弹从右腋进由左侧背穿出，幸未中要害。听到林彪受伤，毛泽东大为震惊。当天毛泽东就与军委参谋长滕代远致电师政治部主任罗荣桓："已令交口镇派医生两天内赶至永和救林伤，并由你指派妥当人员送林来延医伤。"那时战况吃紧，谁来接替林彪的地位，就成了事不宜迟的事情。副师长聂荣臻已到了晋察冀，徐海东的三四四旅又已划回十八集团军总部直接指挥，代师长的候选人只有在师政治部主任罗荣桓和三四三旅旅长陈光二人当中挑选。3 月 1 日夜间 24 时，军委主席毛泽东与中央军委参谋长滕代远商量后决定联名致电罗荣桓："林之职务临时由你兼代。"

但是十八集团军总部在太行山，情形紧迫来不及与中共中央军委协商，3 月 1 日同一天，就在毛泽东、滕代远致电罗荣桓几小时前，十八集团军总部朱德、彭德怀致电蒋介石和阎锡山、卫立煌：第一一五师师长林彪负重伤，该师师长职以该师第三四三旅旅长陈光暂代，该旅旅长职以第六八六团团长李天佑暂代，该团团长职拟以该团副团长杨勇代。蒋介石很快批准了朱、彭的决定。这样，第一一五师师长一职就由陈光代理，但全面工作实际上是罗荣桓在主持。1938 年底，罗荣桓正式任师政治委员。最后，毛泽东，滕代远批准了十八集团军总部的决定。就这样，陈光担任了为时达五年之久的一一五师代师长。

组建我军第一个炮兵团

1938 年 6 月，八路军第一个炮兵团在延安组建，她倾注了滕代远废寝忘食的努力。半年多时间，滕代远从我军各部队选调组建第一个炮兵团各级指挥人员，他调来武亭和丘创成分别担任炮兵团团长和政委。还把各部队缴获敌人的最好山炮调来延安。滕代远在莫斯科军事学院学习过战役指挥，深刻了解大兵团作战，没有炮兵团和炮兵师，根本无法打赢一场战斗。对日军作战，炮兵尤其显得十分重要。日军在第二次世界大战期间所编成的一百七十多个师团中，一个小队七十多名士兵就有两挺机枪，一个掷弹筒组；而一个大队有十二个步兵小队，一个机枪中队十二支机枪，一个炮兵小队一门七十毫米九二式步兵炮，一个炮兵中队一百二十二人就拥有四门步兵炮；而日军的一个联队（相当于国民党军队一个团）三千八百名士兵、编制有三十六门七十五毫米步兵炮和十门一百零五毫米野战炮；日军的一个旅团（相当于国民党军队一个师）就编制有四十八门山炮；日军的一个师团（相当于国民党军队一个军），二万七到四万士兵，辖两个旅团、四个步兵联队、一个炮兵联队，总共有九二式步兵炮二十四门、三七式炮十六门、四一式山炮十六门、三八式七十五毫米山炮三十六门、一百毫米山炮十二门、大大小小的野战炮一百零四门。而我们八路军呢？在 1939 年 11 月 7 日河北涞源黄土岭对日军作战中，八路军一次集中六个团的作战部队，总共才有二百多挺机枪、八门迫击炮。而日军混成旅团第二旅团长阿部规秀率领的一千五百鬼子却有十二门野战山炮。八路军晋察冀军区杨成武司令员统帅的第一军分区炮兵连发挥威力，只用三发炮弹就击中了日军司令部，炸死日军中将阿部规秀。这是抗日战争期间，我军击毙的最高军衔的日军将官，证明了我八路军炮兵在对日军作战中做出的重要贡献。

中央军委首长已经看到了打败日本侵略者，不单单要有高昂的士气、训练有素的作战本领，武器装备，尤其是创建我们八路军自己的炮兵团对于战胜对手已是迫在眉睫的头等大事。1938 年 4 月 3 日，朱德、彭德怀致电中央军委毛泽东、滕代远的电文强调：“目前加强炮兵的组织和训练甚为重要。在战斗中，经常可以缴获敌人的大炮，请滕注意指导和检查炮兵团的教育。迫击炮干部缺乏，请在随营学校中增设迫击炮队。”毛泽东和滕代远认真研究了朱德、彭德怀从前线发来的紧急电报，很快就以毛泽东和滕代远的名义复电朱德、彭德怀、左权：“炮兵团已经开始训练，迫击炮干部就设在炮兵团培养。”中央军委指定滕代远全权负责八路军第一个炮兵团的筹建和思想教育工作，1938 年 2 月，刚刚组建的炮兵团奉中央军委参谋长滕代远命令西渡黄河到大后方洛川接受整训。他们进入延安后，中央军委参谋长滕代远接见了炮兵团山炮营和迫击炮营的全体指战员，勉励他们刻苦训练，早日杀向前线展现八路军炮兵雷霆万钧的威风。为了让炮兵团指战员早日进入状态，滕代远指示专门给炮兵团指战员放映电影《夏伯阳》。因为电影是未经翻译的俄语原版片，大家听不懂俄语，滕代远站起来给大家翻译和介绍剧情，使指战员们深受感动。

1938 年 8 月，我军获得情报：“日军有可能西渡黄河，进犯我陕甘宁边区。”中央军委命令炮兵团派两个连，到黄河边的宋家川驻防并修筑工事。当他们行军中路过延安时，滕代远亲切会见了全体指战员并作了重要指示。他强调：“炮兵同志们去驻防，就是为了防备日军侵犯，保卫延安、保卫党中央，重要性不言而喻。”同样，滕代远指示又给指战员放映苏联原版电影《十三勇士》，照例滕代远依旧是站起来给大家做解说，将俄语翻译成中文，滕参谋长的博学给同志们留下了深刻印象。1939 年 1 月 28 日，滕代远参加了炮兵团成立一周年的庆祝大会。滕代远代表毛泽东主席和中央军委向全体指战员热烈祝贺，并带来了毛泽东主席为炮兵团的题词：“努力政治军事科学技术之学习，早日达到战无不胜、攻无不克之目的，为民族争光荣，为八路军争模范。”毛主席的题词极大地鼓舞着炮兵团开赴前线，英勇杀敌、建功立业。八路军第一个炮兵团的组建像刚刚出土的幼苗，在抗日战争的烽火中成长为参天大树。她像种子一样，撒遍了八路军、新四军和共产党武装力量的方方面面。六年时间，到 1945 年 12 月，我军八大战略军区装备的各种野战山炮：晋冀鲁豫三十门、陕甘宁四十六门、晋绥六十三门、晋察冀二百七十五门、新四军兼山东四十一门、中原四十八门、东北二百八十三门、华南各游击队九门，全军一百三十六万部队总共有各种野战山炮七百九十五门。虽然还远远比不上国民党军队的全部美式装备，但却是一支不可小视的共产党武装中的炮兵重武器打击力量。

团结抗战喜迎八方客

滕代远在担任中共中央军委参谋长时，还在党中央领导下，协助毛泽东积极做好统战、对外友人和友军的接待工作。抗战时期的延安，已经成为中外注目和向往的革命中心。不仅有大批爱国知识分子，冒着生命危险，越过敌人的封锁线，源源不断地来延安，投身于抗日事业，而且还有许多国内外知名人士，包括国际组织的代表、国民党爱国高级将领，都纷纷前来延安参观访问。加拿大共产党员白求恩率领医疗队来华支援中国人民的抗日斗争，他慕名来到延安，就是由军委参谋长滕代远出面负责接待的。滕代远原来准备安排白求恩在延安条件较好的医院工作，但是，白求恩坚持要去最前线，滕代远就只好护送白求恩到抗日前线晋察冀军区医院工作。后来白求恩在前线不幸以身殉职。滕代远在延安亲自主持了白求恩医生追悼大会。毛泽东没有到会，由滕代远在大会上宣读了毛泽东亲自写的悼词，这就是那篇著名的文章——《纪念白求恩》。其他支援中国抗日斗争的国际友人马海德、柯棣华、米勒等，都是由滕代远亲自安排好他们的工作和生活。他还和军委总政治部主任王稼祥一起经常到白求恩国际和平医院去看望这些国际友人，使这些不远万里支援中国人民的朋友深深感到中国共产党人对他们的关怀。

对于国共合作的抗日斗争统一战线，滕代远用心良苦，模范地执行了中国共产党的方针政策。国民党第二战区副司令兼前敌总指挥卫立煌是名义上管辖第十八集团军的。由于八路军一二〇师和一二九师部队在对日作战中协同国民党第二战区部队歼灭日军，给国民党抗日军队以很大帮助。所以二战区副总司令卫立煌一定要亲自绕道来延安看一看共产党、八路军是怎样坚持抗日斗争的，毛泽东主席专门安排滕代远参谋长来代表他本人接待卫立煌副总司令。卫立煌一到延安，就受到延安各界群众的夹道欢迎。在滕代远、肖劲光等的陪同下，他参观了抗大，出席了延安各界群众举行的盛大欢迎晚会。毛泽东亲自会见并设宴招待卫立煌，陪同他出席晚会，观看演出。

滕代远既热情，又不卑不亢地接待了卫立煌，使他看到了共产党领导下的边区军民艰苦奋斗、团结一致的抗战局面，使卫立煌深受感动，他看到八路军和老百姓亲密无间，中共中央、中央军委领导人穿着朴素，生活与广大战士一个水平，卫立煌动情地说，这样的部队是任何敌人都无法战胜的铁军。在离开延安时，滕代远、肖劲光送出延安城十五公里以外，卫立煌专门要求和滕代远一起合影。共产党表现出的团结合作共同抗日的愿意，使卫立煌深受感动。在他回到西安后，立即以第二战区副司令长官兼前敌总指挥的名义，下了一道手谕：“即发十八集团军步枪子弹一百万发，手榴弹二十五万枚”，还要其部下给十八集团军一百多箱牛肉罐头。这不仅仅是物质上的收获，更重要的是在政治上争取了卫立煌。

五年后，在解放战争的辽沈战役前夕，国民党东北“剿总”总司令卫立煌还拿出当年在延安和滕代远的合影照片，不无感慨地说：“这样一支军队，我们怎么能战胜他们呢？”

后来，全国解放初期，卫立煌不畏艰险，毅然返回大陆，受到了党和国家的重用与尊重，度过有意义的晚年。

1938 年 6 月 29 日，世界学联代表柯乐满、雷克难、傅洛德、雅德（女）等四人的延安访问，也由滕代远、肖劲光作为八路军代表，出面接待。在他们到达和离开延安时，延安各界群众举行了万余人参加的盛大欢迎会和欢送会。滕代远参加了这两次大会并致词。在参观抗大时，滕代远还会见了代表团全体成员，向他们介绍了抗大在斗争中成长的情况。接待国际学联的访问是相当成功的。为此，滕代远付出了很大的精力。

情报工作“步步前进，就步步胜利！”

滕代远在担任中央军委参谋长时，特别重视情报工作的收集，他说：“情报工作是我们消灭日军非常重要的一条战线，没有军委二部（情报部）和三部（电子侦察通信部）的工作，我军就是瞎子。”滕代远请周恩来同志（当时在武汉、重庆）帮助，花重金在香港购买了五十多套重型无线电收发报机，配给军委二部和三部，滕代远重点抓日军通信密码的破译工作，经过数十个不眠之夜，我军情报人员终于破译了日军最新的密码。滕代远除了将破译的日军密码发给八路军各师团及大军区外，还通知国民党，蒋介石派专人专机到延安中共中央军委取回了我军破译的密电码。中国工农红军在成立初期没有自己专门的情报机构，在战争中吃了不少亏。1931 年底，中央军委成立了我军专门的情报部门——中央军委二局，二局的成立对红军的战略转移起到了至关重要的作用。毛泽东曾表彰他们说：“没有二局，长征是难以想象的；有了二局，我们就像打着灯笼走夜路。”

抗日战争时期，八路军、新四军经常出其不意地打击日本侵略者，似乎共产党领导的军队随时都能掌握日军的动向。这使日军捉摸不定，首尾难顾，不知所措。其实，我军之所以能够披荆斩棘、屡建奇功，这一功劳应该归功于中央军委二局的密电码破译人员，他们的领头人就是戴敬元，他当时还是一位二十多岁的年轻人。

1939 年夏，经过一年多的日夜奋战，戴敬元他们破译了日军的一套军用通讯电报密码，这是我军的一项重大胜利。它的成功对于前方作战具有极为重要的现实意义。同年 7 月毛泽东在中央军委参谋长滕代远的陪同下，召见了二局的戴敬元等同志，称他们为无名英雄，并挥笔为戴敬元题了词：

“步步前进，就步步胜利！”

次日，中央军委参谋长滕代远也为他题词：

“我们是中共优秀的党员，抗战英勇的战士，困难二字，在我们面前是没有地位的。”

抗战时期，由于国共合作，中共中央把破译日军电报密码的情况通报给国民党政府，蒋介石对此非常重视，立即派遣他的少将参议李直峰（中共地下党员）专程前往延安，索取被我军破译的日军电报密码。中共中央军委派总参谋部二部（情报部）部长曾希圣接见了他并把破译的密电码和缴获日军的三套密电码本交给了李直峰。李直峰把它们带回重庆，蒋介石对此很高兴，立即分别印发给中统国际密电室、军统特种技术研究室、军统航空委员会情报处和重庆军委会技术研究室进行研究。

国民党军统局航空情报处设有侦察电台和破译小组，破译

1939 年 11 月延安中央军委总参谋部滕代远参谋长（左二）与作战部、情报部、通信部部长（郭化若、曹祥仁、王诤）

组长是军统唯一的女少将姜毅英，她领导的破译小组专门负责对日本航空电讯进行监听和破译工作。有了中共方面的帮助，“军统十枝花”之一的赵世英（浙江金华人，杭州警官学校电讯班毕业）成功地破译了日军空袭珍珠港的绝密情报，中国军方立即把这个情报正式通报给美国军方。

但是这个极为重要的情报并没有引起美国军事当局的重视，他们采取了不屑一顾的态度，认为日军不敢、也没有实力，在侵略中国的同时，再向美、英等国宣战。他们的理由是：第一、中国军方没有能力破译日军的电报密码；第二、即使这份电报真的存在，也只是日军的一个圈套而已。但是随后珍珠港被日军空袭，美太平洋舰队所剩无几，严酷事实教训了美国军方，在付出了巨大的损失和代价后，美国军方相信了中国情报机构的实力，从此再也不敢小瞧中国人的情报工作能力了。然而珍珠港事件后，美国的军事专家们一直不愿再提起这件让他们丢尽脸面的事，世人当然也难以得知这一事件的真相。

1943 年 4 月 13 日，日本海军联合舰队司令山本五十六为鼓舞日益消退的日军士气，决定到肖特兰地区巡视。当晚发出通电：联合舰队司令长官于 4 月 18 日亲自巡视巴拉尔岛、肖特兰岛……如因天气不佳顺延一天。日军这一电报又被赵世英破译了，蒋介石很快把这一重要情报交给了美国军方。

这一回，美国军方不敢怠慢，根据中方提供的情报内容，立即做好战斗准备，提前派出战斗机群埋伏在山本五十六的座机必经的航线上，等待山本五十六的到来。4 月 18 日晨，山本五十六在七名幕僚的陪同下，从拉包尔基地机场乘第 705 航空战队的飞机出发。当他们的飞机飞行到布干维尔岛上空时，早已埋伏在这里的美军第十三航空队 339 中队的 18 架 P－38 式战斗机群突然出现在山本座的右下方，分为两个梯队向上爬升，以迅雷不及掩耳之势向日机发起攻击。山本五十六的座机发现中了埋伏后紧急呼救，但为时已晚。美国空军战斗机射出的多发机枪子弹命中了山本的座机，其中一发子弹从山本五十六的下颚打进，从太阳穴飞出，山本当场毙命，结束了他罪恶的一生。山本的座机被击毁坠落后，机上十一人全部葬身于布干维尔岛的密林之中。

美军奇袭山本五十六的成功，成为太平洋战争中最富有戏剧性的事件之一。这一事件曾一度使日本人大为惊慌，困惑不解。事后美国军方为了保密采取了许多迷惑手段，力争使日本人相信山本座机被袭，完全是一次偶然的遭遇战。日本人果然上当信以为真。后来研究第二次世界大战史的人们对这一事件也众说纷纭，他们谁也没有想到此事与中国军方确切说是与中共军方有关，时至今日才得以正本清源。历史本身永远是真实的，但是历史传说、历史著作却难以准确无误。

以后国民党军统系统与美国军队尽量避免使用中共中央军委提供的这一套日本军队现在使用的密码，造成山本五十六座机被击落“纯属偶然”的假象，一直到第二次世界大战结束。

毛泽东，滕代远听到这个消息非常高兴，分别为军委参谋部二局、三局立功人员题了词。

1938 年滕代远在延安王家坪中央军委参谋部驻地

第十章

志同道合，风雨同舟

千里来相会，父子情义深

1923年滕代远离开家乡麻阳，求学以后参加革命，大革命失败后，白色恐怖遍布全国，代远的故乡也是血雨腥风，外面不断谣传龙兆（代远乳名）牺牲了，父母逢年过节总是呼唤着儿子的乳名，焚香烧纸。由于战争，无法投寄家书，十五年和家乡父老乡亲失去了联系。忠厚纯朴的滕国权夫妇，十分想念他们的独生儿子，但苦于不知人在何方。

1938年4月底，一个曾在国民党军队当连长的同乡，因为兵败厌战，回到家里，他带来了滕代远在延安的消息。滕代远的父亲滕国权思子心切，决心前往探望。于是将家中仅有的七亩地卖掉两亩，又凑了一些钱，作为路费，与那位同乡一起奔赴延安。他经过一个月的长途跋涉，行程两千多公里，在武汉、西安等地八路军办事处的帮助下，终于到达了延安，见到了滕代远。阔别十五年的父子见面后有说不完的离别情。滕代远用自己微薄的津贴费，总想让老人家吃得稍微好一些。他让警卫员买来一只母鸡，亲自炖好鸡汤给老人家端过去。滕国权满意地望着儿子，这时的儿子早已不是当年离家求学时穿着粗布短衣的农家孩子，而是早已经成长为八路军领导人的共产党员，一名威武的高级将领了。可是他的脾气秉性还像小时候的样子，逢年过节，家里做点好吃的，滕代远也总把最好的给父母吃。从滕国权来到延安的第二天起，滕代远和滕国权就到大灶和同志们一起就餐。可是滕代远还不时炒一点辣椒，泡一点酸菜送给父亲下饭，体现了深厚的父子情谊。毛泽东听说滕代远的父亲滕国权远道来访的消息后，亲自写信邀请老人家一起吃顿饭，后来因为抗战前线紧张，忙于工作没时间。毛泽东特地委托中共中央办公厅主任李富春作为他的代表邀请老人家吃饭，席间李富春代表毛泽东向老人家问候，并详细询问了老人家的生活情况，使老人感到特别的温暖。滕国权把毛泽东给他的“请柬”珍藏在身边，一直保存到全国解放以后。据滕国权回乡后对家里人说：当时滕代远工作十分繁忙，每天天蒙蒙亮就骑着马出去操练，有时候要工作到深夜才回来。不论是吃饭的时候，还是晚上在睡梦中，常常是一接到电话通知，就急忙骑上马走了。由于当时正值战争年代，滕国权看到滕代远每天都不分昼夜忙于工作，只在延安住了十多天就启程回家了。临行前，毛泽东特批了十块光洋作为老人家回家的路费，还让当时的后勤部长叶季壮代表毛泽东送给滕国权一件狐皮大衣遮寒。滕代远把自己身上所有的津贴费都交给父亲以补贴家用。滕代远请军委参谋部的一位局长，在他住处的窑洞前，为他与父亲照了一张合影：滕国权安详地坐在椅子上，滕代远一身戎装站在父亲的身后。这是滕代远与父亲唯一的一次合影。滕代远在送别父亲时，还特地叮嘱他，家里收庄稼时如有余粮，千万别忘了分给周围的老乡，要尽可能地帮助群众。滕国权带着儿子的深情厚谊和嘱托回到家乡。

伴侣、战友

1938年冬天，中央军委参谋长滕代远和中共中央社会部秘书长林一结婚，凡是熟悉滕代远与林一的同志都说，他们两个人是一对战火中相识的革命夫妻。滕代远是1924年大革命战争时期参加革命的老红军战士，林一也是1935年参加革命的红军老战士。林一与滕代远同样都是有先加入共青团，而后由共青团员转为共产党员的经历。

滕代远经历过艰苦的井冈山根据地保卫战，而林一同样经历过艰苦卓绝的东北抗日联军冰天雪地的残酷战斗。后来林一被党组织派到苏联莫斯科东方大学八分校学习马克思主义和军事情报收集业务，滕代远刚好在那一年被党中央派到苏联出席共产国际第七次代表大会。滕代远代表党中央和中央军委到有中国学生学习的各个学校看望大家。那时，热情稳重、品学兼优的林一就给滕代远留下了深刻印象。

1938年6月，林一同莫斯科东方大学十几名同学毕业回国，从西安与王稼祥等首长同乘一辆汽车返回延安。那一天，陕北突然下起难得一见的倾盆大雨，道路泥泞，车速过快，经过三十里铺时，汽车翻了一个滚，幸亏汽车车身被山坳中的大树挡住，才没有酿成大祸。中央军委参谋长滕代远闻讯，立即重新派车把王稼祥、钟子云、林一等人接到延安。滕代远晚饭后到招待所看望大家，慰问和祝贺他们安全脱险。滕代远见到林一就像见到了熟人，笑呵呵地同她打招呼："你是林一，我们在莫斯科的时候就认识了。”林一回到延安不久，就被分配到中共中央社会部工作。林一开始在枣园社会部训练班学习，因为延安生活十分艰苦，加上繁重的学习任务，林一患上了贫血症。滕代远知道后，不断给林一送些药品和笔记本，关心和鼓励林一尽早完成专业训练任务。林一感到了首长的关怀与温暖，他们开始有了接触和通信往来。后来林一到桥儿沟中央党校办事，滕代远刚好在那里参加党中央六届六中全会。滕代远与林一有了更多的接触机会，加深了互相了解。经过组织上的批准，滕代远与林一终于结成了终身伴侣。奋发好强的林一，在新婚的第二天清晨，背起挎包，就返回七公里外的社会部工作去了。而滕代远则投入紧张繁忙的中央军委领导工作。他们共同为抗日战争的最后胜利，争分夺秒地勤奋工作。

1939 年滕代远与夫人林一在延安王家坪

不久滕代远的老战友，八路军副总司令彭德怀也结婚了，而彭将军相中的这位清秀、温和、文静的姑娘正是北师大的女学生、著名上海嘉定浦氏三姐妹（洁修、熙修、安修）中的小妹浦安修，她当时在陕北公学教书，而且已经是党员了。

彭德怀不久就了解到浦安修的身世：少年失母，父亲续娶，从小由两个姐姐抚养，并非大家闺秀似的娇惯，抗战后在山西参加抗日救亡活动，继由组织派遣赴延安。对她这个“条件”，彭德怀是满意的；而浦安修对彭德怀更是如雷贯耳、久仰其人了，加上组织所促成，她自无意见。

大家的一番好意没有落空，一向严肃让人敬畏的彭德怀与浦安修谈上了恋爱，这成为八路军总部上上下下的一大新闻，人们为他们真诚地祝福。后来，彭德怀与浦安修于彭开赴前线之前成婚，那是1938年10月10日。滕代远拿出自己的全部津贴买了花生、大枣和枕套送给彭德怀夫妇当贺礼，并且与毛泽东、朱德、周恩来、王稼祥、李富春等同志一起参加了彭德怀的婚礼。

延安虽远离抗日前线，但是作为中央军委参谋长，滕代远对日本空军阴谋突然袭击、轰炸延安还是有相当强的防范心。他自己亲自担任延安防空司令部司令员，组织发动延安的党政军民学各部门普遍建立了防空机构，修建了防空隐蔽所（壕、洞）。同时进行了几次防空实地演习。同时，加强了防御日军飞机偷袭延安的对空火力网的部署。由于当时中共中央机关驻地凤凰山不利于防空，滕代远已经制定了把中央机关从凤凰山搬到城外杨家岭的方案。1938年11月20日，毛泽东正在召集周恩来、刘少奇、朱德、张闻天、滕代远、王若飞开会，研究我军在山东战场上作战方案时，日本空军出动三十多架飞机，突然连续轰炸延安城。空袭警报一拉响，中央领导人立即进入防空隐蔽部，延安警备部队的防空火力立即对敌机猛烈射击，几架敌机被我军炮火击中，拖着浓烟坠毁在延河畔。第二天，敌机又来了，照样没有捞到什么便宜，灰溜溜地回去。滕代远主持召开中央军委总参谋部作战会议，总结了两天防空作战情况，向全社会公布了敌人空袭给延安造成的损失。还向各党政军机关发出进一步加强防空措施的通知。同时通过报刊和一切新闻渠道向全国人民揭露日军轰炸延安的罪行，表明中国共产党坚持抗日决不动摇的决心。

滕代远注意将延安地区防空与锄奸反特工作密切结合起来，努力克服党政军机关和人民群众中存在的两种思想：对敌人轰炸的恐慌心理和麻痹侥幸心理，要求从中央机关到地方每一个基层单位，都要确确实实地落实延安防空司令部的各项规定和防空措施。滕代远亲自带领军委参谋部检查组到各单位检查落实情况。尽管以后日本空军又多次派轰炸机到延安上空袭扰投弹，但是我军遭受到的损失越来越少，充分保证了党中央和中央军委、延安人民的安全。

巾帼不让须眉的情报科长

为了适应抗日战争的需要，1940 年 10 月 20 日，中共中央社会部派出了七人组成的小分队，奔赴地处晋东南的八路军前方总部开展情报工作。工作组成员有：组长林一（女，二十三岁）、成员张箴（二十九岁）、林放（三十一岁）、孟寒月（二

八路军前方总部司令部情报处派遣科科长林一（1935 年参加革命）

十五岁）、宗韬（女，二十二岁）、靳选清（二十三岁）、任道先（二十三岁）。其中，张箴是 1929 年参加革命的老同志，林一、林放、孟寒月、靳选清、任道先都是 1937 年以前参加革命的老红军。这个小分队是中共中央派往抗日最前线的一把重量级的情报尖刀。

工作组一行，风尘仆仆，一路艰辛，东渡黄河，于当年 12 月 27 日抵达八路军前方总部驻地——山西省辽县武军寺村。日理万机的彭德怀副总司令到林一等人临时落脚的农家房舍看望。彭老总高兴地对他们说："一路上你们辛苦了，欢迎大家来晋东南地区工作。为了欢迎你们到达，今天晚饭我请客！"所谓请客，就是把原来规定每餐饭一人有一勺土豆当菜改为每人吃饭有一碗土豆当菜。

情报工作组的人员不顾旅途的劳累，第二天上午在林一主持下召开会议，研讨向首长汇报的内容。第三天，时任中共北方局代理书记的彭德怀、野战政治部主任罗瑞卿、中共中央北方局组织部部长刘锡五听取林一的汇报。林一说："根据中共中央的决定，我们一行七人来到这里，主要任务是搜集敌伪军队、政府、警察、宪兵、特务的情报，了解打入我抗日根据地的敌特人员的踪迹，开展反敌特斗争，以保卫我党我军的安全。"她还指出："至于完成任务的方法，可以派人打入敌占区，潜入敌伪内部，长期埋伏，等待时机，也可在我根据地边沿地带设立情报工作网点和交通联络站点等。"（那个年代林一的工作性质与建国后 1983 年 7 月新成立的国家安全部使命接近，林一在战争年代指挥我军情报精英潜伏敌人核心机关要害部门的战例被国家安全部编辑为专业教材在各级国际关系学院宣讲。）

在场的八路军几位领导人仔细听着林一的汇报，一致认为任务明确，方法得当，在当前开展此项工作有利于"知己知彼"。他们当场商议确定该工作组由彭德怀亲自领导，日常具体业务向刘锡五请示和联系。为了工作方便，其建制属前总司令部秘书处。林一、张箴、宗韬对外称秘书；靳选清、任道先任报务员，行政上归司令部第三科领导；林放、孟寒月二人准备派往日军占领区开展情报工作。

情报工作小组经过半年多的努力，在对华北、华中、东北部分地区敌我态势和状况的掌握，挑选适合从事情报工作的干部，举办专业骨干训练班以及着手派遣工作等方面，都有了很好的进展。1941 年 7 月，左权副参谋长通知林一，由他们几个人组建八路军前方总部司令部参谋处情报科，对外称第二科，科长为林一，张箴、刘岱、路展等工作人员对外称参谋。

1941 年 5 月 20 日，中共中央军委决定，在各战略单位建立情报组织，要求八路军前方总部、第一一五师、第一二〇师、第一二九师、冀中军区、新四军等成立情报处。之后，前总所在地区的太行军区一至五分区先后建立了情报站。这几个情报站的站长都是八路军前总司令部情报科长林一亲自选拔和安排的。

1941 年底，八路军前方总部司令部情报处正式成立，处长由左权兼任，副处长是项本立，下设四个科，一科为派遣科，科长林一，科内有成员张箴（建国后任航空工业部副部长）、刘岱、路展、周光耀等；二科为情报科，科长魏国运，科内有成员柴军武、孙明远（建国后任航空工业部副部长）等；三科为技术侦察科，对外称新闻台，科长钱江（建国后任军委总参三部部长）；四科为爆破科，科长由项本立兼任。后来又设立材料科，科长张衍（建国后任哈军工教育长、国家计委副主任、国防科技大学校长、国防科工委副主任）。随后，八路军太岳军区、冀南军区、太行军区也先后建立了情报处。从 1942 年 4 月开始，日军就开始散布假消息，声东击西。5 月 1 日，日军以 5 万余兵力对冀中区实行“铁壁合围”。冈村提出：破坏中共组织，中枢机关乃为至要，应尽量逮捕其主要人物。他们将目光从冀中又转向了太行山。日军第 1 军司令长官岩松义雄费尽心机，制定出“C 号作战计划”，决定集中所属各兵团主力 3 万余人，从 15 日开始，进攻太行、太岳，对八路军和一二九师首脑机关实行袭击。岩松从日军精锐部队第 36 师团挑选了两个联队，组成两支“挺进队”，每队含 4 名军官，100 名士兵，担负执行特殊任务。一支叫“益子队”，由步兵第 223 联队益子重雄中尉为队长，其任务是破坏八路军总部，刺杀彭德怀、左权等，一支是“大川队”，以步兵第 224 联队大川桃吉中尉为队长，任务是破坏一二九师师部，刺杀刘伯承、邓小平等。这些敌人身穿八路军军服，配发了便衣和雨衣，全副武装，携带电台和信鸽，携带八路军首长的照片和履历，不走大路，绕过村庄，均在夜间活动，有时不惜攀登岩石、绝壁。

当年为了适应搜集战略情报需要，太行军区各军分区，除三分区外其他五个分区相继建立了情报站，业务关系均由总部情报处领导。林一当时担任八路军前总情报处一科（派遣）科长，科内有张箴、刘岱、路展、周光耀等同志。在化装、派遣业务工作中，与太行、太岳、冀南军区情报部门关系密切，并且做到了情报联动与共享。

但是，日军“挺进队”行动极为隐蔽，人员身着便衣，自带粮秣行李，不许宿村住店，每队还配有 20 名伪军骨干加入。为掩护作战意图，在发动进攻前，狡猾的日军以部分兵力向正太路和平汉路发动“扫荡”，来转移八路军的视线。由于敌人的精心伪装，使得我军广泛的群众情报关系受到干扰。

总部最近接到的情报引起彭总注意，这些情报是：“一名‘八路军战士’在小曲峧村帮助‘土改’，被当地群众识破系日军特务化装而成，后逃跑”；“一名民兵在桐峪西北老林圪洞附近发现一支来路不明的武装队伍，身着便衣，携带小型电台，约有一百人，后去向不明”；“黎城、涉县发现一支自称是八路军新六旅的部队，每人手里都有八路军首脑的照片、简历和我兵力部署图”；“潞城发现一支部队，身着便衣，面涂褐色，自称是我党政军工作人员，自带数日粮秣和雨衣行囊，脚穿草鞋，背大背包，不走大路，不生火做饭，不宿庄住店”；“武安发现一支‘八路军部队’，或分散，或潜伏于大道两侧之麦地、窑洞、山谷内窃听电话，或捕我单个行走人员询问前总地址，或用小型电台侦察报告我军动向。”种种迹象表明：的确有一支或一支以上可疑的“八路军”小分队在太行山谨慎行动。

随后，彭总指示各军区情报系统开始声东击西，散布各种假情报，造成八路军总部西撤武乡的假象，掩护总部向北转移。

5 月24 日夜，云幕低垂，星月无光，八路军总部机关开始转移，由于机关庞大，还有许多妇女和老人，后勤部队携带骡马辎重行动，物资过多，翻山越岭，在崎岖狭窄的山路上摸黑移动，行动迟缓，未按原计划分路进行，一夜只走了 20 多里路。至 25 日拂晓，总部司、政、后、北方局机关和特务团的一万多人、上千匹牲口，不期同时进入麻田东北部的南艾铺、窑门口、偏城地区。情况对我十分不利。

开始进行转移时，25 岁的林一和战友们每人带着文件箱、行李、马匹，向南艾铺和十字岭走去，经过十几个小时的颠簸，接近南艾铺天已微微亮起来，不知是谁的命令，炊事员在村外山沟里支起大锅，煮了一锅小米稀饭。大家对即将到来的危险估计不足，还没有来得及吃饭，日军的数架红头飞机在头上掠过，狂轰滥炸，机关炮扫射的子弹打在山岩上，溅起层层白烟。正当队伍一阵慌乱人们四下躲藏时，东西两侧的山岭上响起敌人的枪声，敌人在山下嚎叫着向十字岭山上冲来，总部机关中了日军的埋伏。八路军战士们非常清楚，这次日军来头不小，采用“铁壁合围”战法将我军团团围住。总部首长彭德怀同罗瑞卿、左权等人商定，总部直属队和北方局向北突围到太行二分区；野政到太行六分区。下达突围命令后，彭副总司令纵身上马，挥手高喊：“马上按指定方向突围!”率先向北山口冲去。

林一和战友们迅速将文件箱和行李扔到村里的枯井中，上面又盖了许多枝和树叶，她自己的身上仅有一支小手枪和最为机密的小本本，上面记有由她单线派往敌占区情报人员的代号、秘密通讯地址和接头暗号等内容。考虑到当时的情况，林一已经感到这次冲出包围较困难，不是牺牲就是被俘。想到我军情报工作人员的职责与任务，宁可牺牲自己，决不能被俘虏。紧急情况下，她一人在梯田旁边的土坡上伏下身子，用手扒开一个洞，把小本本和文件夹埋入洞中，仔细把土压实，做好伪装。心里想到：人不在了文件在，绝不能落入敌人手里。埋好后，和其他战友一起顺着梯田向山下冲去，为了缩小目标，他们分散开来，几乎与日军擦肩而过。冲到山脚下时，日军已经到了山顶，哇啦哇啦叫着向山下胡乱射击，子弹就在身边将地面打得火星四溅。林一藏在树枝下丝毫不动，由于天色已晚，日军不善夜战，胡乱打了一阵枪后，就撤走了。

夜幕降临的时候，独自一人的林一遇见了彭总夫人浦安修和另外两个男同志，和他们结伴摸黑走了很久，看到山坡上有一个小洞，爬进一看，是当地老乡放羊避雨的洞子，他们四人挤进去，在这个狭窄的洞中呆了一夜。夜晚山风很硬，气温很低，他们又冷又饿又疲惫，大家挤在一起谁也不说话。此时的林一有些困了，慢慢地进入梦乡。

嗷呜……嗷呜，嗷呜……嗷呜，一阵凄惨的野狼嚎叫声音，扰乱了林一的梦境。山区夜晚的天气温度很低，还下了一阵小雨。四人挤在一起冻得直打哆嗦。

第二天是26日，天还没有完全亮，他们走出洞外，顺着山坡走，远远观察村子里的动静。见到有几个人来来往往，不像农民，也不是军人，估计不是好人，为了保存自己的原因，就没有进村，仍旧返回洞内。事后得知：日军潞安特务机关截获我军一二九师“左权阵亡”的电报后，命令益子挺进队返回十字岭到处挖，到处找，终于挖出左权的棺木，并给遗体拍照，将相片刊登在日伪报纸上。

第三天是27日，弄清敌人已经撤走，他们开始向村内走去，恰巧碰上八路军总部派出的搜寻队，把他们带回了总部集合地。

这次袭击造成的损失是惨重的。北方局秘书长张友清失踪后被俘，在太原监狱中牺牲，八路军副总参谋长左权壮烈牺牲，总部通讯科科长海凤阁牺牲，新华社华北分社社长何云与四十多名记者牺牲，其中一名女记者的丈夫藏在山洞里，他眼睁睁看着自己的妻子和战友被敌人包围，奋勇还击后砸断手枪跳崖殉国，北方局调研室主任张衡宇和全室十余名工作人员牺牲，朝鲜共产党的领导人金白渊亦在突围中不幸牺牲。这是抗日战争以来我军遭受的最大一次损失。

27日拂晓，延安接到一二九师发来的电报，得知左权阵亡。毛泽东在极度悲哀中复电，提出为安全起见，考虑将八路军总部机关移到晋西北去的意见，但是，彭德怀坚持要留在晋东南，中央综合考虑后予以同意。

27日夜，总部和北方局突围人员在小南山村集结。彭德怀站在打麦场上点着名字一个个问，周围的人一个个回答着。

可是他就是没有问到自己的妻子——浦安修。彭总在想：总部、北方局队伍被敌人冲散了，安修身体那么瘦，一定是牺牲了。左权和数十位战友的牺牲给大家带来了巨大的悲痛，场里场外都有人在抽泣、落泪。大家望着彭总默默地想，他关心每一个同志的安危，唯独没有自己的妻子。这是一种无产阶级革命家多么伟大的、无私的爱！

一声集合令，人们马上振作起来，列队聚集到打麦场上。皓月当空，万籁无声，只听到彭德怀那不改的湘音，一字一句，震人心弦："同志们，让我们擦干眼泪，咬紧牙关，为参谋长报仇！为牺牲的战友报仇！为惨死的同胞报仇！"彭总的话扫除了悲观，除去了阴霾，八路军指战员永远牢记这一天，也记住了彭总那坚定的、愤怒的吼声。

浦安修和林一被带到彭德怀面前。浦安修看到自己的丈夫，第一句话就是："你还活着?"见到疲惫不堪的浦安修，彭德怀转悲为喜，嘘了一口气，急切地攥着妻子的手，说："我想你的身体是坚持不下来了，正要派人去寻你的尸体呢。"突然他似乎骄傲地又说："八路军副总司令的老婆，死活都不会落到鬼子手里啊！"晚上，浦安修同志洗过脚，坐在炕沿上，彭总亲自为她挑脚上的水泡，很心疼地埋怨说："往后你走路，可要找平坦路走啊！"

林一抬起无力的手臂向彭总敬礼，尽力报告说："彭总，我回来了。"滕代远时任抗大总校副校长，是与彭德怀一同搞平江起义的老搭档，看到滕代远的妻子毫发无损，彭德怀心里放下一块大石头，他眼眶里含着泪水，激动地说："好，好，回来就好！"就在那一刻，浦安修、林一感到自己是真正的幸存者。

1942 年 5 月 25 日，左权副参谋长在战斗中壮烈牺牲，中共中央于 8 月 25 日调抗大总校校长滕代远任八路军前方总部参谋长兼情报处处长。此时，林一正在担任情报处第一科科长（即派遣科科长），至 1945 年 8 月抗日战争结束。

1940 年 1 月，中央军委参谋长滕代远（前排右起第三人扎腰带背手）在山西与八路军一二〇师将军们合影，师长贺龙（二排右二）、师政委关向应（一排右二）

第十一章

力挽狂澜，出征晋西北

- 背信弃义，发动内战
- 以弱克强　扭转危局

背信弃义，发动内战

1939年，抗日战争进入了战略相持阶段，国民党蒋介石集团在日本帝国主义的政治诱降和英美对日采取绥靖主义政策的影响下，逐步走上了消极抗日、积极反共的道路。1939年1月，国民党五中全会确定了防共、限共、溶共、反共的方针以后，马上在全国各地挑起反共摩擦。在蒋介石集团叫嚣军事反共为第一要务的命令下，国民党制造了平江、博山、确山、深县等流血事件。

1939年12月，以胡宗南部队进攻陕甘宁边区和阎锡山部队进攻晋西地区的山西新军和八路军为起点，国民党掀起了抗日战争时期的第一次反共高潮。作为延安中央军委主席毛泽东的助手，中央军委参谋长滕代远在协助毛泽东指挥八路军、新四军和全国共产党领导的武装力量对日作战的同时，还要以很大一部分精力组织我军对抗国民党军队制造摩擦和军事反共。

1939年12月1日，阎锡山一反抗战初期在日军强大攻势面前依靠共产党帮助抵抗的面目，企图与日军前后夹攻，消灭驻在晋西的共产党武装——新军青年抗战决死队。

太原沦陷后，阎锡山即开始动摇，准备投降妥协。汪精卫投敌后，阎锡山召开高级干部会议，试探所谓的和平，他说："抗战与和平是个政治问题，不能说主张抗战就对，主张和平就不对。"当时薄一波同志说："敌人打进我们的国内来，只有抗战到底。和平妥协就是投降，就是汉奸。"阎默然。阎锡山此种论调谈过不止一次，均为牺盟、新军所反对。但阎锡山投降准备，始终未停止过。牺盟、新军主张为了争取抗战胜利，只有实行民主，发动群众。阎锡山反对实行民主，取消民选县长、区长、村长及各县民意机关。他说："政权这个刀把子，拿到我们手里可以统治人，拿到人民手里就会危害我们，所以不能实行民主。"他又反对成立农民抗日救国会、自卫军等。

他说："农民是个老虎，发动起来，是个乱子（怕他们抗战到底，不听指挥），不发动是个空子（又怕共产党来发动），现在不是发动不发动的问题，而是掌握电鞭的问题（电鞭是管制老虎的鞭子）。"他反对民主，反对发动群众，都是为投降妥协着想。他又说："生存就是一切，抗战只是手段。"七七事变时为了生存，他需要抗战，以后感到抗战是长期的、困难的，就想投降，正义公理、国家民族观念，在他的字典里头是没有的。决死队的负责同志曾经一再表示："我们来与你合作，是为了抗战到底，并不是为了投降妥协，任何人要投降妥协，我们就要反对。"阎锡山因此视新军为投降妥协之最大障碍，想尽一切办法消灭之。

1939 年 12 月 1 日，阎锡山命令共产党领导的抗日决死队第二纵队于 5 日进攻日军，但在布署上将该部置于日顽两面夹击的境地。决死队二纵警觉性很高，至电阎锡山揭露他的反共嘴脸，并拒绝执行命令。阎便宣布第二纵队为"叛军"，下令"讨伐"，以六个军的兵力，向隰县、孝义一带的新军攻击。3 日，王靖国十九军、陈长捷第六十一军将决死二纵队一九六旅旅部包围。第二纵队苦战突围，部分转入晋西北。阎随即袭击八路军后方医院，惨杀隰县等六个县的政府人员、牺盟会干部及八路军第一一五师伤病员千余人。同时，阎令赵承绶进攻晋西北抗日决死队和第一一五师第三五八旅。在晋东南，阎军孙楚部暗结日伪军，进攻决死队第三纵队，杀害共产党领导的军队600余人，绑架千人。沁水、阳城、晋城、浮山、长治等抗日政权被摧毁。4日，孙楚捣毁南阳城牺盟会的《新生报》社，编辑王良被活埋。这就是震惊全国的“晋西事变”。

与此同时，在晋西北，阎锡山第七集团军总司令赵承绶指挥他的部队紧急集结于临县、方山一带伺机向新军和八路军发动进攻，形势万分危急。

中共中央、中央军委密切关注着山西阎锡山制造反共高潮的事态发展。指示我党我军：“这是山西旧派投降日寇的表面化，其性质是对抗日的背叛。对叛军的进攻决不让步，坚决有力地给予还击。”可惜当时贺龙、关向应率领八路军一二〇师主力正在冀中平原对日作战，一时赶不回来。军事力量对比，阎锡山部队在数量上处于绝对优势，而在敌强我弱、军情危急的态势下，晋西北的八路军和新军部队又急需解决统一指挥问题。派谁去指挥我军以弱抗强、扭转敌优我劣这个危险局面呢？中共中央、中央军委一方面电令贺龙率领部队尽快返回晋西北，另一方面毛泽东此时想到了红军时代担任过红一方面军副总政委的滕代远。

滕代远在中央苏区第一到第四次反“围剿”中，曾指挥红军大兵团作战，沉着果断，游刃有余，与战友彭德怀默契配合，屡屡以少胜多，不知道多少次化险为夷。虽然延安中央军委同样离不开滕代远，但是，好钢要用在刀刃上。毛泽东和中共中央最终决定还是派滕代远亲赴前线去完成这个艰巨任务。此前，贺龙师长在对日作战中曾经缴获日军一匹枣红色的高头大马，贺龙将这匹宝贵的战利品从前线转送给延安的毛泽东主席乘骑。滕代远要上前线了，毛泽东特意将这匹枣红色的高头大马转送给滕代远。这马寄托了毛泽东对老战友的多少关心，更寄托了毛泽东对滕代远上前线扭转敌强我弱危险态势的无限期望。

以弱克强，扭转危局

1939 年 12 月 25 日凌晨，一声骏马的长嘶，划破了延安凤凰山黎明前的黑暗。滕代远轻装简从，仅仅只带领中央军委作战部一局作战科长叶楚屏（建国后曾任军事科学院副秘书长、顾问，1955 年授少将军衔）和作战部吴昌炽几个参谋以及一个警卫排的战士就匆忙离开了延水河畔。滕代远十分明白：晋西北与陕甘宁边区只隔了一条黄河，它是中共中央的一道安全屏蔽，又是中央通向华北、华中等各个抗日根据地的交通要道。打好这一仗，不仅可以挽回晋西北抗日根据地的危局，而且可以使中共中央保持与华北、华中、华东、华南各个抗日根据地的联系。这是一场关系到华北抗日全局，甚至关系到在国民党疯狂反共高潮面前，我们共产党在全中国，以至全世界人民面前的形象问题。这是一场以弱克强、非赢不可、没有任何退路的硬仗。

12 月 25 日下午，滕代远一行路经绥德县一二〇师三五九旅旅部，在与王震旅长分析了晋西北的局势后，指示旅长兼政委王震：“在晋西北战役打响后，适时组织部队东渡黄河配合新军作战，坚决堵住敌军赵承绶第七集团军的退路。”12 月26日凌晨，滕代远一行在王震旅长派出的一个骑兵连的护送下，又急急踏上东进的征程。西北的黄土高原，寒风凛冽，滴水成冰。滕代远身穿他在苏联学习时带回来的黑色皮外套，脚着高筒皮靴，头戴绒帽，骑着毛泽东送给他的栗色大马向着晋西北快马加鞭，随行人员紧紧跟随飞奔前进。他们从黑峪口乘坐几条小木船渡过黄河，于 1940 年 1 月初到达山西兴县永顺村。

滕代远在新军司令部里，详细听取了总指挥续范亭、副总指挥雷任民对当前敌情和战斗进展汇报。向他们传达了中共中央对处理晋西事变的指示精神：“对山西反共旧军队，从抗日大局出发实行区别对待，继续争取阎锡山抗日，但是，对极其反动的中坚分子要坚决打击、决不手软，打就要打痛，打得他哭爹叫妈，打得他再不敢惹是生非。”

当时，反共分子第七集团军总司令赵承绶已经命令他的部队与我军发生激烈交火。我军晋西南的决死二纵队和八路军晋西支队虽然先后击溃敌军两个旅的部队，但是敌军仗着人数远远超过我军，野战山炮、重机枪都比我军火力强，所以继续进攻。弹药的奇缺使我军难以继续坚持，只好退出主战场。八路军三五八旅彭绍辉、罗贵波已奉命率部南下接应，晋西北这场决战正处于生死的关键时刻。滕代远到达晋西北的第二天，就和总指挥续范亭、副总指挥雷任民赶到临县的寨上村，在前线指挥所见到了三五八旅的旅长、政委彭绍辉、罗贵波。那时，由于我军兵力不足，三五八旅部队正被敌军阻挡在寨上、阳坡等地。滕代远详细询问了敌我态势以后，两天来的调查已使他酝酿出一个最佳的作战方案。

1 月9 日，滕代远在上滩沟前线指挥所里主持召开了我军各纵队、三五八旅、山西新军等所有参战部队主官参加的作战会议。滕代远传达中共中央、中央军委决定：宣布负责指挥八路军、山西新军和所有参加此次战役部队的统一作战司令部——晋西北行动委员会正式成立。这个委员会由滕代远、续范亭、雷任民、彭绍辉、陈士榘、罗贵波、林枫、韩钧等人组成，滕代远任书记。滕代远首先向大家讲明中共中央的意图：接应我军决死二纵队北上，将阎锡山嫡系总司令赵承绶率领的第七集团军赶出晋西北，以汾离公路为界完全控制晋西北；晋西南则留给阎锡山，给他一条活路。滕代远话题一转随即宣布了这次战役的作战计划：将我军分为左右两个集团军，八路军三五八旅和山西新军为右集团军，从白文镇直插临县；以决死二纵队与晋西支队等部队为左集团军，自方山西进攻临县。我军左右两个集团军两路合击，向临县县城及其周围敌军部队发起总攻坚战。

战斗打响以后，滕代远带着军委作战部和晋西北行动委员会作战处参谋，不顾雪天地冻路滑，翻过一个又一个的山头，到阳坡的前线指挥所，冒着枪林弹火，亲自指挥围歼战。在滕代远的统一指挥下，我军左右两个集团军经过 1940 年 1 月 11 日到 13 日三天的激战，歼灭阎锡山王牌军——第七集团军骑兵第二〇〇旅、第三十二军二〇二旅，尔后占领枣林、吴家湾的阵地。赵承绶率领的第七集团军受此重创，唯恐全军覆灭，13 日晚上，弃城（临县）仓皇南逃。他仓皇得连坐骑都被晋西支队缴获，陈士榘将缴获的这匹马送给滕代远乘骑。我军一面进驻临县，一面继续向南追击，中途又歼灭敌军一个师，抓住副师长。敌军全线崩溃，顾头不顾脸，拼命向后逃跑。临县、方山、静乐等地的旧政权及公安局武装，全部被我军摧毁。

这一仗，彻底地把阎锡山打怕了。根据当时的敌军第六集团军总司令陈长捷在全国解放后回忆："骑兵第一军、第三十三军在仓皇夺路逃跑时，受到新军和其他共产党部队追击，溃不成军，骑兵竟自相残杀，完全瓦解。赵承绶兼管的省政府机关、山西省银行分行金柜和赵承绶的老婆全都丢失了。"1 月 15 日，在临县城东关河滩上隆重召开了晋西北、晋西南两路抗日部队胜利会师和祝捷大会。滕代远代表中共中央、中央军委向全体指战员表示热烈祝贺，充分肯定了这次战役的胜利对于粉碎国民党第一次反共高潮所起到的决定性作用。2 月初，八路军一二〇师返回晋西北以后，又与新军暂一师肃清岢岚、河曲等地的反动武装七百多人。至此，晋西北与中共中央所在地的陕甘宁边区完全联在一起了。为了争取阎锡山共同抗日，使其不致完全倒向蒋介石或公开投敌，在赵承绶部南逃后，滕代远没有命令部队继续向南追击，同时，他还找到牺盟会和新军的将领做了大量工作，促使他们致电阎锡山，表示拥阎团结抗日的愿望。

中国共产党为了维护抗日民族统一战线，促使阎锡山继续抗战，于 1940 年 2 月派王若飞、肖劲光与阎谈判。

而阎锡山在政治上和军事上都遭受到重大损失后，已经别无出路，只好接受中共主张，经过谈判，双方达成停止武装冲突协议："以汾阳经离石到军渡的公路为界，晋西南为晋绥军的活动区域；晋西北为新军和八路军的活动区域。"从此，在晋西北结束了两种政权和两种军队同时并存的局面，基本上维持了和阎锡山的统一战线关系。在晋西北取得军事上重大胜利后，滕代远根据中共中央指示，以极大的精力投入建设晋西北党政军机关的工作。1940 年 1 月底，贺龙、关向应带领一二〇师从冀中赶回晋西北。他们见面以后，在滕代远主持下，统一领导晋西北、雁北和大青山根据地党政军各项工作的“晋西北军政委员会”，“晋西北行政公署”、“晋西北军区司令部”等机关一一建立起来。1940 年 1 月 26 日，在山西岚县召开晋西北高干会议，滕代远以中央军委参谋长身份参加会议，在会议上就政权建设、新军的统一指挥、加强战备做了明确指示。2 月 29 日，贺龙、关向应在临县窑头村召开了一二〇师和新军旅以上军官会议，就军事工作做了统一部署。中央军委参谋长滕代远出席会议，并做了重要指示。新军决死四纵队政委雷任民直接向滕代远要求派干部来充实他的部队，滕代远一方面要求他们自力更生培养骨干，另一方面，慷慨地将从延安跟随自己来晋西北的警卫排二十几名红军时代的老战士全部派到新军决死四纵队充实营连级以上军官。

晋西北新政权刚刚诞生的 1940 年春季，日军在 2 月 23 日调集一万二千兵力，分六路“扫荡”晋西北抗日根据地，中央军委参谋长滕代远马上命令晋西北军区司令贺龙率领一二〇师各旅团部队组成一线机动兵团；续范亭、韩钧、雷任民率领新军各纵队组成二线机动兵团；在晋西北的黄土高原上打运动战、伏击战、机动穿插、一线二线交替防御，在三十八天

抗大总校任副校长兼副政委的滕代远

里，滕代远、贺龙指挥我军与日军进行了四十八次生死拼杀，我军收复方山、临县、岚县等县城和十七个市镇，歼灭日本鬼子一千四百多人。彻底粉碎了日军的“扫荡”梦想。

滕代远从戎生涯几十年，不知经历过多少次浴血奋战。他身上那累累的弹痕，记录了一代名将勇往直前、赴汤蹈火、视死如归的军人气概。

第十二章

中国共产党的“西点军校”

- 边学边打办抗大
- 学以致用新风格
- 立足长远有特色

边学边打办抗大

1940 年 5 月，中共中央、中央军委决定滕代远出任中国人民抗日军事政治大学总校副校长兼副政委。滕代远接令后，即刻风尘仆仆地从晋西北战场骑马赶到山西武乡县王家峪八路军前方总部。他与彭德怀副总指挥，左权副参谋长等领导人见面谈话，进一步了解目前对日作战情况后，就到抗大报到了。

中国人民抗日军事政治大学，简称抗大，是中国共产党在延安时期创办的培养军事政治干部的军事学校，也是延安时期我们党创办的最有影响的学校。毛泽东称赞抗大："抗大为什么全国闻名、全世界闻名？就是因为它比较其他的军事学校最革命最进步，最能为民族解放与社会解放而斗争。"

抗大的前身是 1931 年创建于江西瑞金的中国红军学校，1933 年扩建为红军大学，1934 年随中央红军长征，改称"干部团"。红军长征到达陕北后，红大恢复创建于陕北瓦窑堡，并改称为中国工农红军学校。1936 年 5 月，为迎接即将到来的抗日战争，中共中央决定以中国工农红军学校为基础，创办中国人民抗日红军大学。1936 年 6 月 1 日，"中国人民抗日红军大学"举行开学典礼，毛泽东、周恩来、张闻天出席并发表讲话。1937 年 1 月 20 日，红大随中共中央机关迁至延安，改称为中国人民抗日军事政治大学。林彪任校长，毛泽东任政委。但是到 1937 年 8 月林彪出任八路军一一五师师长后，实际上已经离开了抗大的工作，全校党政工作均由副校长罗瑞卿主持。

党中央和毛泽东对抗大的建立与发展倾注了大量心血。毛泽东亲自兼任抗大教育委员会主席，中央为学校选调了一批经历过战争考验、具有丰富军事或政治工作经验的干部到抗大工作，如刘伯承、林彪、罗瑞卿、徐向前、张际春、滕代远、何长工、李井泉、彭绍辉、许光达、莫文骅、李志民、胡耀邦等。同时，又从大后方请了艾思奇、何思敬、任白戈等学者到抗大任教。毛泽东说："这是共产党的大事，不是小事，一定要抓紧抓好。"毛泽东还亲自为抗大制订了"坚定正确的政治方向，艰苦奋斗的工作作风，灵活机动的战略战术"的教育方针和"团结、紧张、严肃、活泼"的校训。后来，毛泽东把其中"艰苦奋斗的工作作风"改为"艰苦朴素的工作作风"。

抗大学员主要来自三个方面：一部分是经过土地革命战争和长征考验的红军老干部、老战士，他们是人民军队的基础，抗大的栋梁；一部分是八路军、新四军和各抗日根据地的干部或战士，他们经过抗大的培养后，回到各地区、各部队，成为开辟和建设抗日根据地，坚持抗战的骨干力量；还有一部分是来自全国各地的知识青年和来自海外的爱国华侨青年。

根据抗日战争的需要，抗大先后派出几批骨干，在华中、华北敌后根据地建立了抗大一分校、二分校、三分校、四分校，1939 年 7 月，中国人民抗日军事政治大学总校也向敌后挺进，来到山西武乡县蟠龙镇。滕代远在延安担任中央军委参谋长时，就曾主管领导过抗大的工作，他多次去抗大讲课、作报告。还多次陪同毛泽东和中共中央其他领导同志来抗大演讲。在抗大师生会操时，滕代远常常在拂晓前就骑马来到操场上检阅他们的操练，抗大在他心目中占据着很重要的位置。但是，现在要让他直接主持抗大的工作，这对习惯于戎马战斗生活的指挥员来说，毕竟是新的战线。尤其是在敌后办学，更需要作新的探索。前面的困难虽然很多，但是，重要的是事业的需要，滕代远欣然接受了这项新的任命。

1940年6月1日，在蟠龙镇的一块大河滩上举行纪念抗大成立四周年庆祝大会。会场中央挂着“迎滕送罗”的巨幅横标。会上，彭德怀副总司令代表党中央、中央军委宣布了罗瑞卿、滕代远的任命。抗大还有两位领导：教育长何长工是滕代远在井冈山斗争时期的战友；张际春是一位优秀的政治工作领导干部，他从1938年起，一直担任抗大总校政治部主任的工作，有着丰富的政治工作经念。滕代远到校任职后，与何长工、张际春一起，很快就形成了坚强的领导核心。

滕代远来到抗大任职时，正是抗大总校第六期，也是抗大总校来到敌后开办的第一期学员班。敌后办学十分艰苦复杂，抗大要在日军的“扫荡”中发展壮大，必须是一边学习、一边战斗。光是在第六期学员八个月的学习时间里，滕代远就率领抗大总校全体学员因战斗需要，做了两次大规模的转移。1940年7月，抗大总校从山西武乡县转移到山西黎城县，11月又转移到河北省的邢台县南峪。1940年8月20日到12月5日，八路军发动“百团大战”。滕代远就率领抗大总校全体学员积极参加，把战场当成最好的课堂。在“百团大战”的第一阶段，抗大总校副校长兼副政委滕代远就派出学员大队参加战斗。

特别是在第三阶段的反“扫荡”作战中，滕代远命令由抗大总校第二团第一营的三个连与第一团的三连（又称青年连）、六连、抗大总校警卫连总共六百指战员组成突击部队，在洪岭战役、三十亩地战役与日军、伪军的拼杀中，获得了重大胜利。

当时由抗大总校第二团团长郭林祥、军事主任教员赖光勋、政治处主任傅崇碧（建国后曾任北京卫戍区司令、北京军区副司令）统一指挥下占领了洪岭东南方公路两侧山上的阵地。上午九点，日军在炮火掩护下沿着公路向洪岭我军前沿阵地发起进攻。当时抗大总校的武器装备很差劲，每个连只有两挺轻机枪，其余都是教学用的杂牌步枪，弹药也很少。

战斗一开始，敌人即向公路右侧第一团六连以及公路左侧第二团一、三连的阵地展开猛攻。这三个连队中老红军干部都占一半，战斗力特强。他们不怕日军来势汹汹，沉着应战，利用山地的有利地形，居高临下，英勇抗击，打退敌人的三次进攻。日军眼见攻不下山头，居然残忍地向我军阵地发射“催泪瓦斯”炮弹，借助毒气又发起第四次猛攻。我军发现敌人公然使用化学武器，马上用湿毛巾做成口罩防毒，再次打退敌人的疯狂进攻。这时天色黑下来，我军担任正面阻击的三个连队自己牺牲二十多人，歼敌六十人。胜利完成阻击任务，撤到三十亩村休整待命。

部队还未吃饭，日军又向我军逼进。这时，兄弟部队三个连已经奉命随抗大总校校部转移，只能还是由刚刚撤下战场、还未吃饭的第二团一营三个连队继续担任阻击任务。我军不顾一整天粒米未进，迅速占领三十亩村以南的高地。二十一点，日军一改过去夜间不走、小路不走的活动规律，没有走大路而是钻山沟，由步兵前头带路，炮兵牵着驮炮的骡马随后，偷偷摸摸沿着山沟向三十亩村悄悄逼近。等到日军进到我军伏击圈里时，郭团长一声令下，我军猛烈开火，打得日军乱成一团，击毙日军中佐以下官兵七十多名。日军刚刚和抗大总校第二团接触作战，还以为仅仅是遇到了“土八路”（即指游击队）。在遭遇抗大总校作战部队顽强抵抗后，日本人才惊叫“上了老八路的当”，慌忙向梨城方向狼狈逃跑。

在多次战斗当中抗大涌现出许多可歌可泣的英雄人物：抗大总校第二分校陆军中学六百多名师生带领当地民兵机动灵活地开展麻雀战、地雷战、伏击战，沉重打击了日军。他们侦察得知：赤瓦房驻有伪蒙疆驻屯军黑须联队及伪军七百人，每天清早都分成三股部队外出“扫荡”、抢粮，早出晚归。摸清日军的活动规律后，陆军中学连夜派出第四队一百多名师生，拂晓前在赤瓦房后山埋伏好。清晨，两股敌人先后出动，抗大师生都不理会敌人。待第三股敌军集合准备出发时，他们才突然开火，打得敌人晕头转向，乱成一窝蜂。他们击毙日军数十人，自己无一伤亡，创造了长途奔袭的成功战例。还有一次他们在转移途中，突然与日军遭遇。在敌众我寡、地形不利的条件下，师生们打得十分顽强。有的学员被炸断了双腿仍旧坚持战斗，直到流尽最后一滴血。有的学员拉响最后一颗手榴弹与敌人同归于尽。这次战斗我军牺牲十四人，伤十人，但无一人被俘。掩护了隐蔽在附近山沟的数千群众和地方干部，用抗大总校学员的生命和鲜血谱写出一曲气壮山河的英雄战歌。

抗大总校挺进敌后通过同蒲路封锁线时，学员第三梯队突然遭到日军袭击，一些区队被敌人冲散。有一些学员不幸被俘。在这生死考验的关键时刻，抗大总校经过党长期培养教育的学员表现得无比坚贞，二队指导员常柏组织带领学员们用砖头砸死日军哨兵冲出虎口；四队三十多名被俘抗大总校学员在被日军押往太原的途中，冒着九死一生的危险跳离火车脱险；

五队学员赵德馨等六名抗大总校学员被日军采取特殊安保措施押往太原，日军居然残酷地用铁丝把他们的双手和耳朵刺穿连在一起，赶上火车。他们忍着钻心刺骨的疼痛，傲视日本鬼子，宁死不屈，挺身走上刑场，《国际歌》的歌声荡漾在太原市街头上空。

抗大总校第五期女生队学员、共产党党员余硕卿同志（化名张露萍），抗大总校毕业后，被上级党组织派到四川，和六个同志一起打入国民党军统内部执行特殊任务，他们出色地完成了党交付的一系列艰巨任务。在国民党不断掀起一场又一场的反共高潮的时候，被叛徒出卖，不幸落入敌人魔爪，先后被敌人囚禁在重庆“中美合作所”、军统贵州息烽监狱。张露萍同志身陷魔窟，共产党员气节始终如一。无论军统特务如何刑讯逼供，残酷地折磨这个 20 岁的女共产党员，她守口如瓶，不泄露党的一丁点机密。她最后牺牲在革命胜利的前夜。

这一个个抗大学员的高风亮节事迹，都被滕代远指示抗大总校政治部收集整理，让学校政治工作教研室和马列主义理论教研室汇编成册，作为抗大总校学员共产党员革命气节教育的范本。滕代远不只一次地强调过：抗大总校的培养目标就是要学员走出校门，都会成为这样品质高尚、能文善武、献身中国革命和世界革命的综合型人才。

当时抗大总校许多连队距离战场只有一二公里，学员们和日军仅仅隔着一个山包。抗大学员们经常是头上盘旋着日本军用飞机，耳边奏响着机枪、步枪和迫击炮射击声组成的交响乐。该上大课就在山洼洼里上大课，该队列会操，就在一块稍平展的山坡地会操。发现敌情，说走就走，该打就打。敌人来了就打，敌人走了就学。充分体现出抗大学员在战争环境里战斗就是学习，学习也是战斗的办学特色。学员许多在课堂上搞不明白的作战指挥要素和关节点，参加了一场又一场血与火的战斗，在战斗总结分析时，教员稍一点拨，学员就都心领神会了，而且这种血的教训学员会记住一辈子。这就是共产党、八路军培养出来的抗大学员风范，这就是我军将领成长的摇篮。

抗大总校第六期学员里，有一个女生连，连长程克、指导员王修竹刚刚二十岁出头，副指导员郝治平才十八岁。在反"扫荡"作战中，她们带领全连百十号指战员翻越一座大山，突然下起大雨，为甩掉敌人，她们冒雨踩着泥泞的山路往上爬。背包、粮食袋被雨水打湿，越来越重。这些十七八岁的抗大总校女学员体质还都比较弱，每向上爬一步，都要使出全身的力气。但是，她们想到自己是抗大总校的学员、共产党员，强烈的责任感、自豪感增添了无穷的力量。连、排干部主动抢过战士们的背包和粮袋，搀扶着走不动的战士，以顽强的毅力冒雨向山顶攀登。这就是抗大的党员组成的核心堡垒，这就是抗大总校学员的精神风貌。在抗大总校开展的开荒突击运动中，五千多学员展开了热火朝天的劳动竞赛。向荒山秃岭要粮田的大生产中，有一支红色娘子军——抗大总校女学员队几个连非常惹人注目，她们的体力虽然赶不上男学员队，但是她们都有一股倔强的脾气，样样不肯落后。每天傍晚时，她们的进度虽然比男学员队慢，可是第二天，她们天不亮就提前上了山，把拉下的进度补上，甚至超过了男生队。同志们不禁人人伸出大拇指夸奖她们是"巾帼英雄"。

1940 年 11 月，在抗大总校举行的庆祝反"扫荡"胜利大会上，滕代远慷慨激昂地表扬了抗大总校学员一团、二团屡建战功的突击队，滕代远现场点将让第二团团长郭林祥（建国后曾任沈阳军区政委，总后勤部政委，上将）讲解指挥阻击战取胜的布阵特点。这无疑成为抗大总校的一堂生动的战役战术大课。战场上我军对日作战的实战经验，不断补充和丰富了抗大总校的战役战术军事课教材内容。

1940 年滕代远（左二）陪朱德（左三）视察抗日军政大学总校（山西武乡县）

滕代远在抗大总校工作期间，正是华北敌后抗日根据地物质条件空前困难的时期。学校所在地又属于山西、河北最贫瘠的地区，抗大总校各伙食单位很难有大米白面，基本上吃的都是高粱和黑豆，干粮是糠窝窝（柿饼拌米糠）碾的炒面。就是这些粗粮还要武装掩护到五十公里以外的游击区或敌占区去背回来。驮柴、背粮成为抗大总校的一件大事。为了从生活上保证教学，滕代远号召和安排全校人员艰苦奋斗、勤俭节约，提出“节约一分钱，增加一分抗日力量”。实行总校严格的预算和决算。滕代远要求各伙食单位蔬菜自给、烧柴自给。

学员们利用驻地房前屋后，开山造田，种植瓜菜，喂猪养羊，自己推粮磨豆、自己砍柴挑煤。滕代远经常一个连队、一个连队地检查伙房，看看病号饭准备得好不好。看到学员们吃黑豆不消化，就和后勤人员商量把黑豆磨碎一点给学员食用。就在这样极端困难的条件下，滕代远命令：一定要尽量保证抗大总校的每一个一线从事教学的教员，每周能吃到一顿馒头。这是当时对提高知识分子物质待遇所能做的最大努力了。

在敌人的经济封锁下，连鞋袜供应也成了问题。除寒冬腊月外，抗大总校校长滕代远和教育长何长工带头赤脚，并号召平时大家都来赤脚，保证反“扫荡”、行军打仗时有鞋穿。为了保证抗大总校的生存和发展，滕代远命令后勤部门，自己动手，想方设法建起了豆腐房、畜牧场、面粉坊，并且开办了制造被服、鞋袜的军工厂、开办合作社，经销日用品和学习用品，帮助学员度过经济难关。为了适应在天天打仗的游击环境中开展抗大总校各专业教学的需要，滕代远命令在各团、各大队都设立军政主任教员，连队设立驻队教员，从而保证营、连在各种战争环境下，都能开展移动独立教学活动。

学以致用新风格

滕代远把在游击环境中如何加强抗大总校教学和管理正规化纳入重点课题。他从头抓起，深入到教学第一线，通过不断摸索、总结、创新，逐步形成了特有的“严、实、深、细”的治学思想和风格。

滕代远按照加强正规化建设的规划，对抗大总校的教学研究、教材编写、规章制度的建立与健全，都对训练部、政治部、院务部提出了严格要求。在抗大总校成立五周年的前夕，滕代远以极大的精力，组织各方面的领导干部全面总结抗大总校创办五年来的成绩与经验。他主持召开十多次专题座谈会，广泛听取各类干部和学员代表的意见。对五年来特别是深入敌后一年多来的军事、政治、文化教育工作的基本经验，对于工农干部和知识青年两种不同对象的教授方法，对于知识分子工作的经验，对于学校行政管理和后勤发展以及供给、卫生工作的组织都分别进行了研究和总结。在此基础上，滕代远经组织抗大总校党委集体讨论研究，最后形成了《抗大总校五年来工作经验》，上报中央军委，下发到八路军、新四军各部队党委和领导干部，同时，也发给抗大各个分校，作为对抗大总校成立五周年的献礼。为了迅速提高教学水平，滕代远指示抗大总校抽调八十名在职教员，分别成立了军事教育、政治教育、政治工作三个研究室，让他们集中精力专门学习和高水平研究，准备担当起培养师、旅、团以上中、高级指挥人员培训班的重要任务。同时，还没有放松对基层各种专业人才的集中培训。

多次举办教员训练队、后勤干部训练队、医务人员培训队。还建立了在职干部的学习制度，有点类似今天的函授教育，布置严格的学习进度计划，定期举行上大课、测验、考核，定期举行学术讨论和时事政策报告。对长期在外的抗大后勤人员，总校对他们分期调回培训学习，提高政策和业务水平。滕代远还亲自主持审定编译了苏联军事院校的统编战役、战术教材。

凡是教学计划上规定的课目，分别指定有造诣的资深教员反复讨论，提出初稿，经教材编审组审查通过，再由滕代远亲自审阅批准后，以抗大总校命令颁布。仅抗大总校第七期，编印出版的教材就有四十一种，发行一万八千多册。这在当时游击作战的环境中是很困难的。滕代远经常挂在嘴边的一句话是："抗大总校出来的学员，军事本领一定要响当当。抗大总校不仅仅是学校，她就是名副其实的作战部队。"他告诉学员："苏联元帅伏罗希洛夫，枪法很准，能用手枪打出自己的名字。"滕代远对学员特别注重严格的军事训练和军人作风的日常养成，他命令抗大总校训练部经常不时举行近乎实战的军事演习，严格坚持部队早操和内务制度。

果不其然，两年后的日军"五一"大扫荡，抗大总校学员个个是神枪手，人人是优秀的战役指挥员。以至日军发出狠话："大日本要用十个日本兵的性命换一个抗大学员的命。"滕代远经常每天天还没有亮，就带着警卫员，骑马从总校赶到十几公里外的各个学员团、营、连队操场，检查学员出早操队列是否严整，人员有无缺编。他不断深入各个连队检查训练效果、内务、着装，甚至连是否按规定位置佩带枪支和弹药也列入他的检查范围。抗大总校的学员来自各个部队，带来的被子也是五花八门，当时那种环境下，统一配置着装没有条件，也缺少经费。滕代远就让后勤部门把粗白布染成军绿色的布块，发给每个学员，裹在背包的外面。这样，每个连队行军走起来，看起来都是一色的绿背包，整齐划一，同时，绿色有掩护部队的作用。这就是抗大总校学员，这就是我军未来的中、高级指挥员。在抗大总校的每期学员培训计划安排上，滕代远特别要求总校训练部把握一个原则："野战作战部队的需要，就是抗大的培养目标。"

野战军在对日军作战中，经常要对被包围的日军进行阵地喊话和散发日文传单，命令日军缴枪投降。为此，抗大总校专门举办了一期日语培训队，聘请我军曾经在日本留过学的高材生和几个俘虏过来的日军士兵，其中有日本共产党员来担任教员。日语培训队的一切日常生活上，全部使用日语，不允许讲汉语。强化训练了三个月，学员都成长为受前线作战部队欢迎的“日军通”。

滕代远不只一次地强调过：“抗大总校的培养目标就是要学员走出校门，都会成为这样品质高尚、能文善武、献身中国革命和世界革命的综合型人才。”的确如此，抗大总校不仅有中国学员，还有不少外籍学员，斯诺、史沫特莱、白求恩、柯棣华、马海德等国际友人都在抗大总校做过讲演和参观考察。世界学联秘书长柯乐满（后为学联书记、法国人）、雅德（女，美国人）、雷克南（加拿大人）、傅路德（英国人）远涉重洋，慕名来到八路军抗日根据地，参观了抗大总校，走访了学员宿舍、饭堂、教室，在与抗大总校教员、学员广泛座谈后，受到了深刻教育和启发，他们居然萌发了要当一名抗大总校正式学员的念头。在他们多次恳切的要求下，由抗大总校领导报告给延安中央军委、抗大总校教育委员会主席毛泽东，获得了毛泽东的批准，赠予上述四位国际友人以“抗大总校名誉博士”证书，并发给他们四人抗大总校军服、领章、符号。他们四人激动万分地说：“抗大总校赠予我们四人名誉博士的学位，我们已经荣幸地做了抗大总校的正式学员。昨天是国际学联派我们来中国，那么今天就是中国抗大总校派往全世界的抗大正式学员了。”果然，他们回国后，不仅在世界青年大会上宣扬了抗大精神，而且组织许多人到美国、英国、加拿大、法国、比利时、荷兰等国家的著名大学做报告，大力宣扬中国的抗大总校和各个分校的教学理念、培养特色、抗大总校毕业学员在中国各个抗日战场和根据地发挥的巨大“酵母”作用。当抗大总校庆祝建校五周年时，柯乐满还代表世界国际学生联合会专门发来电报表示热烈祝贺，贺电称：“抗大为中国的独立自由艰苦奋斗的事业，已经闻名于世界各国学生团体，并为世界各国大学生深深敬佩……”

立足长远有特色

在抗大办学方向上，滕代远既着眼于部队目前作战需要，更把眼光放到未来我军的长远发展上。他经常说：“技术是战术的基础。”他指示训练部：“一个合成军队指挥员不懂得技术是战术的基础，就学不好合同战术，就跟不上时代的发展。目前，我军装备的落后是暂时的，随战争的进程会不断改善而强盛。所以一定要把我们抗大办学的眼光和目标定在未来，绝对不允许短视，仅仅把思想束缚在‘小米加步枪’的水平上。”

滕代远在苏联军事院校学习过，虽然他早已是身经百战，但是照样和其他学员一样从连、营、团战术及战役基本指挥要领开始学起，照样要学习炮兵、装甲兵、工兵和航空兵的操作使用和战场运用的原则。滕代远把苏联红军的战术、战役基本指挥原则和中国红军十几年的实战经验融会贯通，再拿当前世界上军事思想的最新发展成果做参考，形成了他指导抗大总校第六、第七、第八期学员培训的总方针。“输送大批八路军、新四军的中、高级指挥员，建设我们党指挥下的一支铁军。”滕代远与抗大总校领导班子一起研究，计划分阶段开设炮兵、装甲兵、工兵和防空兵的特科训练队。尽管当时抗大总校在敌后的办学条件十分艰苦、简陋，第五学员队还是成功办起了工兵队。抗大总校训练部组织学员学习建桥、修路、筑城、爆破等专业技术。

这些从抗大总校毕业的学员在 1941 年 11 月参加保卫黄崖洞兵工厂的战斗中，充分发挥了他们在抗大总校工兵队学习到的技能，彻底粉碎了日本军队偷袭我后方黄崖洞兵工厂的阴谋。滕代远为了保证抗大总校各专业教学质量，及时检验教学成果，他命令训练部每周、每月都要汇总各教学阶段的总结和成绩。他作为抗大总校的第一首长，不断深入到各教学连队，依次听各主要教员讲课，参加教学讲评。有一次，一位军事主任教员带领团以上干部学员的上干队在野外作业，滕代远按时间也骑着马到现场听课。教员在讲到“前哨营”这个科目时说：一个前哨营到达驻地后，应当派出两个连作为前哨连，而每个连队以至排、班都要组织各自的前哨力量。滕代远不动声色地听他讲完，在讲评时，耐心地告诉教员、学员：“组织前哨营，派出多少兵力担任警戒，要看当时的地形、目前的现场，交通要卡如果不太多，只要派一个连就可以了，不要浪费兵力。”滕代远话锋一转强调：“军事理论一定要和实战相结合，决不能机械地照搬理论，这样才能把书本知识学活用活。”另外有一次上夜间侦察课，学员刚刚离开营区，就听到后面马蹄声碎，原来是总校领导滕代远骑着马也追上来了。抗大总校所在的邢台县浆水、南峪地处山区，四面环山，峰峦耸立，而这一次夜间演习，要经过乱石成堆的河滩，要翻越崎岖陡峭的山路。滕代远甩掉马匹，用双脚步行，跟着学员队的年轻人整整跑了一夜。最后还精神抖擞地和教员、学员一起认真参加了教学讲评。他鼓励抗大学员："我军当前武器装备比敌人差，但是夜战、近战是我军克敌制胜的传家宝。敌人的飞机、大炮在夜战、近战中是睁眼瞎。所以我们必须善于率领自己的部队在夜战、近战中杀出威风来。"滕代远这种严肃认真的治学态度，深入细致的工作作风，对身边的工作人员、教员、学员都是一种无声的教诲。

抗大总校政治主任教员徐矛庸评价滕代远是"精雕细刻型"的校长。他在自己的回忆录中对抗大总校的前后几位校长都有评价，他回忆滕代远是这样说的："滕代远比较谦虚、谨慎，考虑问题十分周密、细致，从不轻易下决心。但是决心一旦做出，坚定执行从不退缩。他处理问题很慎重，讲话朴实无华，总是留有余地。""我后来在艰苦困难的条件下，能够比较周密细致地考虑问题，就是从滕校长那里学来的。"直到今天，许多在世的抗大的老领导、老教员，以及历届毕业学员谈起老校长滕代远对他们的严格要求、实事求是和深入细致的工作作风，无不动容，印象极为深刻。滕代远同时对抗大总校在战争环境下，特别是在敌后面临日军对根据地频繁进行"扫荡"、"拉网围剿"的极其险恶的战争条件下生存、发展、壮大，都主持制定了严格的工作制度和纪律、规定。

八路军总部规定：划区组织情报工作。滕代远命令抗大总校秘书处负责驻地方圆上百平方公里地带日伪军的活动情报收集、整理、上报。抗大总校情报工作人员采取多种手段，不分昼夜地派出小分队侦察敌情，与抗大总校驻地附近各八路军野战军和军分区情报站密切联系，及时互通情报。每天都把收集到的敌情动态综合整理上报八路军总部并下发给抗大总校校部和各分校及学员各大队。使抗大总校能够在对日军保持高度警惕的状态下坚持办学，并且不断取得反扫荡作战的重大胜利。

滕代远尤其注重发挥抗大总校军事指挥教员和情报侦察教员人才济济的优势，不断派出专业人才勘测出抗大总校周围的详细地形，由此来修正原有的旧版军事地图，重新编绘出新版军事地图，印刷后下发抗大总校各团、各学员大队反“扫荡”作战使用。滕代远担任抗大总校主要领导职务时，同时兼任八路军其他重要领导职务。他是中共中央北方局常委（北方局代书记彭德怀），1941 年 4 月 16 日，中共中央军委华北分会成立，滕代远与朱德、彭德怀、左权、罗瑞卿、陆定一都是华北分会常委。为了在战争环境下保证党的机密万无一失，在抗大总校精简结构时，滕代远却要求增加了机要秘书的编制。他对机要秘书规定：凡是领导机关发给抗大总校的电报，集中整理在一个保密本上。要求机要秘书“要像保卫生命一样保卫党的机密”。在日军频繁“扫荡”的作战环境下，滕代远命令用自己的马驮上机要秘书的行装，他对机要秘书只有一个要求：“人在文件在。”

为了健全党的集体领导制度，滕代远在 1941 年 2 月22 日主持召开了抗大总校第四次党代表大会。会议检查和总结了抗大总校深入敌后一年来坚持办学的经验和教训，明确了坚持为野战军培养优秀中、高级作战指挥员的办学方向。抗大总校第四次党代表大会改选了学校党委，滕代远继续当选为学校党委书记。滕代远在抗大总校党的“四大”以后，在总校的正规化建设中，进一步加强了对分散在各个抗日根据地的抗大分校的领导。

自从1940年下半年起，抗大总校相继在华中、皖东、皖中、太行、晋西北、豫鄂边办起了六个分校，并在1942年办起了抗大总校附属陆军中学。校长由滕代远兼任，后由任白戈担任。根据中央对抗大总校发展方针的指示，抗大总校在明确办学方针、统一教材编制、统一各种教法、培训教员、调配干部方面做了大量工作。1941年2月，抗大总校以滕代远、何长工、张际春的名义，对各个分校的工作提出了具体要求。3月26日，抗大总校将滕代远《关于各分校培养干部情况通报和抗大总校在1941年的任务》致电各个分校，1942年8月，又将《抗大总校关于教学方法的经验》转发给各个分校，一系列措施大大加强了抗大总校对分散在各个根据地分校的领导，使抗大的校旗在黄河两岸和江淮大地高高飘扬。

1941年6月1日，抗大总校举行了抗大成立五周年大会。会场设在南峪村总校校部驻地。会场右侧的山上耸立着用松树枝扎起的大标语牌——“抗大抗大，越抗越大。”八个大字。标语牌有两层楼高，从几公里外就能看到，十分壮观。会场上布置了朱德总司令、彭德怀副总司令、左权参谋长、罗瑞卿主任和中共中央北方局、八路军野战政治部的题词和各个单位的军旗，气氛庄严、热烈。庆祝大会以盛大的阅兵式开始，罗瑞卿主任讲了话，滕代远代表抗大总校做了工作报告。滕代远明确提出：“抗大总校当前的总任务只有一个，就是为建设党的铁军而奋斗。培养大批中、高级作战指挥员充实到八路军和新四军队伍里。为完成这个总任务，一方面要巩固、提高抗大总校的教学和训练，另一方面继续扩大和发展各个抗大分校，使中国每一个抗日根据地都有抗大分校。”大会还颁布嘉奖令，表彰了建校以来忠诚于党的教育事业的五百五十名各级模范工作人员和优秀学员（其中包括英勇牺牲的二十一名同志）。大会同时举行了军事体育运动会和文艺演出，还组织成建制的连、排进行着装、军容风纪比赛，有力地推动了抗大总校学员整齐划一的军容、军姿和军人素质的养成。晚上举行晚会，开展各个学员大队的歌咏比赛和文艺节目的演出。滕代远等抗大总校领导人兴致勃勃地向取得优胜的指战员握手祝贺，鼓励他们发扬光大，把抗大的校风带到全军各个部队去。

滕代远在抗大总校主持工作期间，尤其注重将课堂上的教学与实际对日军作战紧密相结合。他曾多次强调："抗大培养出来的学员决不能只是懂得战争规律的理论家，学员个个都首先应该成为带兵打胜仗的作战指挥员。抗大的教学是否成功，要拿到真刀实枪的战场上去检验。你的作战对手——敌人，恰恰是抗大学员学习成绩的评分员。"

1941 年 12 月太平洋战争爆发以后，日军为了确保对华北的占领，把华北变成征服东南亚、对抗英美军事力量的后方基地，集结重兵，对我华北八路军抗日根据地多次发动大规模的"扫荡"。1942 年 5 月，日军华北方面军总司令冈村宁次，从正太、同蒲、平汉等铁路线集结了六万日军兵力，以"铁壁合围"、"铁筒封锁"等策略和"梳篦战术"，分多路对我华北敌后抗日根据地进行"拉网大扫荡"。八路军总部、北方局机关和抗大总校是敌人"扫荡合击"、"重点歼灭"的主要目标。冈村宁次放出狠话："消灭了抗大就是消灭了边区的一半。"冈村宁次甚至发疯地叫嚣："这一场作战，我宁肯牺牲二十个日本兵换一个抗大学员，牺牲五十个日本兵换一个抗大总校的干部。"听一听，日军华北方面军总司令开始为我们的抗大总校学员和教员打印象分了。

抗大总校在滕代远担任主要领导的三年里（1940～1942年），培训出抗大第六期、第七期、第八期学员千余名。这些学员在抗大总校边学习、边战斗，每个学员都被铸造成了我军能文能武的优秀指挥员。他们回到八路军、新四军和其他武装部队去，成为夺取抗日战争最后胜利的重要关键因素。抗大总校第六期、第七期、第八期的这些学员多年后，都陆续成长为我军的高级将领。

总的来说，抗大为党和人民培养造就了大批德才兼备的军政干部。抗大总校培训学员近 3 万人，连同各分校共培养了十余万名军政干部。其中许多人成为党和军队的高级干部，他们为我党我军的发展壮大，为夺取抗日战争和全国解放战争的胜利，也为建国后的社会主义革命和建设事业的发展，奠定了重要的组织基础。在我们党和军队的历史上，抗大写下了具有特殊意义的光辉篇章。

1974 年 9 月 30 日，滕代远正与董必武、周恩来、陈云等党和国家领导人在人民大会堂出席中华人民共和国国庆二十五周年国宴，一个身着解放军空军军服的将领在国宴刚刚结束的时候，来到滕代远的身边，“滕校长，您好！”滕代远转身看到这个将领，客气地握了他的手，疑惑地问他：“你是……？”将领随即立正，一个标准的军礼：“我是您的学生马宁，抗大六期毕业的，现在是军委空军司令员。”滕代远看到他一手培养出来的学生，如今都成长为我军军兵种的主帅，十分高兴地鼓励他：“把空军建设成为使敌人望而生畏的打击力量。”

八路军与新四军领导，右起：滕代远、陈毅、宋任穷、薄一波

第十三章

对日作战，出奇制胜

- 危难之时，勇担重任
- 精兵简政抓实效
- 敌进我进迎接曙光
- 插进敌人心脏的一把尖刀
- 虎穴策反迎接胜利
- 潜伏三年，率部起义的张鸿烈
- “杨方案”渡难关
- 战略反攻收复失地

危难之时勇担重任

1942年5月，八路军参谋长左权在指挥反扫荡的战斗中阵亡，5月25日夜，在清漳河畔小南山村中，彭德怀强忍住悲痛，向随他突围的总部人员讲话。他的周围只有十几个干部和百余名战士。他说："同志们，台塌了不要紧，搭起来再干！"

在随后的几天里，彭德怀一面派人寻找突围失散的人员，一面分析日军此次袭击总部得手的原因，并根据几天的亲历和所获情报，向中共中央和八路军各战略区报告了日军在此次"扫荡"中所采用的新战术。同时，彭德怀部署八路军各部在外线广泛出击，进行反"扫荡"作战。

八路军总部在麻田镇召开"纪念抗战五周年、追悼左权将军及诸多死难烈士，庆祝反'扫荡'胜利大会"。会场上布满了各单位送来的挽联和花圈。彭德怀给左权的挽联最引人注目，上面写着："并肩奋斗，携手抗日，鞍马十年方依畀；谋国忠尽，事党血忱，壮烈一朝期平生"。八路军总部和驻太行区的机关、部队以及当地群众等八千余人参加了大会。彭德怀在讲话中指出："左权同志不仅是一个坚决、勇敢、精明的指挥员，而且是埋头苦干、实事求是、急公好义、品质优良的共产党员。""我们今天追悼他们，不是要痛哭流涕，向天祈祷，而是要学习他们，步其血迹，勇往直前，完成其遗志。"新任八路军参谋长滕代远也参加了这次大会，在集体照片上，身着灰白色军装的滕代远在左权画像边格外醒目。

滕代远（站在陵墓上左起第二人，着白色上衣，扎腰带者）1942 年 8 月接任八路军参谋长

左权牺牲后，中共中央北方局和八路军前方总部领导人，只有彭德怀、罗瑞卿和北方局组织部长刘锡五、秘书长杨献珍等人。彭总工作忙得不可开交，司令部里事无巨细，都要他亲自办理，因而他迫切需要有一位得力的助手。他积极向中共中央推荐人选，提出接替左权职务的三个人选：“中共中央军委参谋长叶剑英；八路军第一一五师师长林彪；抗日军政大学总校校长滕代远。”中共中央、中央军委经过慎重研究，1942 年 8 月 10 日，中共中央、中央军委向全军、各大战略区发电通告：

"兹任命滕代远为八路军参谋长，杨立三为八路军副参谋长，——仰即知照。"

决定滕代远赴前总任职，彭德怀立即给滕代远打电话，催他快快动身，并嘱他带上几名称职的参谋人员。不等滕代远在抗大交代完工作，彭德怀就派管理科长骑马去接他了。

滕代远就是在这种危难情况下走马上任的。滕代远一到达八路军前方总部，彭德怀一眼看到老战友从马背上跳下来，激动地一个大步向前，紧紧握着滕代远的双手："代远，我们又一起战斗了。"老战友重逢，分外高兴。

为了欢迎滕代远到总部工作，特地召开了欢迎会，司、政、后各部门的领导人都来见了面。彭德怀和滕代远讲了话。彭德怀对同志们大声说道："滕代远当过中央军委参谋长，胸中有全局，既有政治工作经验，又能打仗，而且一起领导过平江起义，长期在三军团共事，相互了解，容易合作。"滕代远也高兴地对大家说："我和彭总是老搭档了，我了解他的脾气特点，他也知道我吃几碗干饭。小日本猖狂不了几天，咱们一起联手收拾它，为左权报仇，让狗日的小日本为'五一'大扫荡付出代价。""自己肩上的担子重了，一定竭尽全力，协助彭总抓好八路军总部和各个师的作战指挥工作。"

不久，司令部从上南会村搬到麻田镇。麻田属山西辽县（后改为左权县），是这一个较大的镇子，约有三百余户。它地处清漳河畔，四面环山，土地肥沃，气候宜人，满山的柿树、核桃树、花椒树，枝叶茂盛，果实累累。前方总部各部门、各机构分布在麻田镇及附近村庄。滕代远住在天主教堂旁边的一个小院里。

精兵简政抓实效

滕代远到任后，除和彭德怀一起关注冀中平原战况，将八路军主力部队调往太行山根据地，将留下的部队分散组成武工队，广泛开展游击战，与地方党组织、民兵武装相配合，聚歼日伪军部队。

滕代远到前总任职前，1942 年 1 月 26 日，八路军总部颁发了精兵办法，规定了总部直属队人数与战斗部队员额的比例。野战政治部接着也颁布《关于增加生产，克服困难，实行精兵简政，减轻人民负担》的命令。之后，各解放区掀起了精兵简政的热潮。滕代远到任后，除协助彭总处理冀中平原主力部队转向山区根据地，留下的部队广泛开展游击战争以外，首先抓的就是精兵简政。他强调总部机关要带头精简整编以提高机关在新形势下的战斗力。

滕代远对总部直属队精兵简政抓得紧，抓得细，经常和有关人员研究总部机关的编制。他用两个月的时间，把前总直属队各科的组织状况和人员素质，摸得很清楚。这时，前方总部司令部设有参谋处、情报处。参谋处长是白天，下设一、三、四科和机要科；情报处长由滕代远兼，副处长项本立，下设一、二、三、四科。野战政治部设有秘书科、组织部、宣传部、锄奸部、敌工部等。后勤部下辖供给部、卫生部、军工部、银行等。此外，还有直属警卫部队特务团。滕代远强调领导机关“庙要小，菩萨要少”。一个科应有几个人，哪个人应该留下，哪个人应该送校学习，他都反复研究。特别对因工作需要留下来而又降级使用的科级干部，他亲自谈话，做思想工作。情报处由原来的四个科，减为两个科；二科合并到参谋处一科；四科撤销，工作交给一二九师。

滕代远根据总部指示精神，提出机关要精简，部队要合编，军区和纵队合并，主力旅并入各地区军分区，主力团担任军分区基干团的任务。减缩机关，减少人员、马匹，充实连队，使机关达到短小精悍，行动灵便。他号召全军部队学习太行军区的经验，旅和军分区以上机关重新建立了集体办公制度，继续合并了一些性质相近的部门，如作战与训练，侦察与情报，宣传与教育，统战与群众等部门。他对于冀南军区从1942年至1943年六次精兵简政抽出人员四千零七十人，除三千八百多人退伍、入学外，其他人员则分配到地方党政机关和交通站、情报站等处工作的作法，多次发出通报，给予肯定和赞扬。

为了检验精兵简政的成果，滕代远于1942年9月10日（距离他到八路军总部上任不到一个月时间）发出“点验”通知，决定把总部机关和直属部队集中在操场，现场直观精兵简政的状况。10月4日，总部机关和直属部队各单位排着整齐的行列，在麻田镇东大操场，接受滕代远参谋长和罗瑞卿主任的“点验”。戎装整洁的滕代远和罗瑞卿行走在操场上，逐个观看和检查了机关各部门和警卫团各连的人数、装备、武器、弹药、马匹、器材和反“扫荡”前准备工作。之后，参加“点验”的人列队聆听了滕代远参谋长的讲评。滕代远站在一个高台上对全体人员说，精兵简政是全局性的政策，全军要认真贯彻执行。“点验”也是正规化建设的一项内容。总部机关要率先带头“点验”，行动要迅速，装备要精干，兵强马壮，士气高昂，这就是我们坚持抗战的力量所在。

八路军前方总部机关和直属部队经过精简整编，人员减少了，机关精干了，战斗力增强了。与此同时，部队上下出现了整训、练兵热潮。1943 年 3 月 20 日，滕代远对当前部队军事教育工作提出的方针：“本年的军事教育工作方针应该是：在现有基础上更进一步的提高部队质量，提高战斗力，健全与巩固各种制度，加强游击战术的教育，改善教育的方法方式，使之完全适应敌后游击战争的环境，正规军在全年中应抓紧时间利用战争空隙约四分之一时间进行紧张的教育。部队（战士）的教育重点，应以精练技术为主，使每个战士熟悉使用自己手中的武器以及各自为战的能力。”对于军内各级干部的提高与培养，滕代远特别强调从战争环境出发，实行轮训制度。

滕代远很重视轮训队、教导队的训练工作。他要求军政干部都要在干部轮训队短期训练，以适应任务需要。轮训队主要学习军事基本常识和军事业务技能。训练时间有时十天、半月，有时三月两月不等。经他审定的训练纲目，军政干部要学习步枪射击、投弹、刺杀、单双杠、木马等。滕代远亲自到轮训队讲课。他讲的课深入浅出，便于理解。他有一句教学名言：“多实际，少空谈，多做少讲”。他以此勉励自己，也希望学员们来实践它。他对部队军事训练十分重视基础训练。在他带动下，部队出现了练兵热潮。

1943 年初，中共中央北方局、野战政治部发出指示，整风运动作为当年最中心的任务之一，整风的重点应放在地方党地委、专署一级，军队中旅与分区一级领导干部，而且在内容上应特别着重于学风部分。

八路军前总机关及地区部门的整风运动，基本上以部、处、科、室为单位，编为五个整风学区。第一学区是司令部，第二学区是后勤部的供给部和野战政治部，第三学区，是军工系统，第四学区是后勤部的卫生部，第五学区是银行和群众团体。各单位除少数人坚持日常工作外，所有干部均参加整风学习。滕代远分工负责指导第二学区的整风运动。他经常召集各组组长、支部委员开会研究动向，分析思想状况，找思想负担沉重的人谈心。他和大家一起精读中央规定的二十二种文件，领会精神，端正整风态度。

滕代远在领导机关整风运动中，反复强调刘少奇说过的一段话："党内斗争基本上是一种思想上、原则上的分歧与斗争。在党内一切要讲道理，一切要讲清楚道理，一切要有道理可讲，否则不行。"滕代远在整风运动中特别提倡发扬民主，开展批评与自我批评。他身体力行，带头解剖思想，主动检查工作，以自己的模范行为影响着前总机关整风运动的健康发展。整风运动结束时，每个人的历史都要作出结论。滕代远说，对每个人的历史状况既不要夸大，也不要缩小，实事求是，在环境不允许外出调查的情况下，作结论要留有余地。他针对有些人交代了参加国民党、三青团、复兴社等问题，明确指出，党派性质和特务性质要分清楚，从事特务工作和特务机关工作人员要有区别，主动交代与别人揭发也应有区别。有了这些明确的政策界限，在很大程度上避免了整风运动后期审干工作中的偏差。

滕代远来到前总工作，像一位宽厚慈祥的兄长与大家朝夕相处。他待人诚恳，和蔼可亲。他对司令部各科的工作，严格要求，认真把关，强调预见性、计划性。司令部经办的军事电文，凡经他手的，都字斟句酌，一丝不苟。有一次，情报处二科科长魏国运翻着手中的工作本向他汇报华北敌人动态，他听后说："司令部无论做作战工作的或者做情报工作的，都要机智勇敢，善于分析和综合材料，还要将敌我情况熟记在自己的脑子里，不翻本子能对答如流。"为了加强对敌我情况的研究和记忆，他们每天标一张敌我态势图，一周一综合，图上标明各种数据，一目了然。这样的图也按时挂在滕参谋长办公室的墙上。

滕代远对参谋人员的工作强调重实践、重方法、重效果。他常说，高级司令部的参谋，人人应该达到"三会"，即会说、会写、会制图。他还形象地指出，你衣服上哪个口袋放钥匙，哪个口袋放笔记本和其他东西，都要一清二楚，用起来才能得心应手，紧急情况下也能做到忙而不乱。

滕代远平时生活很有规律。他早晨起得很早，常在吹起床号以前就扎好腰带，打好绑带，一个人来到操场上，先做体操和散步。之后，他观看部队操练，现场考察指挥员的教练能力，收操时还要讲评。不论是在队前讲话或在台上作报告，他一向中心突出，条理分明。他言行一致，办事效率很高，今天应办的事，一般不推到明天。一次，供给部政委周文龙拿一份请示报告，请北方局组织部长刘锡五和滕代远审批。刘、滕两人正在山坡上劳动，当场一商议，就作了批示，事情办得很快。

作为前总参谋长的滕代远，他关心机关工作人员的学习和生活，也很重视同志间的团结。他常说，团结得越好，事业就越兴旺。他以身作则，做团结的榜样。在繁忙的工作中，他还耐心指导机要科青年同志学文化，要求每个人坚持记日记。他曾多次帮助贾文艺修改过日记。对于昼夜工作的作战和机要人员，他更为关心。那时物质供应极端困难，他亲自过问值夜班人员的夜餐。1943 年秋，情报处三科副科长李永悌患疟疾，滕代远给他送去十颗专治疟疾的奎宁丸，李永悌很感激。后来，情报处三科科长钱江奉命南下执行任务时，滕参谋长见他骑的骡子不好使用，当即把自己骑的马让钱江骑走了。

滕代远以自己的模范行动，为加强司令部工作树立了榜样。

敌进我进迎接曙光

敌人妄图要消灭敌后八路军，驻在太行山根据地的前方总部便成了它捕捉的重要目标。1942 年 2 月和 5 月的“扫荡”中，敌人的所谓“挺身队”，总是千方百计地搜索前总的去向。中共中央担心前总的安危，1942 年秋曾发电提出：“前总可迁往晋西北”。但彭德怀却复电中央：“太行为华北抗战重心，八路军总部仍留太行指挥，不移晋西北。”滕代远对于彭德怀的这一稳定军心的措施十分赞同。他和彭德怀坚持在原地一起领导八路军前方总部的工作。

彭德怀、滕代远和罗瑞卿都强调我党、政、军、民、群，要在党的一元化领导下开展广泛的群众性的游击战争，并要求在反“蚕食”、反“扫荡”斗争中，运用“敌进我进”的原则与敌较量。为此，中共中央北方局和前总、野战政治部根据 1942 年 7 月 7 日中共中央提出的“争取两年打败日寇”的伟大号召，先后发出对敌斗争和巩固壮大解放区的重要指示。强调在根据地深入发动群众，进行减租减息，提倡建设“三三制”组织形式的各级政权。在军事上，强调以两年胜利为中心口号，加强对敌占区民众的宣传工作，反对敌人的“治安强化运动”，并加强瓦解敌军，争取伪军、伪组织的工作，展开反汉奸、反维持会运动。同时，敌占区内，号召在伪政权工作的人员，采取革命的两面派态度，假意应付敌人，真心向着人民军队。

对于敌人的“扫荡”和“蚕食”，滕代远认为不管它花样怎么翻新，都不可能改变它兵力不足、兵力分散的根本弱点。因此，敌人集中兵力“扫荡”时，必然此盈彼虚，此起彼落，我们应抓住空隙向敌占区发展。

滕代远提出各部队要“向敌占区开展游击活动”，在敌人集中兵力向我“扫荡”时，我除以一部分兵力留在腹地掩护群众转移、打击敌人外，主力应转向外线，破袭敌人交通线，切断敌人补给线，攻袭敌占据点，多方面开展敌占区工作。1943 年 4 月起，滕代远和彭德怀共同指挥太行军民粉碎了敌人对太行区的疯狂“扫荡”。十天内，太行广大军民从南到北同敌人大小战斗八百余次，毙伤敌伪大队长以下官兵两千余人，夺回牲口六百多头，缴获长短枪三百余支，收割敌电线二万五千市斤，攻克敌占据点五处，摧毁敌维持会三百多个。为了扩大解放区，8 月 18 日至 26 日，我军趁敌空虚发动了林南战役，太行军区主力、冀南军区以及冀中警备旅等部共十三个团参战。滕代远参与了林南战役的指挥。经过激烈的争夺，攻克豫北重镇林县县城及其周围据点，歼灭伪二十四集团军前敌指挥部、保安司令部，并击落敌机一架，共歼日伪军七千余人，攻克与收复据点八十余处，解放了林县以南、辉县以北拥有四十余万人口的广大地区。

华北各抗日根据地从1942年起，普遍成立了“武装工作队”。滕代远要求他们“面向敌占区，面向交通线”，有计划地对敌人展开政治攻势，宣传两年打败日本的必胜信念，以瓦解敌军，争取、教育、团结敌占区人民，起来同日伪进行斗争。武装工作队成为执行政治攻势与开展敌区游击战争的一支重要力量。据调查，越是靠近敌人据点的所谓“治安区”，配给的必需物品越少，越是当“顺民”的村庄，对敌人的压迫越不堪忍受。武装工作队在敌占区创造性地工作，如把对敌占区人民的宣传教育工作同打击敌人的烧杀掠夺的军事行动结合起来，把争取教育伪军、伪组织人员的行动同惩治死心塌地的汉奸分子的行动结合起来，把号召伪政权执行两面政策和宣布伪军、伪组织人员一旦不能在敌区存在允许来根据地工作的政策结合起来等等，滕代远给予很高的评价。

为了粉碎敌人的“囚笼政策”，滕代远协助彭德怀指挥各抗日根据地不断开展破袭敌交通线的活动。当时隔断太行、太岳两区的白晋铁路，是敌人守备较为薄弱的一条铁路，在那里形成了我破敌补、敌补我破的局面。结果白晋铁路的钢轨便成了太行山兵工厂源源不断的钢材来源，以致后来逼得敌人不得不自行拆除。

为了争取两年打败日军，除普遍成立武装工作队，在敌我边沿区开展政治攻势并进行游击战争外，还必须派人深入敌人内部，系统地了解情况，进一步加强情报部门工作。

1942年12月8日，身兼前总情报处长的滕代远亲自主持召开了首次情报工作会议。会上，他全面回顾过去情报、派遣、交通等方面的情况和成就，并对今后情报工作的组织、任务、方法、纪律、经费等若干具体问题提出了明确的意见。他要求从事情报工作的组织和工作人员，立即行动起来，对敌、伪各方面基本状况进行调查研究，对华北抗日根据地周围的日军、伪军和国民党军的番号、兵种、武器、作战地域以及重大行动企图等，能分层次分地区掌握在手。经过几年的艰苦努力，前总情报处挑选了一大批干部先后派往敌占区开辟工作，其中不少是比较负责的干部。如抗大六分校教育长姚继鸣、冀中军区政治部敌工科长王岳石、冀南军区情报处副处长贾建国、前总情报处副处长项本立、中央社会部派来的干部郭有义以及抗大军事教员徐祖芳、张鸿烈、王文治等。他们利用各种社会关系，改名换姓，化装掩护深入到北平、天津、开封、青岛、南京、安东、哈尔滨等地，遵循长期埋伏，积蓄力量，以待时机，配合反攻的重要方针，在敌占大城市和交通要道逐步建立起了交通站和情报网点。他们有的充当了北平市伪警察大队队长、伪警察局分局长、伪军作战科长、伪军校战术教官、伪县长、伪保安大队长、伪税务分所所长等职务。他们长期潜伏，站稳脚跟，利用合法身份开展工作。他们有的对日伪军布防、人员编制、武器装备等方面进行了系统的调查研究，获得了日伪军政重要战略情报；在派出人员中，有的掌握了伪军武装部队，从敌人内部把整师、整团、整营的队伍拉了出来；有的专门做伪军上层人物的工作，如对华北伪治安军总司令齐燮元、伪集团军司令田文炳、北平伪宪兵司令黄南鹏等都进行过联络和争取工作；也有人对当地工商界、原东北军上层高级军官开展统一战线工作，扩大进步因素，争取抗日力量；不少人为从敌占区购买、转运军用物资和医药用品作出了贡献。前总情报部门除派工作人员打入敌占区外，还根据总部和滕代远的指示，对豫北、晋南地区的国民党军队，开展抗日民族统一战线工作。国民党第二十四集团军庞炳勋、四十军马法五、新五军孙殿英、二十七军范汉杰等部队，与我军不断发生摩擦。滕代远和前总情报部门曾先后派王百平、申伯纯、李新农、李平等人到国民党军队防区与他们进行谈判和交涉，从而划定了界线，减少了摩擦。在一段时间里，国共两党军队在边界上形成了比较稳定的局面。

在根据地遭到分割和封锁的情况下，为了保证我方人员能安全地通过敌占区、游击区的铁路、公路交通线，滕代远特别重视在敌占区、游击区开辟秘密交通线、交通网的工作。仅从前总情报处派出单位豫北办事处在平汉铁路沿线建立的地下交通线和太行二分区活跃在榆次、太谷一带的交通队，就足以看出我军交通情报工作所发挥的巨大作用。几年间，从冀鲁豫地区经太行根据地腹地至晋绥到达革命圣地延安，在长达几千公里的线路上，我地下交通情报人员建立了数条可靠的人员、物资往来的地下交通线。有的交通线专供我党政军高级领导干部使用；有的交通线是一般干部和大部队通过时使用。其中战斗在太行二分区榆次、太谷一带的交通队，是一支精干的便衣武装，专门担任交通护送任务，无论环境多么恶劣，他们都能安全地接送经过他们这里的人员和物资。

为了汲取日军 1942 年 5 月袭击八路军总部，我方很迟才获悉敌人企图的教训，滕代远把加强我军情报收集，尤其是战略情报的超前当作八路军前方总部必须要重视的核心工作来布置。滕代远提出，八路军前方总部情报部门主要是收集敌人的战略情报，将战役、战术情报交由各军区和各野战军情报部门收集。

滕代远提出："在情报工作方面，我们决不能被动收集、不能等待。我们八路军要像孙悟空钻到铁扇公主的肚子里那样，主动出击，把潜伏工作统筹安排，挑精兵强将打入日伪军核心部门，把敌人内部搅成一锅粥。"

日本人的"益子挺进队"在5月份日军突然袭击八路军总部的战斗中扮演了特别狡诈的角色，是敌人情报方面的一个拳头。为报"一箭之仇"滕代远决定：就从斩断日本人的这只黑手开始，让敌人尝尝八路军的厉害。滕代远马上通知八路军总司令部情报处派遣科科长林一，要求各个情报站密切注意收集日军"益子挺进队"的活动轨迹。终于在1942年12月下旬我军情报系统得知：春节时"益子挺进队"要在祁县参加庆功会。由于日伪频繁的"扫荡"，祁县的环境非常恶劣，该县原来的县长、我军的独立营营长、公安局局长等先后叛变投敌，而这些叛徒就在县城公开替日伪做事，祁县共产党的党政机关不得不移到榆社办公。留在县里的情报人员都是林一派遣进去的，分别与林一保持单线联系。

林一马不停蹄赶到敌人的狼窝祁县，把掌握的情报向时任祁县抗日政府县长二十九岁的共产党员刘秀峰交底，任务是摸清宴会时间与地点；设法将我军暗杀队人员带进城，同时为暗杀队提供匕首，不响一枪地完成任务。前方总部参谋长滕代远为了完成这次行动，他亲自指定八路军前总司令部直辖特务团去配合情报处林一完成这一特殊任务。滕代远召见特务团团长欧致富（建国后授中将军衔，广州军区副司令），命令他在全团精心挑选三十一名指战员，由参谋处参谋刘满河负责，经过严格捕俘格斗训练后，伺机行动。机会终于到来，大年三十晚上，刘满河经过化装，带人大摇大摆进入大德兴饭庄，有的化装成朋友异地重逢，有的化装成商人洽谈生意，有的化装成跑堂忙前忙后，分别贴近布置在大摆庆功宴的“益子挺进队”队员周围。当晚十点酒席氛围正在高潮，刘满河一看时间到，猛然将手中的酒杯摔在地上，醉得一塌糊涂的日军不知何事。而说时迟、那时快，我军小分队队员不约而同一下子亮出匕首，同时动手。喝得酩酊大醉、毫无戒备的日军“益子挺进队”队员怎么也想不到事情会发生得这么快，更没有想到，他们的对手竟敢来到日军盘踞的据点里面，找上门来和他们算账。清醒过来的日军特务开始反抗，桌子、椅子、盘子……凡能拿到手的东西都成为他们反抗的武器，整个饭庄打成一团，狼藉满地。我军小分队机智勇敢，个个身手不凡。只用了七分钟的时间，日军“益子挺进队”的特务已被全部杀死，头颅全部被割下装入面口袋，刘满河一挥手，下达了撤退命令。小分队霎时间消失在祁县城楼外面。事隔一日，长治城、祁县城、太原城等地分别挂出日军“益子挺进队”队员的人头。

八路军在祁县暗杀“益子挺进队”的行动，引起其他日军联队“益子挺进队”特务的恐慌。为避免八路军继续追杀，日军第一军司令岩松义雄经请示华北方面军司令冈村宁次同意后，下令解散了“益子挺进队”。

经过敌后抗日军民的顽强斗争，我采取“敌进我进”的斗争方针，到1943年年底扭转了根据地退缩的局面，促使与加速敌人所谓的“总力战”的日益走向失败。为加快胜利的到来，滕代远在《坚持了六年抗战的八路军》一文中，提出了军队的努力方向。文章说：“第一，应更好地贯彻党的政策，更密切地依靠群众，更好地团结友军，如在政策上犯了错误，应用整风的精神改正自己；第二，应很好地整理对敌斗争的经验，创造新的更有力的斗争方法，以战胜极其阴险狡猾的凶恶的日本法西斯；第三，应更好地发扬我军艰苦奋斗英勇牺牲的光荣传统，保持高度的民族气节和革命气节，把在望的最后胜利争取到手。曙光就在眼前。”

插进敌人心脏的一把尖刀

抗日战争进入到艰难困苦的1942年，日军对八路军冀中军区发动了空前规模的“五一”大扫荡。敌工科长王岳石，跟随冀中司令员吕正操，跳出封锁线，进入太行军区。吕正操带领数千人马正在涉县、梨城县休整待命，接到八路军第一二九师师长刘伯承的电话。刘师长知道吕正操部的敌工科长王岳石曾被中共地下党派往日本东京士官学校第二十九期炮兵科学习毕业，后在东北军担任下级军官。刘伯承看中了王岳石，就向吕正操要人：“你要舍得放人，王岳石到一二九师担任作战科科长再合适不过了。”“只要刘师长说话，你要谁我给谁。”吕正操司令员回答得十分干脆。1942年冬，八路军前方总部召开第一次情报工作会议时，各个师、军区、旅团、军分区的作战、情报科长都参加了会议。前总情报处派遣科科长林一选中了有很高军事素质的作战科长王岳石。林一科长把向敌占区派遣情报人员的方案向一二九师师长刘伯承、政委邓小平、参谋长李达做了报告和说明，想把王岳石要到前总情报处工作，但是无论林一怎样磨破嘴皮，一二九师三位领导就是不放人。

林一为了工作，只好走一下后门。

两天后，八路军前总参谋长滕代远给刘伯承师长打电话：“老刘啊，八路军前方总部马上要大力开展对敌占区大城市的地下情报派遣工作，首先就是要从各师、各军区、各旅和军分区抽调一批符合条件的作战、情报科长、处长，总部看上你们师作战科长王岳石了，怎么样，还要讲什么条件吗？”刘伯承师长回答得相当干脆：“哪敢呢，参谋长，我们绝对服从大局，只要总部说话，你要谁我给谁。”

1943年春节期间，王岳石交待好师作战科的工作，便来到八路军前方总部报到。在麻田镇前总情报处派遣科办公室，林一科长仔细询问了王岳石在北平的关系和他们与日本人的往来，然后告诉王岳石：前总参谋长滕代远要接见他，布置他到北平潜伏的任务。傍晚，滕参谋长办公室的油灯早已点亮。警卫秘书小柳将王岳石带进房间，王岳石立定，向滕参谋长行了一个标准的军礼。“这边坐。”滕参谋长和王岳石握手后让他坐下。滕参谋长说：“要你还很不容易呢，你们刘师长、邓政委、李参谋长一开始都把你捂着不放呢。”王岳石不好意思地笑笑回答：“我是共产党员，总部一声令下，指到那里，我就冲向那里。”滕参谋长向王岳石分析了华北敌、友、我胶着的态势，又展示了中央和八路军总部对敌隐蔽战线斗争的方针和策略。然后，滕参谋长斩钉截铁地对王岳石说：“总部决定，派你打入北平，潜伏到敌人的核心部门，收集日伪的战略级情报，你能不能完成总部下达的这个重要任务？”王岳石站起来，面向滕参谋长：“困难有，但是我想办法克服，坚决完成总部赋予我的光荣使命。”王岳石告诉滕参谋长，抗日战争前，他在北平被捕过，他的身份很多人知道。后来，他纵横驰骋从南京、武汉来到陕北延安，不少人也清楚。王岳石为难地说："在敌我阵营都有认识我的人，我担心会在北平出事。"滕参谋长听后哈哈一笑地说："从另外一个角度看，这又是你做潜伏工作的一个有利条件呢。红道黑道你都处过，敌人恐怕也难摸透你王岳石是红心，还是黑心。只要你有胆有谋，随机应变，我相信你能完成总部赋予你的使命任务。"受命后的王岳石，在林一科长的安排下，阅读了大量敌伪资料，又专门在总部日文翻译的帮助下，把多年扔掉的日语重新强化了一下。在一个封闭的小院里，王岳石反复演练化装，背记联络方法和密电码，拍照相片，制作进入敌占区不可缺少的"良民证"。"我改名叫王剑平。"王岳石对林一科长说。林科长告诉王岳石联络暗号："我的代号为二五。"

从八路军前方总部麻田镇到河南林县的山间小路上，走着两个商人打扮的年轻人，那是王剑平和情报处派出护送他到目的地的交通员李子和。在李子和的帮助下，王剑平连续发出十三封信给亲戚、同学和朋友，很快，王剑平和老同学孙镜如见面，老同学帮助王剑平更换了北平警察局签发的"居住证"，因为王剑平进入敌占区所持的"良民证"是八路军总部情报处伪造的，到北平后必须换成"居住证"。同时，孙镜如又为王剑平在自己公司里安排一个监理的职务做掩护。很快王剑平就把插入敌人心脏的一把尖刀——八路军北平联络站建立起来。

1943 年夏天，八路军前总情报处又把滕代远参谋长的警卫秘书史怀善派到北平充当王剑平的助手和警卫。王剑平还请示前总情报处批准，将 1940 年受晋察冀中央局社会部派遣打入北平的郑平和 1942 年被冀中军区情报处派遣打入北平的宁至远的领导关系转归八路军前总情报处领导。即合并到八路军北平联络站。同时，这个北平联络站很快又建立了两个分站，一个是在西城区沙洛胡同五号，在这里专门接待八路军前总情报处的领导人和前总派出的交通员，这里安全可靠，食宿方便；另一个在东北军元老于珍及其儿子于国珍的家里，这里是联络情报站骨干研究工作的场所。在联络站的会议上，王剑平提出下一步工作重心是抓兵权，建立北平地下武装力量。日伪统治下的北平，日军驻兵丹坛寺，市区有伪绥靖公署，宪兵司令部、宪兵一团、宪兵学校、武装警察共六个支队，约四万兵力。

当时，北平市长刘玉书登门拜访于珍，请于珍推荐一位有军事指挥才能的人士来替刘玉书掌握武装警察力量。于珍马上推荐了王剑平："现有一人为世交，知根知底，日本陆军士官学校毕业，年轻有为……""他叫什么名字，人在哪里？"刘玉书迫不及待地询问。"他叫王剑平，就在北平"。结果刘玉书为了自己抓兵权，马上任命王剑平为北平警察第七队队长，警衔上校。这个第七队属正规军改编过来的，编制一个团的架子，有七百多人。其任务负责警卫伪华北政府机关、北平市政府（中南海内）、庆王府迎宾馆。团部在中南海东北门内，紫光阁北侧的营房里。王剑平上任，即开始大力整顿警察第七队，开除一批不称职的老警察，补充一批清河军校毕业的爱国青年。同时，他把八路军北平联络情报站的骨干力量一一安排在第七队的各个核心领导岗位上。王剑平还把 1940 年入党，曾任八路军冀中军区交通科长的宁至远安排为伪北平市政府专员，协助市长抓兵权，授予上校军衔。宁至远授命分别去山东与河南两个省，代表北平警方与当地日伪军头目接洽，交流建军经验。他在青岛和许昌分别亲眼目睹了日伪军的兵力部署和武器装备详细情况。充当钦差大臣的宁至远把胶东日伪军的兵力配置图和中原一带日伪军的配置图一一默记在心中，回到北平，马上绘制成军事地图，并且向八路军前方总部写了详细的情报资料。伪北平市长刘玉书和市警察总局很欣赏宁至远的山东与河南之行，因为满足了他们企图吃掉山东、河南伪警察力量的目的。

所以，1944 年 11 月，北平市警察局任命宁至远为警察内五区分局局长。当宁至远拿着刚刚接到的委任状去向王剑平汇报时，他在王剑平这里见到了八路军前总情报处派遣科科长林一。这位女科长林一，俊秀的脸上，洋溢着青春的笑意。她多次单身潜入八路军华北各个敌占区，检查和布置战略情报收集工作和我军情报精英打入日伪核心部门的计划与步骤。仅仅是北平，林一今年已经从太行山总部往返五次。每次都要冒着极大的风险。总部交通员只能把林一送到敌占区的边界，而敌占区我方情报站的交通员因为日伪军队严密封锁，往往不能及时到位接林一潜入敌区，只能靠林一以过人的胆量、机智的策略，凭借着林一烂熟记于心中的敌区我情报人员的分布态势和接头暗号，自己找到我们的同志。总部首长，特别是彭德怀、罗瑞卿都不同意林一独自潜入敌占区指挥战略情报收集工作。唯独滕代远理解林一，他支持林一深入敌占区第一线指挥情报精英打入日伪核心部门，滕代远说，红军时代，我们红军不是整天在敌人鼻子底下寻找战机，打它一个歼灭战；对于红军战士来讲，越是靠近敌人，安全系数越大。林一说，在莫斯科东方大学八分校学习，教员就反复讲过，真正的情报必须潜入对手内部才能获取，功勋与胆小鬼无缘。我是情报派遣科长，我要求侦察员不怕牺牲、勇于献身，我自己就要首先做到，身体力行是共产党员的风范。

在王剑平处，林一听取宁至远的汇报后，表扬了他不畏艰险、勇敢获取情报的大义凛然气概。林一说：“你是我们情报处的骄傲，但是一定要警惕敌人的反复无常，小心不要让敌人抓住一点小辫子。”林一一身阔小姐打扮，谁能猜到她是一个1935年就参加革命的老红军呢？宁至远陪同林一到北平警察局内五分局，一个小时不到，就把林一带来北平的假“良民证”换成了北平市的正版“良民证”。林一在北平期间，详细了解了北平日军与伪军错综复杂的关系，指示我军情报工作人员要充分利用日伪矛盾，创造机会，更深地潜伏于敌人核心部位。林一在各个情报分站的会议上，还传达了八路军总部首长的指示：“要大力抓武装力量，为我所用，准备配合我军大反攻的到来。”林一特别视察了宁至远担任局长的北平市警察局内五分局。该分局所在地是北城区刘海胡同，东到安定门大街，西到新街口，分局下设两个分所，管辖五个派出所。分局机关有保安、警务、经济、特务、防空等五个股。该分局地理条件重要，管段内有重要日伪军头脑人物居住，分局长有权命令侦缉队抓人，分局设有拘留所，可以拘押犯人。防空股可以任意罚款……宁至远上任后，充分利用这些特权，遵照林一科长的指示：打开局面，隐蔽自己，密切配合王剑平，抓武装力量，除掉对我不利的日伪军官，完成“长期潜伏，配合我军大反攻”的历史使命。抗日战争进入到第八个年头——1945年，中国共产党领导下的八路军、新四军和其它武装力量开始对日伪军不断发起攻势作战。

彭德怀、刘伯承、罗瑞卿等首长在1943年奉命回延安，八路军前方总部按中共中央命令，由滕代远主持军事作战工作，由一二九师政委邓小平代理北方局书记。1945 年 4 月 23 日，中国共产党“七大”在延安隆重开幕。主持八路军前方总部工作的滕代远参谋长要求机关各部门认真学习“七大”文件，同时他尤其关心远离总部，在敌占区进行情报工作的同志们学习“七大”精神，他把情报处经常出入太行山到敌占区的李成叫到办公室，吩咐他把“七大”文件手抄件带到北平八路军秘密情报站去，让战斗在敌人心脏的同志们也能及时领会中央的精神。“是，我一定把延安传来的声音和号召送给平津情报站的战友们。”李成接受任务后向首长表态。

不久，李成秘密潜入北平，将“七大”精神原原本本传达给每一个八路军情报站的同志们。“天马上就要亮了。”每一个同志都欢欣鼓舞，他们以更大的热情投入到战略情报的收集工作中去。

虎穴策反迎胜利

1942 年 4 月 29 日，日本侵略军几万人对河北南部的八路军冀南军区发起突然袭击。冀南军区司令员陈再道和政委宋任穷紧急调动几个团的部队和日军进行运动战。在日军几次“围剿”冀南根据地的战斗中，我党、政、军领导机关和几个团都遭受到重大损失，唯有我第七七一团不仅没有损失，还打了几个胜仗，俘虏敌人一百多名。

三十岁的团长贾建国当面向政委宋任穷报告了他们团的作

战经验，他说："我们着重开展敌占区日伪军工作，想尽办法把敌人的据点变成我们的隐蔽地，把日伪军办事机构变成我们的情报点，把我们的人潜伏到敌人的心脏，敌人的一举一动，我军都能了如指掌……"宋任穷政委记住了贾建国的打胜仗经验，叮嘱他说："你要系统地总结一下反'扫荡'的经验，我们军区要向大军区刘、邓首长认真汇报。"贾建国立正，敬了军礼就离开了军区。哪里想到，贾建国七七一团的战斗经验刚一报到一二九师师部，就被知人善任的邓小平相中。

还没有从战斗激情中冷静下来的团长贾建国骑马赶到军区接受"紧急任务"，"宋政委，我来报到。"贾建国大声地向宋任穷政委报告。满腔湖南口音的政委宋任穷让警卫员给贾建国烧开水，安排房间休息"你这次来，就不要再回团里了，总部要调你做情报工作。""什么?"似乎没有清醒过来的贾建国以惊奇的眼光注视着自己的领导。但是听完政委宋任穷对情报工作重大意义的解释，作为一个老红军出身的贾建国马上清醒过来，坚决服从上级命令。

贾建国按照八路军前总情报处的要求，深入调查，四处寻找，走遍冀南根据地，列出了一份各县社会名流、开明士绅的名单，贾建国通过成安县中共县委书记唐醒民找到宣传部长王子鑫，动员他做他父亲的工作，一个毕业于北洋陆军大学，担任过北洋军阀混成旅旅长的王家修，而王子鑫的母亲又是村妇救会主任、共产党人。在贾建国的安排下，王家修与当年讲武堂的同学，河北宁河人齐英（齐燮元）见面。

但是，齐英声称日本人监视太严，暂缓见面。贾建国向宋任穷政委汇报后，又奉命到师部向师长刘伯承当面汇报打算如何做齐英的工作。刘师长听了汇报，感到事关重大，当即决定还是由贾建国直接做齐英的工作，并且说："此事非同小可，我说了还不算，最后还是由总部首长决定吧！"第二天上午，刘伯承师长让警卫员给贾建国备马，并且嘱咐贾建国说："我已经给彭总、滕参谋长打电话了，你到总部如实转达我的请示。"由赤岸经索堡到八路军前方总部——左权县麻田镇有四十里山路。等贾建国快马加鞭赶到总部时，彭德怀副总司令、滕代远参谋长正在召开一个重要会议，一时顾不上接见贾建国。先由总部情报处派遣科林一科长负责接待，安排贾建国的住处。

林一交给贾建国一份重要文件，是滕代远参谋长在主持全军情报工作会议上的总结报告。林一让贾建国站在抗日战争全局的高度仔细领会一下获取战略情报的意义与方法。两天后，八路军前总参谋长滕代远接见贾建国时说："刘师长在电话里已经介绍了你和你去北平的情况，为了工作方便，可以把齐英这一情报线索由八路军总部情报处联络管理。""好，那好！"贾建国喜形于色地回答。接着，滕参谋长以鼓励和安慰的口气告诉贾建国："你们打开与齐英联系的渠道是有成绩的，也是有远见的，要紧紧抓住这个对象。""对，首长分析得对。"贾建国激动地回答。"我和彭总商量过了，这个重任依旧由你来承担，你看怎么样？""我，我？……不行，不行！"滕参谋长斩钉截铁地说："不要推辞了，就是你了。老红军战士，又是常打胜仗的七七一团团长，你有条件完成这项任务。"就这样，贾建国还能有什么理由推辞呢？三天后，彭德怀副总司令从外地视察部队回来，马上接见贾建国："你的情况我都知道了，齐英这个工作对象在目前还是很重要，一定要抓住不放。滕参谋长说得对，你有条件担当此任，我看派你去最合适。"1943

年 5 月 18 日，八路军前总下令，从冀南军区调贾建国到八路军前方总部情报处报到。

1944 年夏季，第二次世界大战接近全面胜利。但是在中国战场上，日本军队仍然气焰嚣张，疯狂掠夺，总部情报处为贾建国派去一个女交通员朱桦，负责往返总部与北平传递情报。齐英一直用各种理由拖延与贾建国见面，因为正是齐英在台上不可一世的时刻，他野心勃勃，不仅手握兵权，还想渗透政权，先把嫡系杜锡均安排在河北当省长，又把他的亲信田文炳派到河南当省长，还企图在山东、山西安插亲信。他万万没有料到，日本人突然在七月底宣布罢免齐英一切职务。八路军总部知道这个消息后，指示贾建国利用齐英失意之时，想法再一次会见齐英。贾建国在王家修陪伴下，终于与齐英见了面。“贾先生请坐!”齐英以主人身份给大家让座。“齐先生好!”贾建国以八路军代表身份向他问好。他惊喜交加，连连点头。“欢迎贾先生，我们都是自己人，有什么话就坦率讲吧。”齐英先讲了一大通“曲线救国”的歪理，狡辩自己不是汉奸。贾建国不慌不忙地说：“听了齐先生的话，我有一事不明白，你为日本人做事多年，为什么他们让你下台?”齐英一下子尴尬起来：“我和日本人关系没有搞好，他们不信任我。”贾建国一句话点到了实质：“你超过了日本人控制你的权限。”齐英一下子无话可讲了。“抗日战争很快将要胜利，为日本人做过事的人，只要积极抗日，我们八路军既往不咎。如果你坚决当汉奸，人民决不饶恕。”几个回合下来，原来趾高气扬的齐英收敛多了。他说：“今后我和八路军合作抗日，异途同归。”当然，最后齐英没有按照自己的保证去做，最终被人民处死。

在抗日战争中，像贾建国这样被八路军总部参谋长滕代远、总部情报处派遣科科长林一和其他情报处首长派遣的侦察人员还有张鸿烈、徐祖芳、钟健魂等人，他们潜伏到敌人核心，在胜利的前夜，策反了大批伪军投奔到八路军、新四军和人民解放军队伍里，为迎接胜利作出了不可磨灭的贡献。

潜伏三年，率部起义的张鸿烈

为了在伪军里发展地下武装，总部决定从抗大调军事教员张鸿烈和刘筱萍夫妇，派到敌占区北平工作。1942 年 5 月末，刚刚从抗大总校上干科调到八路军前方总部的军事教员张鸿烈来到前总政治部主任罗瑞卿的办公室。“报告！”张鸿烈在门外立正，声音洪亮。“进来。”浓厚四川口音的罗瑞卿主任回答。这是罗瑞卿主任和张鸿烈的第三次谈话了。他报告罗主任：“我想通了！”“那好，你去找前总情报处领受具体任务！”张鸿烈被前总情报处派遣科长林一在抗大数千名人员中破格选中是有理由的。张鸿烈在东北军当过营长，还曾经担任过张学良官邸的上校副官，参加过“青年党”，阅历丰富。特别是在他参加中国共产党之后，朝气蓬勃，具有为革命目标舍生忘死、一往无前的英雄气概。在当时的太行山根据地找到像有张鸿烈这样条件的人还是不多，林一为调张鸿烈，特别找到自己的丈夫，抗大校长滕代远。

林一科长向张鸿烈详细交代任务：“打入华北大汉奸、绥靖军总司令齐英统率的华北治安军内部，稳稳地站住脚，逐步扩展情报工作的范围，长期潜伏，不准轻易返回总部。中途如张鸿烈发生意外，可派他的夫人刘筱平（为便于张鸿烈开展工作，情报处派遣科林一科长特意安排军医刘筱平一同前往北平）返回，如果刘筱平也发生意外，张鸿烈依旧继续前进，想方设法打通敌人的关节。他们两人每人带上六百元敌区流通的“准备银行”钞票，作为活动经费……出发前，张鸿烈和刘筱平开始准备工作。

他们被“关”在麻田总部情报处的院内，除了林一科长经常与他们谈话外，不许与任何人接触。这段时间，他们两人每天上午学习日语，由情报处21岁的女大学生担任日文教员。把日语口语反复练习，乍看还真分辨不清他们两人是中国人还是日本人。在林一科长安排下，他们阅读了大量北平和天津出版的报刊和书籍以及相关敌伪军事政治情报资料，以便全面掌握敌占区的社会风情、地理环境和市场、物价等情况。经过六个月的“隔离”训练，刘筱平的短发蓄长了，面色也白净了。张鸿烈风流倜傥的派头也培养成型。他们二人的打扮完全是平津一带洋气十足的商人和阔小姐的形象。惟独两人穿上皮鞋走路很不习惯。林一科长向他们传达了滕代远参谋长的指示：“深入虎穴，要胆大心细，收集敌人战略情报要慎重果断。从生活习惯到言行举止上都要入乡随俗，不让外人发现一点破绽。任何情况下都要保持共产党员的坚定信仰。”

肩负着神圣使命的张鸿烈和刘筱平夫妻二人乔装上路了，刘筱平骑一头毛驴，张鸿烈紧跟其后。他们被一名交通员护送，从麻田镇出发，经过阳邑镇进入游击区。他们费了很大劲花钱买到两个“良民证”，替换下他们从根据地带来的假“良民证”。黎明，太阳升起，张鸿烈和刘筱平进入敌占区的第一站——河北省武安县。

二人买好从武安去邯郸的汽车票，登车不久，一名日本兵带着二名伪军上车检查旅客和物品。日本鬼子打量了一下张鸿烈，手一扬大声喊叫：“你的，下车!”张鸿烈假装没有听懂，把手里的包袱送到日本鬼子眼前，示意让他检查。日本鬼子大骂张鸿烈，伸手打了他一记耳光。而坐在车厢另一角的刘筱平心中忐忑不安，怒而不言，只是摸了一下自己的包袱，平静地坐着，静观事态的发展。张鸿烈被迫下车，两个伪军押着他到一个小屋子里，公共汽车开走了。

一时摸不到头脑的张鸿烈前思后想：“难道是自己哪个地方暴露了吗?”三个小时过去了，伪军几次审问，张鸿烈都对答如流，天衣无缝，一个戴墨镜的人说：“你可以走了。”张鸿烈匆匆登上第二辆汽车到达邯郸。张鸿烈在汽车上，透过玻璃看到了一直在汽车站等待着的刘筱平，他们两人一前一后，如同陌生人一样离开了汽车站。事后得知，那个戴眼镜的人是叛徒，他在寻找从八路军总部派来的侦察员。张鸿烈与刘筱平从邯郸来到北平，这沦陷多年的古都，一片日伪统治的白色恐怖。

他们两人先是以卖菜为掩护，后来张鸿烈从《北平晚报》上发现了一副题词“大东亚共荣圈，共存共荣”，题词署名是“河北省警务厅厅长朱兆熊”。这个厅长正是张鸿烈在金陵陆军学校学习时的教官。张鸿烈马上带着刘筱平找到了朱厅长。朱兆熊问他们来省城干什么？“家在河北献县，回乡探亲。”作为多年的学生向老师说明来由。“你们就住在我家里，晚上下班，我们师生再好好聊一聊。”朱兆熊热情地作出安排。晚上会面，师生二人谈得十分热烈。几番谈话下来，朱兆熊就察觉到张鸿烈不单单是来“探亲”。他猜疑张鸿烈是“国特”

(既国民党特务)，他有些后虑，说："鸿烈，我是身在曹营心在汉啊，我可不是真心当汉奸。"张鸿烈马上就明白了，朱兆熊在张学良部队当过中将战术教官，害怕国民党政府清算他，所以才说出上面那段话。张鸿烈将计就计，含而不露地对朱兆熊说："学生一向尊重老师的为人，你身为厅长，自有苦衷，日后一旦需要学生作证，我定会挺身而出。以实际行动感谢恩师。至于我有没有任务，老师就不要多问了，即便我真有任务也不能随便告诉你呀，这一点我想老师是明白的。""好吧，好吧，不问了。"朱兆熊拍着学生的肩膀笑着说。第二天晚上，师生二人又彻夜长谈。后来，朱兆熊在张鸿烈的要求下，把他安排在献县警备大队当副大队长。张鸿烈是陆军学校科班出身，不长时间，就把县警备大队的正规化训练与管理拨弄得头头是道。获得了伪县长、甚至日本军部代表的赞赏。不长时间，张鸿烈的职务不断攀升，从警备大队长、警备联队长、一直到警备团长兼献县县长。

虽然职务步步高升，但并非处处顺利。用张鸿烈本人的话说："三年中，日本人对我时时怀有戒心，用各种方法试探我，我也用各种手段和他们周旋，他们始终没有发现我有什么破绽，艰难地渡过了这三年。"

献县派有日本顾问，讨伐大队是日本队长。1944 年 5 月，由天津宪兵队来了个儿玉少佐，一次突然找张鸿烈说："你的八路军干活。"翻译说："把通八路军的事详细说出来，说了没事，不说不行。"张听到后感到十分震惊，因为日本人对他曾有过多次考验，他不显山、不露水，处处表现出为皇军"效劳"的"忠心"。他和我冀中八分区有联系，数次派人商量打假仗。在一次打假仗中，伪军损失惨重，张也受点轻伤，为了消除日本人对他的怀疑，当时他勇敢地用自己的手枪打伤过自己的右小腿，以表现对八路军作战的“坚决”，并且得到几次嘉奖。当时他想，今天是怎么了？是否有人叛变告密？他表面上很镇静，对日本人说：“我的情况，木村大队长最清楚，每次讨伐，我都走在前头。保安联队积极出去讨伐，这是有目共睹的。我对皇军没有二心，没想到今天竟落个通八路的罪名。”儿玉仍紧追问，他急中生智，以攻为守，不管三七二十一，摘下身上的战刀，卸下手枪，扔到桌子上，又扯下军衔和领章，扔到地上说：“我不干了，皇军愿怎么处理就怎么处理吧。”张能听懂一些日语，当时日本木村大队长说了许多张的好话，并说谷部队长（中将旅团长）还奖给张一把战刀等。儿玉一听，他还有来历，面孔有些缓和，从皮包中拿出四封匿名信给张看，内容是：送出的情报收到了，枪、子弹、药品均收到，以后换个地方送……等等。他只看了两封信就冷笑说：“这信不值得一看，这是八路军惯用的圈套，想借你们的手把我杀掉，你们日本人那么有办法，怎么能相信这些信呢？”他们又是让座，又是倒咖啡，经过四个多钟头才算完。以后张分析，这是日本宪兵故意拿信来诈他，诈出东西来，可以向上级报功，诈不出也没有什么关系。

在张鸿烈带部队几次与八路军和游击队交火中，张鸿烈故意悄悄安排我八路军部队将警备团中的反动副团长、几个反动大队长击毙或俘虏，通过一系列打假仗，张鸿烈将自己的部队中层军官全部换成自己安排的潜伏人员，彻底地掌握了这支几千人的部队。

1945 年 2 月，张鸿烈县长和日军驻县宪兵队长松本联合署名报告：“保存实力，主动放弃献县县城。”日军大本营批准了这一报告。6 月16 日，八路军不费一抢一弹，占领了献县。8 月13 日下午，日军头子松本、藤冈一批日本军人表现出极度恐慌，张鸿烈发现日军要逃跑，马上命令惠信中队长带领部队伏击逃跑的松本部队，打死几十名日军。天快亮时，日本顾问藤冈带着十几名日本军人匆匆跑回张鸿烈守卫的崔庄据点。当藤冈大喊大叫："我们遭到八路军伏击了，赶快打开门，让我们进去。"张鸿烈命令守卫部队对准日军猛烈开火，十几个鬼子全部被歼灭。

8 月16 日，张鸿烈率领一千二百名官兵开出崔庄据点，宣布正式起义。华北解放区军民闻之欢欣鼓舞，八路军前方总部滕代远参谋长特别发来电报表示祝贺。张鸿烈很快被任命为中国人民解放军冀中军区第二纵队司令员。

与张鸿烈一样率领日伪部队起义的还有八路军前方总部情报处派遣科科长林一派出的抗日军政大学的团级教员徐祖芳。林一对徐祖芳下达任务："派你去长江以南敌占区工作，你的任务是长期潜伏，等待时机，在敌军内部发动起义，拉出一支部队来。"受命后的徐祖芳化名徐楚光，匆匆离开八路军总部，走豫北、进安阳，乘南下的火车，到了武汉市。他探亲访友，寻找一切可以利用的社会关系，10 月份，当上了汪精卫伪国民党武昌县党部主任委员。1943 年6 月1 日，徐楚光踏入汪伪军官学校，被任命为上校战术教官。他凭着在黄埔军校的"深造"和抗大的长期教学实践，很快就成为"抢手"的"金饽饽"。因为在汪伪军事系统里，具有"黄埔军校"学历的人，常常会受到敬慕和优待。1943 年，徐楚光经过长时间工作，争取到汪伪警卫第三师师长钟健魂的支持。钟师长早年曾是共产党员，后来与党失掉了联系。在徐楚光艰苦细致的工作下，钟师长下定决心起义。

1945 年 8 月 12 日，钟师长假借汪伪军事委员会为由，以到江北对解放区进行“扫荡”为由，将全师部队齐装满员拉到了六合县。徐楚光马上与六合县的新四军取得联系，终于将三千人的部队带到了解放区。钟健魂激动地给延安毛泽东发出电报，表示重回组织的决心。八路军总部滕代远参谋长发电报给钟健魂，欢迎他的义举。中共华中局，华中军区领导人也在淮阴接见了他。钟健魂的起义成功，是八路军与新四军情报部门共同努力的结果。

“滕杨方案”渡难关

抗日战争步入第六个年头，解放区经济生活面临重重困难。一方面是日、伪和国民党顽固势力的夹击；另一方面是华北地区连年遭受旱灾、水灾、虫灾的侵袭。尤其太行山区遭受百年不遇的大旱，土地干裂，寸草不生，军民不得不以野菜、树叶充饥，严重的地方几乎连树皮都吃光了。冀南地区斗争环境也极为残酷，连年发生干旱、虫灾。部战士吃不饱，饿着肚子行军、打仗，甚至在严寒的冬天仍穿着单衣。由于弹药、药品缺乏，战士每人只能有几粒子弹，伤病员时常无药物治疗。在 1943 年饥荒的年月里，为减轻人民负担，军民共度荒年，总部机关干部每人每天粮食定量从一斤半减为一斤，有时甚至不到半斤；衣服、鞋袜无法供给；办公文具几乎没有，一个信封反复使用多次。有些单位晚间缺乏点灯的灯油，只能借月光工作。机关干部不少人患病。滕代远和干部、战士一起，在这艰苦的环境里共渡难关。

1943 年 10 月 17 日，在完成反“扫荡”战备工作之后，前总直属队抽调近百人，编成两个生产大队，在滕代远亲自率领下上山开荒。临行前他在队前作简短动员讲话。他说：为响应北方局号召，军队要带头劳动生产，“今冬明春的大生产运动，采取个人负责的办法，每个同志至少开荒两亩。对这两亩地从开荒、播种、锄草到收获，要负完全责任，贯彻到底，成绩是好是坏，明年秋收时比较。按照陕甘宁边区和本区开荒经验证明，我们一个月之内一个人开荒两亩，是完全有保证的。”滕代远讲话后，大家左肩扛枪，右肩荷锄，欢欢喜喜地迎着朝阳出发了。这一年，滕代远除参加集体劳动外，个人还另干农活。自己种地上缴蔬菜一百三十多斤，节约鞋子五双、布袜两双、麻三市斤、单军衣一套、棉衣一套，带头超额完成生产节约任务。在滕代远参谋长和杨立三副参谋长倡议下，当地军民在麻田镇清漳河畔修建了水车，围滩造田，自力更生建起一座水磨，为群众生产创造了条件，从而受到群众的欢迎。

中共中央北方局在 1944 年 1 月 1 日发出的《关于 1944 年的方针》中，对本年度完成的中心任务提出四条。其中第二条规定：“开展大生产运动，根据地党政民组织必须以百分之九十的力量领导人民生产，百分之十的力量用于财粮征收。并分别提出不同要求：军队和机关人员，应自己动手进行农业与手工业的生产，减轻人民负担，并解决一部分军需；尚未实行减租减息的地区，应将减租减息与生产运动结合起来，调动广大群众的生产积极性；在灾荒区域，应把救灾与生产结合起来；在游击区，则应将反资敌斗争与生产结合起来。”

为了贯彻北方局的指示，滕代远在1月14日前总召开的拥政爱民动员会上，结合当前任务，阐述了继续开展生产运动的重要性。他说，我们八路军要学会三套本领，能打仗，能生产，又能团结群众、组织群众。他向到会的几百名班长以上的干部提出四项号召："一、不论干部、战士、杂务人员都要受拥政爱民教育，并且要贯彻下去，成为政治工作的经常性工作；二、不仅要搞好自己的生产来减轻老百姓的负担，还要帮助老百姓搞好生产，多帮助老百姓耕地、锄地和秋收；三、打击敌人，保卫根据地，保护老百姓好好生产，保护粮食和壮丁，更好地和老百姓一起坚持游击战争，反对敌人的蚕食和'扫荡'；四、过年要给老百姓、劳动英雄、退伍军人和抗属拜年，要开军民联欢大会、座谈会。"

1944年大生产运动轰轰烈烈地开展起来了，人人投入这场具有战略意义的运动。滕代远曾指出："十八集团军司令部第一大任务是领导全军作战，坚持华北敌后抗战。第二大任务就是在领导全军生产；自己动手，克服困难，减轻人民负担，尤其是我们直属队要争取做全军生产的模范。"他还号召部队在农业生产中，开展"麻雀战"，尽可能地利用小块土地，见缝插针。滕代远屋前种菜，杨立三和战士一起上山背柴。处长、科长们无一例外地按总务部门规定，每人完成全年上缴一千市斤蔬菜、一百市斤小米的任务。一些有病或坚持机关工作的人员，也挤时间积肥、打野菜、种菜、养鸡、纺棉花、捻毛线、织毛衣。为了收获更多的粮食和越冬蔬菜，滕代远决定从机关抽人组成垦荒队赴武乡县、襄垣县、偏城山区开荒种地。当年在小窝铺和龙王堂开荒五百亩，种了土豆、萝卜、荞麦、谷子。由于土质好、肥料足，人们干劲大，当年获得大丰收。

有一个单位光是土豆就收了六十多万市斤，自己吃不完，就用土豆烧酒，再把酒运到敌占区换回药品和枪支等军用品。情报处四十人的垦荒队在队长梅聿实领导下，多项生产指标创记录，收益突出，受到滕代远的嘉奖。上一年，滕代远还亲自组织总部所在地军民在清漳河上修了一座水坝，一个发电站。这项工程是由司令部三科朝鲜族干部李光设计、三科科长林伟指挥建成的。发电站建成后，架起电线，一盏明亮的大灯泡，黑夜里在发电站机房顶上闪耀。从没有见过电灯的人们称它是"小太阳"。前总司、政、后机关一部分办公室第一次用上了电灯，这些灯泡是百团大战时的战利品。

解放区军民大生产深入开展后，部队中对生产物品的分配上，出现了"一切归公，反对私有"和"个人应该多多享受"等种种模糊认识。为了澄清这些模糊认识，需要有一个具体的政策条文规定。就在这个时候，参谋长滕代远、副参谋长杨立三深入基层调查研究，通过召开座谈会和个别谈话，反复征求干部、战士的意见，了解人们最关心的问题，汇集了大量的情况和问题，由他们二人主持搞出一个实施生产节约的方案，这就是被人们称赞的"滕杨方案"。

"滕杨方案"的正式名称是《总部伙食单位生产节约方案》。这个"方案"贯彻毛泽东在陕北提倡的努力为集体生产，允许私人积蓄，生产有分红，劳动有报酬的精神，规定单位和个人只要是劳动所得，单位和个人就有权享受（对生产所得实行"二八分红"，即个人得二成，缴公八成），劳动生产越多，所得的利益也就越多。这个"方案"还遵循"公私兼顾"、"先公后私"、"公私两利"的原则，批评那种长期实行的"一切归公"、"反对私有"的影响发展生产、厉行节约的错误观点。

“滕杨方案”公布后，不仅总部伙食单位有了可循的规章，华北各解放区参照“滕杨方案”也都作了具体规定。《新华日报》（太行版）当即发表评论文章，指出“滕杨方案”是“把中央及陕甘宁边区生产经验具体化的典范，是对全区生产、节约运动突破一点的领导”。就连当时太行区著名模范家庭李来成家也执行“滕杨方案”了。“滕杨方案”之所以受到人们的拥护，因为它在当时敌后抗战的条件下，正确地处理了生产和分配的关系，集体和个人的关系，消费和积累的关系。这对于推动华北解放区生产节约运动起了重要作用。

为了节约粮食，滕代远十分注意搜集可以食用的野菜、树叶，以渡过灾荒。有一次他发现有一种椴树叶可以吃，就在一次生产动员大会上，提了一个菜筐，筐里装满了树叶和野菜的样品，边介绍，边拿起树叶、野菜让到会的人们识别。他说：“椴树叶可以吃，含蛋白质多，我已经尝过了。”他动员大家上山去采集椴树叶子。

在前总大生产运动中，滕代远要求别人做到的自己首先做到。他和警卫员辛中山实行“变工”，警卫员上山开荒，一切勤务工作自己动手。他在屋前空地上种了几棵冬瓜，因为管理得当，水、肥充足，枝叶十分茂盛，长势特别喜人，成熟时其中最大的一个冬瓜重三十多公斤。管理科副科长谢汉初高兴地用箩筐把冬瓜提走了。不几天，总部直属单位在麻田东大操场召开纪念“九一八”十三周年大会时，谢副科长把大冬瓜摆在大会主席台上。与会者看到这个大冬瓜，无不惊奇。“滕参谋长种的大冬瓜”，一时成为佳话。

在滕代远撰写的《我的回忆》（未发表）中，他对当时的

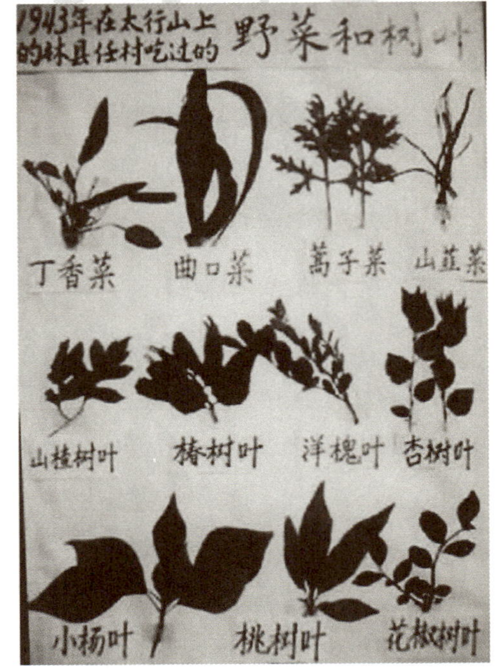

1943 年参谋长滕代远向指战员展示可供食用的无毒野菜树叶

情况写道："为了响应毛主席'增产节约'的号召，实行了每人每天节约粮食二两，救济工人和贫下中农的难民；并且向各单位要求，组织起来，自己负责种菜，自己运粮、运煤，减轻抗日根据地人民的负担；不久，又在驻地动员组织了参谋处、情报处的指战员，登上麻田南面的高山，开荒 500 亩，种了粮食；自己采摘榆树叶和柳树叶和着饭吃；我和副参谋长杨立三也在一处开荒种了地，提出了'滕杨方案'，建议各军区、军分区、各部队、各机关注意推行，抓紧增产节约；在麻田小河沟还创建了水车，帮助农民群众旱地灌溉；垒了石头，围了沙地，种菜、种粮食；还在河边搞了两个纺棉线的小工厂，解决了一些单位不用油灯，改用电灯……”

滕代远在《坚持了六年抗战的八路军》一文中，总结了八路军开入华北战场，转战敌后六年以来的情况后指出：“面对敌我斗争进入空前紧张与残酷的局面，我们要更好的发扬我军艰苦奋斗英勇牺牲的光荣传统，我们应学习殉国先烈的尽忠国家民族，热爱劳动人民的革命品质，我们应保持高度的民族气节和革命气节，要有战胜任何敌人的勇气和牺牲一切的决心，才能把在望的最后胜利争取得手。”

解放以后，许多研究根据地经济问题的同志认为，“滕杨方案”是在艰苦的战争年代创造性地执行“公私兼顾”经济政策的一次实践，是马克思主义分配原则理论与实践相结合的一次实验，是对传统的平均主义和忽视个人利益的“左”的做法的一次改革，是把马克思主义生产力理论具体运用于战争环境的一个伟大的创造。它的基本精神和基本原则，对于我们现在推行的社会主义市场经济体制和其他改革，仍具有现实的借鉴意义和诸多的启示。

太行抗日根据地军民，除了自己动手努力生产，厉行节约，度过难关外，还得到了兄弟解放区的援助。1943 年上半年，新四军代军长陈毅途经太行时，得知这里军民度荒的处境后，深情地向彭德怀表示：“我们苏北、山东地处沿海，物产丰富，苏北地区有的是粮食、生猪；胶东的鱼虾、海产等也很丰富，这些东西除我们自用外，可以抽调一部分支援你们。”事后，华东想了许多办法，拨了一批款给太行山根据地。

当总部接到华东援款通知后，滕代远和边区政府工商管理局负责人王兴让商量，如何把华东这批款调到华北来，派什么人去执行这个任务。王兴让提出由我党在天津开设的“晋泰昌店铺”的中共党员赵有德负责，另由总部选派晋冀豫区党委女干部吴青参加这项工作。吴青家住在上海租界内，她参加便于进行掩护。滕代远向他们交代了任务。他说：“你们的主要任务就是负责到上海、青岛两地分别将那里汇总起来的款项，分批提取出来，汇到天津，然后再分批汇回太行根据地。”赵、吴二人肩负重任，深入虎穴，历尽艰难，终于从 1943 年 10 月至 1944 年秋，先后给太行山区汇来敌伪“准备银行”的伪币和部分货物约折合八百万元。（注：按当时的物价，此款可购买四十斤一袋的面粉一百万袋。）这笔为数不少的款项和物资，有力地援助了物资极端困难的太行山区军民。赵、吴二人圆满完成任务后，受到滕代远参谋长的表扬。

1944 年 11 月21 日，太行区杀敌英雄、劳动英雄大会在山西黎城南委泉隆重开幕。这次大会，是对全区军民作战、生产成绩的一次大检阅。来自全区数百名英模代表，都是英勇杀敌、努力生产的先进人物。滕代远出席了大会。他和邓小平、李达、李雪峰、戎伍胜等一起兴致勃勃地参观了大会举办的“战绩馆”和“生产馆”的展品。滕代远高度称赞战斗中杀出来的英雄和劳动生产中涌现出来的模范，称赞他们是推动社会前进的动力。他为大会亲笔题词：“更广泛的开展新英雄主义运动。”

这次盛大的群英会结束后，中共中央北方局、八路军前方总部、一二九师师部联合举行招待会，热情款待这些新时代的新英雄。滕代远和邓小平等领导同志亲自接待他们。滕代远紧紧握着神炮手胡胜才、生产劳动英雄李顺达的手说：“向你们学习，希望你们把大会的精神带回去，在各自的岗位上带动千百万群众再显身手，再立新功。”

华北军区领导，左起：滕代远、聂荣臻、薄一波。

战略反攻收复失地

1944 年，国际反法西斯的斗争形势发展很快，希特勒面临崩溃，日本帝国主义也日益陷于困境。为了摆脱这种困境，日本想打通平汉、粤汉、湘桂铁路，使中国内地的日军与在南洋的日军联结起来，妄图依靠这个大陆进行垂死挣扎。从 1944 年 4 月至 12 月，日军接连发动了豫中、长衡、桂柳三次大的战役，国民党百万大军望风而逃，造成抗战以来又一次大溃败，损兵五六十万，失去了郑州、洛阳、长沙、衡阳、桂林等一百四十六座城市和大片国土，使六千万人民沦于日军的铁蹄之下。

与国民党军队的大溃退形成鲜明对照，共产党领导的人民军队积极主动地进击敌人。2 月 1 日，八路军总部命令各区部队适时出击敌伪据点，占领和收复敌占区。太行、太岳部队先后收复了围困八个半月之久的武乡蟠龙镇，解放了榆社、沁水、林县等县城，并对左权县、襄垣县城进行围攻。

4 月，毛泽东主席在延安发出号召，要求八路军、新四军及一切抗日力量，对日本侵略军展开局部反攻。滕代远根据毛主席的号召，要求所属部队以临战姿态适应新形势、新任务的需要。5 月25 日，太行军区二、三分区部队攻克左权县外围七里店；5 月29 日，太行军区四、七、八分区主力攻克陵川县的郎待岗、杨寨等据点，全歼日军一个小队。其他地区如冀鲁豫、冀南等地区部队，都有向敌进攻的行动，给敌人以威胁。

6 月底，中共中央指示太行、太岳区派遣两个小团挺进豫西，开辟河南敌后抗日根据地。7 月3 日，太行军区五分区政治委员徐子荣、七分区司令员皮定均和副司令员方升普，专程赴山西省左权县麻田镇八路军前方总部，领新任务。北方局代理书记邓小平、前总参谋长滕代远和副参谋长杨立三向徐、皮、方传达了中央的决定：为了牵制日军行动，解救豫西人民的苦难，扩大解放区，从战略上沟通华北和华中根据地的联系，最后打败日本侵略者，决定从太行军区抽调一支精干的部队，组成八路军豫西抗日独立支队，迅速渡过黄河，挺进豫西，开辟敌后抗日根据地。滕代远还宣布了八路军总部的命令，任命皮定均为豫西抗日独立支队司令员，徐子荣为政治委员并担任中共豫西地委书记，方升普为副司令员，郭林祥为副政治委员兼政治部主任。接着，他详细介绍了豫西的敌情和部署了部队进入豫西的战略任务。邓小平对此也作了极为重要的指示。

这年的下半年，中共中央决定派八路军三五九旅从延安出发挺进湘南、粤北，开辟以五岭山脉为中心的华南敌后根据地，并逐步把鄂豫皖、湘赣各根据地和东江根据地联结起来，争取抗日战争的最后胜利。

八路军三五九旅四千人为第一梯队，改称国民革命军第十八集团军独立第一游击支队（亦称南下支队），辖四个大队，由司令员王震、政治委员王首道率领，于11月9日从延安出发，经绥德东渡黄河，途经太岳区。滕代远代表中共中央北方局、八路军前方总部专程赴太岳区慰问南下部队。滕代远同王震、王首道一起到了中条山脉，在黄河北岸主持召开了渡河协调工作会议。他在会上讲了话，有针对性地向南下支队和太岳军区领导人提出应注意的若干问题。他说，你们过河以后，要尽可能插入敌人守备部队各不相关的接合部，这样就能活动自如；要严守自卫原则，不主动向国民党军队进攻；要开展政治攻势，尽力争取伪军，对坚决反对我们的反人民武装，在尽力争取而不成功时，则可相机消灭之；要积极组织群众，发动群众武装，但不乱发委任状等。他还动员太行、太岳两区广大群众大力协助南下支队过河，并指示太岳军区在物资、弹药等方面给予支援。他把带去的四十支太行造的“左权式”步枪和一批纸币、银元送给了南下部队。

大军过河，困难很多。滕代远和王震、王首道等领导人一起听汇报，作调查，共同研讨过河办法。与此同时，他还深入了解敌情、民情和水情。滕代远为确保过河安全，要求渡河指挥部加紧寻找渡船和水手，仔细检查渡河装备和器材，绝不可疏忽大意。

正在这关键时刻，隆冬季节气温突然下降，孟津县毛田渡口以西狭窄的黄河河面上，大冰块堆积，形成了天然冰桥。王震立即命令工兵部队在冰面上铺沙子，撒黄土，垫麦秸，经反复试验，认为不仅人员可以通过，而且骡马辎重通过时也完全可以承受。原来打算利用几个夜晚过河，现在全部人马在一夜间顺利跨过天堑黄河。当独立第一游击支队到达黄河南岸时，滕代远高兴地笑了。

1944 年 12 月，中共中央向全军发出“扩大解放区，缩小沦陷区”的指示，八路军前方总部和野战政治部为贯彻中央指示也发出相应的命令和指示。为了巡视部队练兵并部署兵力，1945 年 2 月，滕代远带领参谋专程赴太岳军区。当他回到前总时，对部队的训练工作和应付敌人垂死前的挣扎发表了重要指示。

为了改善部队装备，提高部队战斗力，迎接战略反攻，滕代远一直重视军工生产。他亲自审定军工生产计划，研究自制武器发展方向，听取军工部门领导人汇报，出席有关方面的会议。1945 年 5 月 1 日，军工部召开五一国际劳动节纪念大会，滕代远出席并讲话。他扼要回顾了近半年来八路军执行中共中央关于“削弱敌寇，发展我军，缩小敌占区，扩大根据地”的指示所取得的成就。他说，这期间我军发动了四十余次较大规模的攻势；收复县城十座，收复与攻克敌据点近千个，收复国土十三万平方公里，解放人口二百多万。他还说，太行区从 1944 年 10 月起至今，已制造出小迫击炮两百多门；生产出无烟炸药制成两百公斤炮弹抛射药片，还能大量自制子弹壳、手榴弹等。军工生产为消灭敌伪军、扩大解放区作出了重要贡献。滕代远号召战斗在军工生产战线上的干部、战士、职工以实际行动为支援前线，准备大反攻作出新成就。

抗日战争进入第八个年头后，中国战场上捷报频传，欧洲战场也传来胜利喜讯：“德国已于 1945 年 5 月 7 日 2 时 41 分

（法兰西时间）向西方盟国及苏联无条件投降。”这时，中国抗日战争处在大反攻的前夜。前总关于进攻城市问题，给各军区发出指示，要求各军区严密组织攻城战役，集中兵力，认真总结，严格遵守战场纪律，加强宣传工作。在滕代远指挥下，1945 年 4 月至 6 月间，太行、太岳部队和八路军总部警卫团先后收复陵川、沁源、阳城、左权、晋城、和顺等县城，攻打祁县，发起豫北战役、中条山西部战役、安阳战役等。为增强前总领导机关的自卫能力，滕代远决定八路军总部警卫营与特务团合编。4 月，滕代远在左权县桐峪镇亲自主持合编大会，正式命名为“朱德警卫团”，并把团旗、团章授予钟明锋团长和陈志彬政委。晋西北、晋察冀、山东等解放区也日益扩大。根据八路军总部发出的“应进行更积极的攻势”的命令，冀鲁豫军区决定成立冀南、豫东两个指挥部，分别由王宏坤（兼）、王秉璋任司令员。全国抗日军民，摩拳擦掌，秣马厉兵，准备投入大反攻的热潮。

大反攻的前夕，1945 年 4 月 23 日至 6 月 11 日，中国共产党第七次全国代表大会在延安召开。此次大会在党的历史上具有深远的意义，它以“团结的大会、胜利的大会”载入史册。滕代远当选为党的“七大”代表，因为在前总和一二九师工作的彭德怀、罗瑞卿、刘伯承等先后回延安，中央决定滕代远留在太行坚持对敌后各军区的领导工作。他每收到延安派人送来的“七大”文件和材料，及时地分别向有关同志传达，并亲自组织大家学习讨论。

当他看到毛泽东在“七大”会议上作的政治报告《论联合政府》的手抄本时，立即组织机关干部原文抄了一本，派李成把这一重要报告送往远离总部的平津情报工作站，还派席一赴豫东向地下工作人员作口头传达。当隐蔽战线上的同志们看到这本难得的重要文献，或听到传达后，心情非常激动。

党的第七次代表大会，按既定议程顺利进行。6 月 9 日，大会以无记名投票选出了中央委员四十四名，6 月10 日选出候补中央委员三十三名，组成了第七届中央委员会。之后，滕代远从中央来电得知自己当选为中央委员。根据中央安排，6 月 13 日滕代远乘飞机离开太行飞往延安，出席在那里召开的党的七届一中全会。

滕代远在出席党的七届一中全会期间，当面向毛泽东、朱德、刘少奇、周恩来等中央领导同志汇报了华北前线军民抗战取得的重大胜利，并和彭德怀、刘伯承、邓小平磋商了准备大反攻的战略部署，安排了所属军区、旅、纵队主要领导人变动的人选。

1945 年 8 月 9 日，毛泽东发表声明，号召全国人民的一切抗日力量进行全国规模的反攻。接着，8 月10 日，延安总部发布六道命令：命令八路军挺进辽、吉、热、察、绥各省。解放区各军区部队，均须向本区所属范围之敌展开猛烈反攻，占领城镇和交通要道，迫使敌人投降。

同日，刘伯承、邓小平、滕代远从延安发电致晋冀鲁豫各军区。电报指出：我应迅速准备夺取城市，太行、太岳主力集结于沁源以北地区，保障晋西北部队夺取太原。太行第二军分区部队应以全力相机夺取榆次、太谷，并向太原前进，协同晋绥军区部队围攻太原。冀鲁豫主力相机夺取开封、新乡、商丘三城及沿线城市。冀南主力相机夺取安阳至元氏沿平汉线之城市。据此，各军区为迅速夺取敌占城市，破坏交通线进行了周密的部署。太岳、太行、冀南、冀鲁豫等军区向敌伪发出令其投降的通牒。山东军区、晋绥军区、晋察冀军区等均向日军发出最后通牒，令其限期向我投降。全国亿万抗日军民同心同德，并肩战斗，揭开了大反攻的序幕。

在日本政府宣布无条件投降的当天，8 月14 日，在延安的刘伯承、邓小平、滕代远命令晋冀鲁豫军区各部队迅速扩大解放区，扩充野战军，巩固和扩大人民革命力量。

至此，持续了八年之久的抗日战争胜利结束。滕代远随即肩负着新的重担回到华北，继续战斗在太行山上。

1946 年，滕代远在北平军调部。

第十四章

纵横驰骋，无坚不摧

- 打好上党战役，保卫胜利果实
- 争取新八军，巩固平汉线
- 在北平军调部
- 参与苏中“七战七捷”
- 实事求是，敢于直

打好上党战役，保卫胜利果实

1945年8月，日本宣布投降，第二次世界大战结束。中国人民欢庆胜利，举国上下一片沸腾。面对中国向何处去的问题，蒋介石召开军事会议，询问各战区的情况，陈立夫、白崇禧认为时机难得，应趁此一举剿灭“共党”。不料，蒋介石却提出请毛泽东到重庆谈判。一时间国民党文武官员大惑不解。蒋介石为了向世人表明他对国共和谈的诚意，三次电报邀请毛泽东到重庆“共商国是”。中共中央针对国民党的举动，召开政治局扩大会议，决定派毛泽东、周恩来、王若飞赴渝谈判。毛泽东及时地指出，只有去和谈，才能表明中共和平建国的诚意，才能取信于天下。张治中和美国大使赫尔利专程从重庆飞来延安迎接毛泽东。

日本帝国主义于1945年8月10日刚发出乞降照会，蒋介石就采取一切手段，垄断对日伪军的受降权利，妄图乘机抢夺人民的抗战胜利果实。他采取反革命的两面策略：一方面装出和平姿态，电请毛泽东主席去重庆“共商国家大计”；另方面在美帝国主义的直接帮助下，用美国的飞机、舰船，急如星火地向东北、华北、中原各地赶运军队，抢占主要城市、战略要地和交通干线。他还指令国民党军队“积极推进，勿稍松懈”，加紧部署对我解放区的大举进攻。

面对这一严重局势，中共中央作出了《关于日本投降后我党任务的决定》。毛泽东发表了《抗日战争胜利后的时局和我们的方针》，确定了党在新的历史时期的战略方针和斗争策略。根据形势发展的需要，1945 年 8 月 20 日，中共中央决定：撤销中共中央北方局，成立中共晋冀鲁豫中央局（又称邯郸局），统一领导太岳、太行、冀鲁豫和冀南四个解放区。刘伯承、邓少平、薄一波、滕代远、王宏坤、张际春、王从吾、杨秀峰等八人为中央局常委，邓小平、薄一波为正副书记。同时成立晋冀鲁豫军区，原在太行的八路军前方总部的工作人员，编入新的晋冀鲁豫军区司令部和政治部工作。滕代远被任命为军区第一副司令员。司令员是刘伯承，政委邓小平，第二副司令员王宏坤，副政委薄一波、张际春（兼政治部主任），政治部副主任王新亭，参谋长李达。当时，党中央给晋冀鲁豫战略区的主要任务是：迅速建立和扩大正规兵团，坚决粉碎国民党军队的进攻，阻止或迟滞其沿同蒲、平汉路北上的行动，以协同友邻部队打破国民党军队迅速进占平津和东北的企图。同时，继续从日伪军手中夺取一切可能夺取的据点，控制铁路线，继续扩大解放区。晋冀鲁豫军区一成立，刘伯承、邓小平和滕代远就从延安电令晋冀鲁豫所属各军区，积极扩大解放区，立即扩充野战军，准备打击沿平汉路、同蒲路北犯的国民党军。

8 月 25 日，滕代远和刘伯承、邓小平、薄一波、张际春等一起乘飞机返太行山。陈毅等因取道太行回华东，也结伴同机而行。飞机在晋东南的黎城县东阳关的临时机场降落后，他们很快回到了处在太行万山丛中、清漳河畔的河北涉县赤岸村晋冀鲁豫军区司令部驻地。因战情紧急，他们顾不上马上组织整编晋冀鲁豫军区领导机关，而是从前方总部和一二九师等单位抽调了部分作战、机要干部先投入战备。他们立即召集有关干部，详细了解敌我情况，研究军区的重大作战部署。

当时，整个战局形势是十分严峻的。蒋介石已经动手抢夺抗日战争胜利果实了。他命令国民党第一战区胡宗南三个军渡黄河沿同蒲路、正太路北犯；第十一战区孙连仲以三个军由芒西向西集结，拟沿平汉路向北推进；第十战区李品仙以三个军向徐州前进，沿津浦路北犯；第十二战区傅作义部沿平绥路东犯。很清楚，蒋介石的战略企图是：深入华北，夺取东北。他们沿五条铁路线同时向我进攻。这五条铁路线中的三条是南北干线——同蒲、平汉、津浦，有两条半在晋冀鲁豫区内，其中平汉路就贯穿在晋冀鲁豫区域的中央。晋冀鲁豫是华北的南大门，所以也就成为蒋介石进攻的一个主要目标。

与此同时，一心想恢复统治山西的阎锡山，也迫不及待地抢先占据地盘。他刚刚进驻太原，脚跟还没有完全站稳，就乘晋冀鲁豫军区部队向日伪军大举反攻之际，匆匆命令第十九军军长史泽波率其主力三个步兵师及两个挺进纵队（相当于师），在日伪军的配合下，进犯山西长治地区（古称上党地区），楔入中共晋东南根据地腹心，企图分割太行、太岳根据地，然后把八路军主力逼到山区消灭。晋冀鲁豫军区领导根据中共中央确定的“针锋相对，寸土必争”的方针，决心给敌于进犯之敌以迎头痛击，保卫抗战胜利成果。

8 月26 日，中共中央军委在关于各地军事部署的指示中，要求太行军区应即集结主力，“收复上党全区，采取一切有效手段彻底消灭伪顽，逼敌投降”。31 日再度指示刘伯承和邓小平，“阎部一万六千占我长治周围六城，乃心腹之患，必须坚决彻底全部歼灭之。”

8 月27 日，刘伯承、邓小平主持会议，专题讨论了战役组织问题。滕代远和薄一波、张际春等出席了会议。当时，对这一仗怎么打，先打上党，还是先打平汉，很难决断。如果决心进行上党战役，有可能影响平汉、同蒲主要方向的战机。但是，上党之敌是心腹之患，如不迅速予以歼灭，待蒋军主力北上时，将腹背受敌，可能出现很难收拾的局面。

刘伯承司令员说："本战略区的主要任务是粉碎国民党在平汉、同蒲两个方向上的进攻。但敌人入侵上党，我们如芒在背，背上有一把刀子，背脊就发凉嘛！"他主张先打上党。滕代远认为：控制平汉确实十分重要，正如中共中央电报中所指出的："即将到来的平汉战役，是为着反对国民党主要力量的进攻，为着争取和平局面的实现。这个战役的胜负关系全局极为重大。"但是，如果不歼灭人侵上党的阎军，对今后的危害更大。所以他也主张先攻打上党。

经过权衡利弊之后，大家一致决定：首先集中太行、太岳冀南三个军区的主力，以大约一个月的时间进行上党战役，然后主力转向同蒲路方向作战，太行、冀南主力转向平汉路，同冀鲁豫军区主力一起在平汉线上进行作战。

8 月 29 日，刘伯承、邓小平、滕代远、薄一波、张际春，根据中央军委 8 月 26 日电示，拟定和调整了晋冀鲁豫军区的军事部署，并向党中央报告了全区的作战部署、步骤和决心，提出："阎军一万六千人深入上党，非集结重兵予以消灭不可。已令太行主力、陈赓部及冀南八千人，共约三万一千人，进行上党战役，坚决消灭该敌。"同时提出，由滕代远、薄一波即赴冀鲁豫平原地区，就近指导东线工作，为平汉战役进行准备。刘伯承、邓小平则率指挥部亲赴前线，组织指挥上党战役。

为了打好上党战役，晋冀鲁豫军区认真进行了战前准备，首先，将各军区在抗日战争时期组建的游击兵团编组成太行纵队、冀南纵队和太岳纵队，使之成为正规兵团，从而实行由游击战向运动战的转变。其次，在军民中广泛的进行政治动员。号召大家为保卫抗战胜利果实而战，并提出“打好上党战役，支援重庆谈判”的口号。部队知道毛泽东赴渝和蒋介石谈判，都为毛主席的安全担心。邓小平说：“党战役打得越好，歼灭敌人越彻底，毛主席就越安全，在谈判桌上就越有力量。”开展了战前练兵，各级地方政府还动员了五万民兵支前或参战。充分的战前准备，使部队士气高涨，求战心切，保证了前线的供给和后方的安全。

组织上党战役的战略决策定下来了，司令部的工作更加忙碌起来。按照军区的分工，滕代远立即部署后勤部、供给部及卫生部努力生产迫击炮弹、步枪子弹，并筹集军费、粮秣，被服，组织医疗卫生人员，大力支援上党前线。处理了这些紧要军务后，他和薄一波一起负责护送林彪、陈毅等一批领导人过平汉路分赴东北、山东等地。滕代远等一行，经过十多天的行军跋涉，到达冀鲁豫区的濮阳城。一路上虽要通过不少封锁线，总的说还算顺利。但路经河南汤阴时，却经历了一场虚惊。为了安全过封锁线，冀鲁豫军区曾派一个骑兵连来参与护送，可是当滕代远等一行人通过汤阴城南铁路线，快到卫河边时，因事先未与在卫河边策应的地方武装联系好，该地方武装看到有骑兵，误认为是敌人，当即开枪射击，还扔了几枚手榴弹。手榴弹在离滕代远不远的地方爆炸，幸未酿成伤亡。滕代远、薄一波、陈毅、林彪等立即下马，在一块豆角地里隐蔽，观察动静。随行的军区作战参谋和骑兵连长立即前去了解情况，终于很快消除了由于误会而险些造成的严重后果。

滕代远和薄一波护送陈毅、林彪路经冀鲁豫军区驻地时，该军区已根据晋冀鲁豫军区的统一部署，正在积极组织部队，阻击从郑州、新乡沿平汉路北犯之敌，为平汉路的作战准备新的战场。滕代远和薄一波就近参加了具体指导，组织冀鲁豫区主力，调动太行、冀南军区各一部，加紧肃清新乡以北、石家庄以南平汉路沿线的日伪军，同时部署在漳河以北至邯郸间，以及沙河以北至邢台间，动员当地力量大举破路、平沟，拆毁碉堡、围寨，使进犯之敌到此无险可守，为上党战役结束后主力转移平汉路作战准备条件。这期间，他们还在河南濮阳、滑县、河北广平等县向冀鲁豫、冀南等地区的党政军干部传达中共第七次代表大会的精神，动员组织指战员打好上党、平汉战役，保卫抗日战争胜利成果。10 月中旬，他们回到军区。

10 月8 日，上党战役已取得了决定性胜利。前来增援长治的两万余名阎军，除一部分逃回沁县外，其余全部被歼，敌集团军副总司令彭毓斌被击毙，长治守敌待援无望，向西突围。刘伯承司令员和邓小平政委，部署一部分兵力全力追击从长治突围西逃的敌军后，就火急地从上党前线回到军区司令部驻地赤岸村，立即部署开展平汉战役（也称邯郸战役）。随后刘、邓很快把前线指挥部设在峰峰矿区，就近指挥。滕代远协助刘伯承参与了这一战役的指挥工作。由于这个战役对全局关系重大，所以上党战役一结束，除陈赓部队西去截击胡宗南第一军北上外，晋冀鲁豫军区的大部兵力和十万民兵全力投入了平汉线的战斗。

内战中毛泽东的最大险招：用美军飞机空运28位共产党将帅到前线。第二排左起：杨尚昆、陈毅、邓小平、刘伯承、滕代远、肖劲光、陈赓等。

争取新八军，巩固平汉线

国民党蒋介石以14个军分经同蒲、平汉、津浦、平绥各铁路成四路向华北解放区进攻，企图以此发挥美国现代化技术之长，割裂各解放区之间的联系，压迫退人农村，甚至山地而便于各个消灭。其中同蒲路方向为第一战区胡宗南的先头部队两个军，经同蒲路、正太路开抵石家庄，后续一个军到闻喜以南；平汉路方向为第十一战区孙连仲的三个军（三十军、四十军及新八军），约4.5万人，在其副司令长官马法五（兼四十军军长）、高树勋（兼新八军军长）的率领下，从河南北部郑州、新乡沿平汉线北犯晋冀鲁豫解放区，第三十二军和孙殿英的第三十一集团军跟随北进，后续还有四个军，其中一个多军已进至新乡，其余正准备由洛阳、开封等地向新乡开进；沿津浦线北犯的国民党军先头一个军已从徐州进占济南；沿平绥线进攻的国民党军则已迫近张家口。

这四路进攻中，平汉一路是主力。它的三个军都是原西北军，有较强的战斗力，除三十军已变成半嫡系半美械装备外，四十军和新八军都是杂牌军，与蒋介石有矛盾，特别是新八军，对蒋介石为削弱杂牌而驱使其作内战先锋，很是不满，是在不情愿的情况下参战。10 月 14 日，这三个军从郑州、新乡出发，沿铁路线及其东侧前进，企图以十天左右的时间赶到石家庄，会同胡宗南部继续沿平汉线北犯

为了粉碎国民党军的大举进攻，彻底歼灭敌人，党中央指示刘伯承司令员、邓小平政委所部晋冀鲁豫军区，以主力的一部截击沿同浦路北犯的国民党后续部队，以主力的大部歼击沿平汉路北犯的国民党军。中央军委强调指出：这一仗的胜负，关系全国战局，意义重大，务必精密组织，鼓励军民，团结一致，不失时机，争取胜利。

战役开始，采取了像猫抓老鼠那样把老鼠盘软了再吃的战法。在自己后续力量尚未到达指定位置以前，在敌人精力尚未大大耗散、疲惫与受挫的时候，暂不与敌人决战，先把敌人围困于滏阳河河套沙漠地带，用合围钳击的战法，不断把敌人分割成块，以利各个击破，争取时间，最后消灭敌人。

这次战役，与军事进攻的同时，在政治上加紧对高树勋新八军联络，争取新八军火线起义。这对分化敌军，打开战役局面起了重要作用。

高树勋率领的这支部队老底子是西北军系统。多年来，高树勋处处受蒋介石及其嫡系部队的排挤。他们之间的矛盾日益加深。军中的民主分子，对蒋介石歧视、吞并非嫡系部队，并驱使他们充当内战炮灰的做法极为不满。为了摆脱这种困境，在这次国民党北犯之前，高树勋在1945年8月1日给彭德怀写了一封亲笔信，密派其参议王定南到解放区进行联络，表示愿和中国共产党建立友好联系的愿望。1945年9月中旬，王定南来到河南林县任村原八路军豫北办事处，豫北办事处是晋冀鲁豫根据地的一个南来北往的交通联络站。当时滕代远和薄一波为护送陈毅通过平汉路去华东，正在豫北，他们立即在住处接见了王定南。王定南详细地讲了高树勋和蒋介石之间的矛盾，以及高想和我军友好联系的愿望。滕代远和薄一波感到做好争取高树勋的工作，将直接关系到平汉战役的战局。所以，他们立即向刘伯承、邓小平报告，并告诉王定南去军区驻地。刘司令员和邓政委在上党前线指挥所亲切地接待了王定南，对他们与我军联系表示热烈欢迎。刘伯承还亲自给高树勋写了回信，希望他“不断前进，为革命，为人民作出贡献”。

在滕代远主持下，军区还成立了一个专门工作组，做争取高树勋的工作。工作组由原前总情报处副处长申伯纯负责。他们携带一部电台去河南汲县塔岗，以各种方式与高联系，争取他起义，并及时将情况报告军区司令部。工作组出发前，滕代远、薄一波和大家一起研究了行动计划。为了保证高树勋、王定南等人家眷的安全，军区还电请中央，设法从徐州、西安等地接来他们的眷属，以解除其后顾之忧。10月28日黄昏，在平汉战役发起总攻的同时，军区又派李达参谋长和参议靖任秋通过火线进入新八军高树勋的指挥部，促其尽速做出起义的决断。30日，敌第四十军的第一〇六师大部被歼，第三十军也遭到有力打击。这时，高树勋在军事打击与政治攻势争取下，于1945年10月30日通电全国，宣布率部起义。

高树勋部起义，使敌人的兵力骤减，部署呈现缺口，军心动摇。我军又以猛虎掏心的战术，突袭马法五的长官部。敌军失去指挥，顿时大乱，四散奔逃，除少数散逃外，大部被歼灭。平汉战役于11月2日结束，我军大获全胜，俘敌第十一战区副司令长官兼第四十军军长马法五、副军长刘世荣等将官六名，校级军官五十六名，及其以下一万七千多人，毙敌军师长以下三千余人，缴获大量枪支弹药和其他军用物资。

上党和平汉战役的胜利，给进犯解放区的国民党军以沉重的打击，巩固了晋冀鲁豫解放区的后方，显示了解放区军民保卫抗战胜利果实的力量和决心，加强了中国共产党在重庆谈判中的地位。同时，也起到了阻止和迟滞国民党军沿平汉路北进，掩护部队调整部署，在东北进行战略展开，为争取国内和平的斗争赢得了时间。通过这一战役，还在军事上促成了晋冀鲁豫部队从以游击战为主、运动战为辅，到以运动战为主、游击战为辅的战略转变，建立起了一支能够打大规模运动战的野战军。

平汉战役后，滕代远参加了1945年11月10日在峰峰矿区召开的晋冀鲁豫中央局第一届扩大的全体会议。会议针对当前局势提出要做两手准备：一手是和平下山、进城，搞和平民主新阶段的建设工作。一手是准备战争，精兵练武，继续发动群众，积蓄力量，防备国民党借美国的大量支援卷土重来。为此，决定要充分健全边区首脑机关，调整全区各级领导机构和军区、军分区的组织；在全区开展大规模的反奸反霸、减租减息运动，组织1946年的生产建设，并解决军队建设和财政经济等方面的重大问题。会上，还决定整编部队，把野战军和军区分开来，以适应运动战的需要；把晋冀鲁豫和山东连接起来，扩大后方，便于我军活动。

在扩大会议的军事会议上，滕代远作了会议的总结。他明确了野战部队和军区任务的区分，指出军区的任务主要是保卫地方的安全，边沿区要控制相当数量的地方兵团，开展群众性的游击战争，拔掉“白点子”，在军区的腹心区，加强训练人民武装，积蓄力量，保证野战军的兵源补充与保卫后方机关，他还确定了军区司令部建设和情报、通信、机要、后勤以及干部训练等方面工作的方针、任务和方法，并提出后勤工作上开支统一、待遇统一、分配统一、服装统一、采购统一等具体要求，以支持长期战争。这次中央局扩大会议对武装部队的建设，加强集中统一领导，巩固和发展后方工作，支援前方作战等都起了积极作用。

会议结束后，滕代远回到已迁移至河北武安县伯延村的晋冀鲁豫军区司令部驻地。他和薄一波一起，主持军区工作，并着手组建晋冀鲁豫中央局和军区领导机构。军区成立了情报处，晋冀鲁豫中央局也成立了国军工作部，进一步加强对情报工作的领导，并积极开展对国民党军队的工作。

在北平军调部

国共和平谈判在重庆举行了四十三天，终于在10月10日签订了《国共双方代表会谈纪要》（即《双十协定》）。但《双十协定》公布不久，蒋介石即撕毁协议，蓄意破坏和平、民主，大举向解放区发动军事进攻。美国政府为了进一步扶持蒋介石反动集团，于1945年12月15日，任命前陆军参谋长马歇尔以驻中国特使身份来华“调解国共军事冲突”。1946年1月7日，在重庆组成了解决内战问题的军事三人小组，中共方面周恩来，国民党政府方面张群（后改为张治中），美国方面马歇尔为三人小组成员，并举行首次会议。1月10日，国共双方代表签发了关于停止国共冲突的命令和声明，以及《关于建立军事调处执行部的协议》。根据这些协议规定，军事调处执行部（简称军调部）作为履行停战协定的机构设在全国瞩目的政治敏感城市——北平。执行部由委员三人组成。中共代表是叶剑英，国民党政府代表是郑介民，美国代表是美驻华代办罗伯逊。执行部下设若干小组，分赴各军事冲突地进行调处。

根据中共中央军委决定，滕代远赴北平担任叶剑英的军事顾问，佩带中将军衔，参与军调部工作；同时还有一个任务，就是以十八集团军参谋长的身份在北平设立办事处。

1946年2月9日，滕代远一大清早率领参谋、译电员和警卫人员20多人，从河北武安县乘坐美军派出的C－47型运输机飞抵北平，参加由国、共、美三方组成的军调部的工作。

1946年2月13日，《解放日报》在第一版刊发消息称：滕将军于临行前向欢送者表示：“个人此行，内心倍觉兴奋。中国和平曙光已现，目前唯有更加努一把力，争取早日达成公平的休战协议。解除敌伪武装，恢复交通。”

滕代远到北平后，一开始住在中共代表团的驻地——南河沿大街北口路西的翠明庄。他派人四处了解情况后，经过缜密

1946年滕代远中将（左一）与罗瑞卿、李克农、邓子恢在北平军调部。

的策划，以1700万法币（国民党统治区流通的纸币）买下西单前京畿道11号四合院（现民族文化宫附近），设立了十八集团军（八路军）北平办事处。由于国民党当局十分害怕共产党的政治影响扩大，不同意公开挂出十八集团军驻北平办事处的牌子。滕代远以公开合法的身份，多次与北平行营主任李宗仁、国民党第十一战区司令长官孙连仲交涉。由于当时北平市内急需的一些物资如粮食等要经过解放区才能运进市内，国民党当局也不敢对中共的要求断然拒绝。经过多次协商，最后同意十八集团军驻北平办事处的门外挂“滕公馆”的牌子。滕代远中将兼任办事处主任，副主任是申伯纯少将，滕代远的秘书是李新中校，另外还有一等秘书李坪中校及19名工作人员。这些同志大部分穿着国民党美式军装，佩带军衔。但因工作需要，每人又备有便装。国民党当局当面一套背后一套，对中共方面的代表和十八集团军（八路军）驻北平办事处的工作人员极端仇视，视为眼中钉和肉中刺，对他们的正常活动处处加以监视和限制。在军调工作开始不久，国民党军统局就指派特务企图刺杀中共代表叶剑英中将和军事顾问滕代远中将。

1946 年 2 月，段云鹏因偷盗销赃而被国民党北平侦缉三中队缉拿，后因精通所谓“飞檐走壁”之术而被国民党北平行营督察处处长马汉三看中，被任命为“秘密行动队”队长，并直接受马汉三指挥。

7 月中旬的一天，马汉三派人密令段云鹏：“把共党谈判代表叶剑英每天去军调处开会带的那个皮包偷来。若偷不到叶剑英的皮包，上级命令，你可以就地刺杀叶剑英!”

段云鹏知道要刺杀叶剑英中将并不是一般行动，必须要有周密详细的行动计划，不然出了差错，谁也担不起这责任。段云鹏立即去请示马汉三。

马公馆除马汉三外，在座的还有一位军调部的国民党委员代表黄天迈。

马汉三听完段云鹏的汇报后，问：“你用什么办法刺杀叶剑英?”

段云鹏立即答道：“我可以用手枪，用利刃，纵火等，可根据不同情况，采用不同手段!”

马汉三摇摇头说：“这样做都会有痕迹。”

黄天迈在一旁插言道：“我觉得不要杀他们，这样会引起国共的纠纷，老头子知道了也不好向他交代。我看，最好的办法是把他们的文件用照相机拍下来，或者在他们的住处监视来往出入人员，另谋其他线索。”

马汉三脸一沉道："按黄代表的主意办。你今天的报告很重要，今后凡遇大事就来我处请示！"

当天夜里，段云鹏带着照相机，去了位于景山东街的叶剑英中将住宅。在叶剑英住宅转了一圈后，段云鹏见四周无人，轻轻地一提气，疾跑几步，猛力一按墙角，就飞身上了叶宅后边的房顶。

他在房上观察一阵后，就翻身下房进了院子，落地如棉，无一点声响。他在院内野猫似的蹿到叶剑英卧室窗户下，正想观察室内情况，突然听到有脚步声，便立即蹲下，趴在花丛中。这时，在四处巡查的警卫人员走了出来。等警卫人员在院里转悠了一阵离去后，段云鹏马上飞快地直奔墙角，然后上房撤回。

回到住地，段云鹏对手下说："叶宅守卫森严，卧室内更紧，要想盗得文件，还想拍照，绝对办不到！"

在叶剑英住处未能下手，段云鹏又派了几拨人去西城区西京畿道滕代远中将住处侦察。探到的情况是：滕代远中将住处西南角有个小跨院，住有警卫一队人，听说共产党谈判代表怕发生意外，警卫人员都配有枪支。

为了证实情报是否准确，段云鹏还亲自去侦察了一趟。他深夜独自一人爬上房，并藏在正院的天棚上观察。这里，北屋是滕代远夫妇居住的卧室，南房是办公室，东跨院是厨房，南跨院住有四五个健壮的青年，南房办公室桌子上有人睡觉。在夜间约两三点钟，南院人还未睡觉，段云鹏还看见他们每人端着一碗面汤在吃夜宵。

他还发现院里人并未带武器。由于院内灯光明亮，没有藏身之地，段云鹏没敢下院。他在天棚上足足观察了三个钟头，见无机可乘，便准备撤离滕宅。他从天棚迈上房，由房上往东去，东边是个小死胡同，从那儿可以下来。正当他要跳下死胡同时，院里突然有人大声问道：

“谁！”

“干什么的！”

段云鹏一听，吓坏了，不敢再跳入死胡同中，拔腿就跑，在房上一阵猛蹿。此时，就听一声枪响，子弹从他耳边擦过，他也顾不得许多，赶紧由西头跳入南北的胡同内，一溜烟地飞跑而去。

事后他才知道，滕代远住处后边紧靠着墙那边是京畿道的宪兵队。段云鹏通过行营督察处派人调查，始终没搞清楚这一枪是宪兵队放的，还是滕代远的警卫放的。

由于共产党代表在军调处提出此事，马汉三下令，终止监视共产党谈判代表的行动。

经中共中央批准，叶剑英在北平领导创办了新华社北平分社和《解放》报（三日刊），社长由名气大的徐特立担任。实际上，徐老没有去北平，而是由钱俊瑞代理分社社长兼报社社长。社址选在宣武门外方壶斋 9 号，于 1946 年 2 月 22 日在北平创刊。办报宗旨是：作为人民的喉舌，和各界同胞共勉，致力于和平、民主、团结，建设新中国的神圣事业。同时，以军调部中共代表团名义，向北平当局办理了登记手续。

《解放》报创刊号出版当日，几千份报纸很快被争购一空，临时增印的 3000 份，油墨未干，又被一抢而光。报纸向人民宣传中共的方针、政策，介绍解放区欣欣向荣的景象，揭露国民党统治区的黑暗与腐朽，为人民伸张正义，因此它的影响不断扩大，越来越深入人心。可是，对反动派来说，它像一把刺进他们胸膛的利剑。国民党北平当局派出特务撕毁报纸，殴打报童，继而威胁印刷厂，不许印《解放》报。当他们的这些阴谋活动遭到有力反击后，便开始了卑鄙的暴力行动。

1946 年 4 月 3 日凌晨 3 时许，国民党军警宪特 20 多人包围并闯入“滕公馆”即十八集团军（八路军）驻北平办事处院内。

李新中校在回忆文章中叙述道：

凌晨三时，我于吵嚷声中惊醒后，即整衣出屋，见一批军警正与办事处副主任申伯纯少将争吵。我当时以滕代远秘书的名义，毫不犹豫冲上前去，请申伯纯回屋休息，要军警有事和我商谈。

军警问：“你是干什么的?”

我回答：“我是滕代远将军的秘书。”

军警说：“你负责集合全体人员，我们要清查户口。”

我严词拒绝：“这里是十八集团军驻北平办事处，是军事机关，你们不得干扰。”

军警理屈词穷，只得推说：“是奉上峰命令，例行公事。”

我指出：“既然是上峰命令，请拿出命令或手谕来。”

军警说：“啊！这个，这个……”

他们十分尴尬地站在那儿，大眼瞪小眼。

双方僵持许久，没有结果。军警无理提出要“滕公馆”的工作人员去见他们的上峰。李新及 5 名同志昂首挺胸，一块随军警走出公馆，前往警察局内二分局（现教育部附近）。这 5 位同志是：李新，十八集团军驻北平办事处中校秘书；张素华（女），十八集团军驻北平办事处中校一等秘书李坪的夫人；李瑾（13 岁），李坪的女儿；李耕涛，晋察冀贸易公司经理；刘鸿达，晋察冀边区张家口市商会会长，他和李耕涛是应国民党北平当局的邀请前来洽谈商务的。

到警察局后，递给他们每人一张《传讯登记单》，大家看后十分气愤，心想我们具有合法机关的合法身份，你们有什么资格传讯我们？李新当即把传讯单翻过来，在背面写上抗议书，其他同志也照此办理。

当时，警察局院内还拘押了许多群众，他们都很同情八路军办事处的人员。八路军办事处的同志乘机向群众做宣传，特别是小小年纪的李瑾，她刚从解放区来，大讲解放区如何民主，如何不要户口，人民生活如何幸福自由。在场的群众听了，无不感叹。

天亮了，警察们见势不妙，便让这些人员每人填写一张所谓“愧悔书”，承认“漏报户口之错误”，便可释放回去。李新一听更加气愤，怒斥道：“我们共产党、八路军打日本，救中国，讲和平，讲团结，有何可愧？有何可悔？你们践踏法律，侵犯人身自由，犯下罪行，该愧悔的应是你们！”

与此同时，以北平警备司令部张靖、北平警察总局赵耀南为首的军警宪特200多人，武装包围了设在宣武门外方壶斋9号的新华社北平分社和解放报社（三日刊）编辑部，宣称要“检查户口”。新华社北平分社代理社长兼解放报社社长钱俊瑞闻声而起，据理力争。军警拿不出合法的搜查证明，打破门窗玻璃，一拥而进，到处翻箱倒柜，砸毁办公家具，强迫搜身，还强行抓走钱俊瑞社长，姜君辰副总编辑、杨赓副社长、马乃庶秘书以及张维冷、张蓓、孙正、吴之平、鲁果、王中长、潘言祥等27人，押往警察局外二分局（现西城区骡马市大街附近）。钱俊瑞高声要求留守人员：“听我指挥，没有我的命令，谁也不得离开报社一步。”

与此同时，设在西四三道栅栏 41 号的解放报社临时发行处，亦同时遭到军警宪特武装包围。除炊事员、通讯员和传达室门房 3 人外，以办公室副主任马健民为首的 11 名工作人员全部遭到逮捕，多人遭到殴打，数人受伤。军警将两人捆成一组，驱赶到警察局内四分局关押（现西城区西四北航空胡同附近）。

身陷囹圄的中共被捕人员，意志坚定，英勇顽强，同心协力，与敌人作机智的斗争。

当晚，滕代远刚从重庆飞返北平，与叶剑英、罗瑞卿、李克农等人开会研究拟在北平召开八路军战区参谋长会议（全军整军会议），讨论制订全军整编计划。因会议一直开到后半夜才结束，滕代远就留住在翠明庄。他刚刚睡下，又被值班参谋叫醒，被告知中共驻北平三处机关 43 位同志被当局抓走的消息。他立即向叶剑英汇报了情况，中共代表团的领导同志马上起床，召开紧急会议研究对策。

随后，按照紧急会议的部署，叶剑英启用紧急电报向党中央报告事件经过，并立即向国民党北平行营、第十一战区司令长官部、北平市政府、军调部国民党政府代表郑介民、美方代表饶伯森提出交涉。滕代远去北平行营、第十一战区司令长官部和北平市市政府递交抗议书。滕代远严词驳斥反动派制造所谓“户口手续未竣”的无耻谰言，指出这次事件严重损害了军调部的尊严，危及初奠始基的和平团结局面，要求当局必须惩办肇事者，公开道歉。罗瑞卿、宋时轮赶往医院探望与慰问被打伤的同志。荣高棠、赖祖烈到现场调查了解情况，写材料拍照片。黄华、马海德请美联社记者对外发布新闻。

滕代远、李聚奎分别到警察局内二、外二分局，亲切慰问被押人员，告诉大家斗争要注意策略，要适可而止，合理合法进行斗争！没有党的指示，不能随便行动！只要当局无条件释放，同志们即可回去。滕代远还严厉训斥了在场的警察局局长。

4 月3 日上午 10 时，经过多方努力和有效斗争，北平警察局负责人只好称“出于误会”，派一个巡官将李新等 5 位同志送回十八集团军驻北平办事处，其余人员仍在狱中。在往回走的路上，那个巡官不断向李新诉说：

“我们是被迫执行上峰命令，实属无奈……”滕代远看到光荣归来的勇士，十分高兴，和他们一一握手，表示欢迎和慰问。

这是自北平军调部成立以来发生的最严重的一次反共事件。国民党当局从组织一些地痞流氓到军调部办公处举行反共示威，冲砸中共代表团办公室，到这次跑到前台，出动大批军警，在三个地方同时行动，迫害中共人员。这个信号表明：国民党的反共行动已经开始升级。

4 月3 日晚 7 时，滕代远在北京饭店一楼宴会大厅主持召开中外记者招待会，通报事件详细经过。他首先指出：“十八集团军北平办事处系经蒋介石、孙连仲口头允许设立，办理还乡运粮事宜。虽然不挂牌，在警局以‘滕公馆’的名义报户口。《解放》报为中共机关报，根据党派平等、言论自由原则出版。不料竟遭军警特务非法搜查，并捕去大批工作人员，显系破坏和平团结。我代表军事调处执行部中共代表团，向国民党当局提出强烈抗议，要求立即全部无条件释放我方被捕人员；依法惩办肇事者，向受害的中共三机关道歉并赔偿损失；

保证今后不再发生类似事件。”

接着，由被捕释放的《解放》报女记者范元甄及李新分别报告了新华社北平分社、解放报社及“滕公馆”工作人员遭受非法搜查、殴辱、逮捕的详细情况。此时，滕代远仔细注视着记者们的反应。他看到有人摇头，有人惊愕，有人无动于衷，更多的人则是认真听认真记录。让他们去分辨吧，事实是最有说服力的。

与会中外记者约百余人，天津《大公报》驻北平著名女记者子冈（即彭子冈——编者注）也提前来到会场，引起一阵躁动。大家目不转睛地静听滕代远义正词严的抗议发言。只见闪光灯不停地闪烁，各种录音设备一齐指向发言者。“四三事件”发生不过16个小时，但已随着电波传遍整个北平，整个中国。会议结束时，滕代远又向女记者子冈严正表示：“中共不怕威胁恐吓。言论自由已经开放，在北平，别的党派有报纸，共产党也一定要有报纸。故中共在北平办报，准也要办，不准也要办。为了人民的民主与自由，我们要坚持原则，奋斗到底。”

这次记者招待会，揭露了国民党当局破坏和平的行径，深刻阐明了中国共产党以民族利益为重，主张和平谈判，建立广泛的民主统一战线，团结更多的人共建新中国的严正立场，赢得了中外舆论的普遍同情。不少记者认为：这是一次不寻常的招待会，是一次颇有意义的采访。

国民党反动当局看到事件不仅没有迫使我方屈服，反而弄巧成拙，他们慑于舆论压力，在无计可施的情况下，4日下午只好将钱俊瑞等人押往北平警察总局。

4月4日下午，叶剑英、滕代远约见北平市市长熊斌和警察总局局长陈焯，向他们当面提出强烈抗议和严正交涉。熊斌表示对此事全然不知，答应进一步调查。下午6时许，叶剑英与警察总局局长陈焯同到警察总局，与被拘留的解放报社社长钱俊瑞见面。叶剑英的当面论争，钱俊瑞的现身说法，在事实面前，陈焯慑于舆论与真理的压力，不得不当面赔礼道歉，假惺惺地表示："当然，有市长的话，我只能放人啊。诸位受了很多委屈，很对不起！"他保证今后不对中共新闻单位有所歧视，与社会各界一视同仁。

中共调集十几辆小汽车，派专人带车去迎接被捕人员。4日晚7时，被捕人员在钱俊瑞率领下登上汽车，经过宽阔的正阳门大街和长安街，大家振臂高呼口号："正义必然胜利！反对非法逮捕！保障人身自由！取消特务机关！"庄严的车队，震耳的喇叭声和正义的口号声，从一条街传向另一条街，吸引了沿途群众的目光。滕代远回忆说："我们调了十多部小汽车迎接钱俊瑞出来，还游了街，示了威，回到翠明庄放了爆竹，欢庆我们的胜利！"中共代表团召开了欢迎会，叶剑英发表了讲话，高度赞扬被捕同志机智勇敢的斗争精神和威武不屈的革命气节，号召大家团结一致，为真理和正义斗争到底。散会后，叶剑英、滕代远、罗瑞卿、李克农、宋时轮、李聚奎、黄华等人再次开会，认为北平形势已更加险恶，原计划在"滕公馆"召开整军会议是不合适的，经请示党中央后，决定会议改到延安举行。

北平"四三事件"后，《解放》报的影响进一步扩大。平津人民争先订阅，4月份的销售量突破4万份，创该报出版以来最高纪录，也居当时北平市各报销量之冠，许多读者纷纷致函编辑部，称赞《解放》报为"读者之导师、社会之明灯"，是一座“扑不灭的灯塔”。

“四三事件”轰动北平，震惊全国。陕甘宁边区、晋绥边区、晋察冀边区、晋冀鲁豫边区、华东和华南解放区以及国民党统治区的西安、重庆、南京、上海等地的100多家新闻单位和机关团体，纷纷发通电、慰问信，抗议国民党北平当局的暴行，支持中共所做的坚决斗争。

北平“四三事件”已经过去整整65年，当事人已经作古。昔日的古都北平，现已成为中华人民共和国的首都北京。虽然历经沧桑一个甲子，但是我们后人不应忘记这件事。

军调部成立后，美国仍积极协助国民党军队进攻解放区。同年6月蒋介石发动全面内战。1947年1月29日美国正式宣布退出“军调部”，公开援蒋，2月21日中共驻北平军调部人员被迫全部返回延安。

1946年3月，国民党在重庆召开六届二中全会，推翻政协决议，坚持一党独裁，拒绝任何民主改革，处心积虑为内战制造根据。滕代远奉命率领柴军武（柴成文）一行乘飞机到达重庆，协助周恩来同蒋介石政府进行谈判。滕代远分管军事工作谈判、掌握各地敌我军事摩擦情报、研究我方应对方案、督促整军方案的落实情况。调处各地军事冲突，是滕代远的中心工作重点。国民党军队违反停战协定，对长期坚持在以大别山为中心的新四军五师驻地进行有计划的进攻和蚕食，李先念率领的新四军第五师五万余人已经被国民党军重兵包围两个多月，军粮供应危急，形势险恶。根据周恩来的指示，滕代远代表中共中央向国民党政府提出严重抗议，于3月25日亲自起草并以他个人的名义向美国方面委员吉仑将军（接替原委员马歇尔将军）提交了一份备忘录，详细揭露了国民党军队围困我中原部队的罪行，同时提出解决问题的具体要求。但是美方和国民党依旧是敷衍应付。敌人企图拖延时间，尽可能削弱中共军队的有生力量，为其发动全面内战争取准备时间。

1946 年 5 月，国民党政府还都南京，中共代表团也于 5 月 3 日由重庆迁往南京。5 月 26 日，滕代远也奉命来到南京，继续协助周恩来副主席进行对国民党的谈判以及处理棘手的整军问题。周恩来副主席马上召集中共代表团全体会议，听取滕代远传达中共中央关于当前形势和我党的斗争策略一系列指示。经讨论，同志们一致认为：内战不可避免，我党的方针就是：避免挑衅、拖延全面战争开始时间，积极准备反击。但是国民党军队得寸进尺，在东北、中原大举进攻我军，妄图用军事上的优势，逼迫中共屈服。6 月 22 日上午，周恩来副主席同滕代远一起到美国马歇尔将军在南京的住所，参加中共代表团来到南京以后的第一次三人小组会议。会上围绕东北停战等问题，我方与国民党、美国委员展开了激烈的争论，周恩来、滕代远、李维汉三人义正词严揭露美蒋狼狈为奸，一手挑起内战的真实面貌。

在全面内战一触即发的前夜，中共中央军委考虑到急需加强各战略区的领导核心，滕代远奉中央军委命令，于 1946 年 7 月初离开南京准备返回他担任第一副司令员的晋冀鲁豫军区。

在路经淮阴我军苏中根据地时，奉中央军委命令，和华中野战军司令员粟裕共同指挥了反击国民党军队大举进攻苏中解放区的著名战役“七战七捷”。这是自中央苏区第一次反“围剿”十六年以后，滕代远同粟裕的又一次并肩作战。

1946 年，晋冀鲁豫军区第一副司令员滕代远与华东军区司令员陈毅在华北

参与苏中“七战七捷”

1946 年 1 月 10 日，国共两党就内战问题签署《停战协定》；同时，中共中央要求人民军队加速实行军事战略转变，在作战形式上实行分散兵力打游击战为主向集中兵力打运动战为主的转变。由此，各战略区迅速组建能在较大范围实施机动作战的野战兵团。其中，同年 1 月山东、华中野战军等部队组建。是年 6 月，蒋介石在美国支持下基本完成向解放区进攻的战略部署后，便向中国共产党领导的解放区提出五项要求，并声称只有承认此要求才能考虑停止内战。同月 21 日，中共拒绝了蒋介石的五项“无理要求”，并在军事上及时做好反击准备。次日，毛泽东代表中共中央起草了关于晋冀鲁豫、山东、华中野战军的作战令。其作战令的基本特点是外围作战，在南线开辟战场，将三军互为犄角之势。

同年6月24日，时任华中野战军司令员兼一师师长的粟裕站在全局高度，以对战争胜利高度负责的精神，把上级指示与本战区情况相结合，大胆地向中央军委和陈毅建议：华中野战军作战分为两个阶段，第一阶段以其一师、六师留在苏中作战，解决当面之敌；待完成第一阶段作战任务后，再转入蚌埠、浦口线作战，完成第二阶段任务。这一内线作战的重大变更直接影响到整个解放战争的全局，中央作了慎重考虑。中央军委于6月30日复电，要求华中野战军“部队继续隐蔽于待机位置，听候安排”。经过分析比较和敌情变化，中央军委于7月4日再给陈毅、华中局发来电报：“果如此，我先在内线打几个胜仗，再转至外线，在政治上更有利。”可见，由南下外线作战，改为一部主力南下，一部先在内部打几个仗，这是解放战争初期党中央战略计划的一次重大调整，是从政治、军事各方面分析敌我实际情况又认真听取各方面意见作出的决策。

随后，中央军委派滕代远一行去往华野，具体了解敌我双方的实际情况。

滕代远与粟裕同是湖南怀化籍老乡、常德省立第二师范学校同学、井冈山战友，在漫长的中国革命岁月里，他们两位大将军并肩联手作战的机会不是很多，值得一书的当属1930年12月在中央苏区的第一次反“围剿”战役和1946年7月13日到8月27日的苏中“七战七捷”战役。

滕代远是1928年底和彭德怀率领平江起义成立的红五军走上井冈山，与朱德、毛泽东率领的红四军会师，滕代远时任红五军党代表，后来兼任红四军副党代表。粟裕是1928年4月跟随朱德“八一”南昌起义、湘南起义部队走上井冈山与

1946 年滕代远（右）与粟裕（左）在江苏海安

毛泽东会师的，粟裕时任第五纵队二支队二连指导员，后改任红四军第二十八团三连连长。1930 年 12 月，滕代远为红一方面军副总政委兼红三军团总政委，他和彭德怀一起指挥红三军团三个军以及配属作战的红一军团红四军在中央苏区永丰县龙冈，把部队分成两路包围了国民党“围剿”的主力军——张辉瓒的第十八师与谭道源的第五十师。滕代远指挥红三军团的红五军、红八军、红十六军还有配属作战的红四军，遵照方面军总前指的战略部署，对张辉瓒的第十八师发起猛烈攻击。而粟裕此时已担任红一军团第十二军六十四师师长，他在战前专门派出部队，伪装成敌人五十师侦察连，将敌十八师先头部队诱到红军的设伏包围圈。滕代远看到煮熟的鸭子想飞，他从龙岗北面高地率领主力部队向下面猛烈冲击。滕代远一面高喊口号“勇敢杀敌”、“不让一名敌军漏网”，一面率领突击团冲在最前面。红军战士们看到方面军副总政委滕代远亲自冲在最前线，一时士气大振、舍生忘死，一股脑杀入敌阵。这时天气突然大变，浓雾再起，对面难见人影。红军熟悉地形，攻势更加猛烈。滕代远命令军团司令部作战参谋，调来8月份打进长沙时新组建的山炮连，摧毁掉张辉瓒第十八师的迫击炮和重机枪阵地，击毙数千敌军。紧接着，滕代远又命令集中各军的重机枪，集中火力猛烈射击，将敌军的进攻队形完全打乱。敌军慌不择路，在浓雾中像热锅上的蚂蚁一样乱窜。粟裕马上指挥自己的部队乘机从正面直捣张辉瓒的第十八师师部，活捉师长张辉瓒。龙岗大捷全歼张辉瓒的第十八师四个团一万六千人，缴获各种武器一万多件。这一仗，是滕代远和粟裕在中央苏区执行毛泽东战略决策，在战场上互相配合，打出了第一次反“围剿”作战中主力红军威风的第一仗。这一仗结束不久，滕代远与彭德怀又率领红三军团于1931年1月3日早晨，经头陂向东部攻击，歼灭谭道源师一个旅，俘虏敌人三千人。通过这两次战役，宣告了国民党蒋介石对中央苏区的第一次“围剿”的彻底失败。滕代远对粟裕这个同学加战友进一步加深了认识。

7月8日，滕代远一行刚来到华中野战军驻地海安如皋县委，华中野战军司令员粟裕就安排他住到尊经阁旁边的红房子，并且命令野战军司令部参谋处给滕代远选配了最好的战马，另外专门又给滕代远配备了一匹驮运行李的骡子，还专门选择了一个侦察排，担任滕代远一行的警卫工作。粟裕和野战军其他领导人陶勇、梅嘉生等人到滕代远所住的红房子里，向滕代远详细汇报当前的敌军动态和我军的部署安排。滕代远向野战军领导同志们传达了中央军委的要求和战略部署，对当前之敌的围歼计划提出了自己的意见。要在机动作战中打击敌人的薄弱关节点，以围歼战作为重点。面对强敌不要怕、也不要急，要象切西瓜一样，一刀刀切碎它的躯体。

滕代远紧接着和野战军领导们详细研究了整个战役的划分阶段和兵力部署：用华野第七纵队三个团监视东路来犯之敌；第十纵队三个团牵制邵伯之敌；集中第一师、第六师十二个团的兵力歼灭敌人中路的两个团。滕代远信心十足地说："这样一来，我们就化小为大，敌人的优势就演变成劣势。伤其十指不如斩断其一指。"粟裕紧接着表示完全赞同，他说："敌军十一二万人马进攻我们三万多人，是四打一。我们这样一来，还他一个六打一。"研究完作战方案后，粟裕马上命令召开华中野战军作战会议，出席会议的有各师、各纵队首长，会议明确了全盘作战方案和各部队担负的作战任务。会议刚一结束，7 月 10 日 24 时，华中野战军司令部就在海安景家庄发出了"关于攻击泰兴、宣家堡之敌的作战命令"。并且马上召开了参战部队营以上干部的动员誓师大会。这是一次别开生面的动员大会，会场设在海安一座剧场里。虽然天气很热，参加会议的指挥员们个个着装整齐，悄悄地议论着即将开始的作战行动，突然一声"起立"的口令响彻会场。全体指挥员"刷"的一声立正。粟裕司令员、刘先胜参谋长、钟期光主任及滕代远走上主席台。粟裕首先讲话，他说："同志们，要打仗了。国民党、蒋介石已经把刀架在我们的脖子上，我们只有一条出路，以打对打，坚决、彻底、干净、全部把他们消灭完！"滕代远随后也讲了话，他把参加南京国共"和平谈判"的情况向全体同志们做了介绍，最后，滕代远说："和平谈判已经破裂，全国内战一触即发。我们要做好大打、长期打仗的思想准备。首先就是把这场反击战打好，打得国民党、蒋介石找不到北。"会议上弥漫着我军敢打必胜的豪迈气概。第二天上午 10 点，滕代远和粟裕、陶勇，在如皋西门大教场检阅了第一师第三旅驻城部队。嗣后，华中野战军全部投入紧张有序的备战工作。此战的关键是邵伯守卫战。邵伯地理位置特殊，从扬州北犯的敌军要打通运河线，必须首先占领邵伯，守卫邵伯的是组建不久的第十纵队和第二军分区，滕代远和粟裕下到每一个阵地，逐一细心检查阵地设防情况。当他们走到东面五公里远的桥墅镇停了下来，当面向第十纵队司令员谢祥军、政委刘培善交代："你们总共有六个团，可是面对的敌人——黄伯涛整编第二十五师有九个团，要打好这一仗，困难不小。要多动脑子，采取缩小防御正面使用各团轮番守备的方法，依托阵地短促反突击歼灭敌军。"粟裕频频点头，表示赞同滕代远的意见。

1946 年粟裕与滕代远、陶勇、梅嘉生一起研究作战方案

苏中著名的"七战七捷"战役于 1946 年 7 月 13 日晚 21 点打响，国民党蒋介石部署的作战计划，第一个目标就是苏中。他已经在苏中南部的南通、泰州、扬州一线集结了五个整编师十五个旅，共十二万兵力，江南还有两个整编师作为第二梯队，随时准备北渡参战。这就是国民党军队的"多路向心突击"。从来红军、八路军、新四军打仗，先打弱敌，再打强敌，

几乎形成了一条规律。而“七战七捷”第一仗，却是选择了强敌整编第八十三师开刀。整编第八十三师原来的番号是第一百军，是蒋介石的嫡系部队，全套美式装备，美国教官训练，抗日战争中远征缅甸，大败日军，所以骄横不可一世。滕代远和粟裕商定：现在是敌强我弱、敌众我寡。我军只有三万人，敌军来势凶猛，仗着它有十二万人。我军是一打四，必须改变我军传统战法，不能等敌人打到门前再出手抵抗，那就晚了、被动了。7 月 13 日 21 点，华中野战军集中了第一师、第六师分头攻击敌人八十三师部队。攻击宣家堡的陶勇第一师，用六个团歼灭了八十三师的一个团；攻击泰兴城的王必成也是用六个团收拾了八十三师的一个团。这第一战，我军全歼敌军两个团另两个营总共三千多人，缴获山炮十二门、火箭炮十门、迫击炮二十门、轻重机枪二百挺。

粟裕指挥作战，从来都是嘴里吃一个，眼里看一个，手里夹一个，心里算一个。当宣家堡、泰兴作战还在激烈进行的时候，滕代远和粟裕已经选定了第二仗的歼击目标——我华中野战军将集中第一师、第六师、第七纵队预定在如皋歼灭敌军整编第四十九师。

7 月 15 日，宣家堡、泰兴作战结束，李默庵判断中共华野主力在宣家堡、泰兴，立即命令江南的整编六十五师北上，会同靖江的九十九师一起增援泰兴，进攻黄桥；命令平潮的整编四十九师昼夜兼程，乘机攻占如皋，截断华中野战军东进之路，命令整编第八十三师余部向泰州东进。李默庵摆出了三路夹击的阵势，要在如皋，黄桥之间与华野决战。滕代远同粟裕、刘先胜、钟期光等领导人，以及华野司令部作战、侦察、情报部门领导人一起研究讨论，最后决定：迅速转移主力部队，直插进攻如皋的整编四十九师侧后，突然发起攻击。宜家堡、泰兴距离如皋一百五十里，李默庵做梦也不会想到华中野战军会在这里出现，达到出其不意、攻其不备的战略目的。7月15日夜晚，按粟裕司令员命令，虽然当时在宜家堡、泰兴作战枪声一阵紧接着一阵，但是，我军陶勇的一师、王必成的六师、管文蔚的七纵主力已经分头秘密出发，向东急行军。从师到旅、团、营、连、排、班，所有的作战会议都是在行军路上边走边开的，一切宣传、鼓动都是在部队开进途中边走边完成的。敌军整编第四十九师7月17日到达如皋以东鬼头街，另一支到达如皋以南宋家桥，企图会攻如皋，但做梦也没有想到粟裕华野来得这么快，我军早已在如皋城布下了天罗地网。国民党整编第四十九师就像一根横躺在如皋城外面的甘蔗，而粟裕急令调集来的三支华野部队一师、六师、七纵犹如三把锋利的刀剑将整编第四十九师切割成几段，再从容不迫地一段段将它嚼碎吞进腹内。

7月18日夜幕降临，华野部队从三面同时发起进攻。一师切断整编第四十九师右路军退路，六师切断整编第四十九师左路军退路，而后迅速向前推进；七纵从如皋城向外打。如南战斗激战三天三夜，我军歼灭国民党整编第四十九师师部和二个旅以及整编第六十五师、第九十九旅各一部，共消灭国民党一万多军队，俘虏将校以上军官六千多人。7月20日，苏中战役第二仗如南作战胜利结束。

第二天中央军委主席毛泽东发来贺电："庆祝你们打了大胜仗。敌情尚严重，望将参战主力集中休整、补充缺损，恢复疲劳，以利再战。我军在南线须准备打四五个大仗，方能解决问题。"战后，参战部队在如（皋）黄（桥）路上的搬经镇召开干部大会，总结这一战役的成功经验。滕代远和粟裕并肩走上主席台讲话。粟裕请滕代远首先作指示。滕代远说："苏中打得好，粟司令指挥得力，部队英勇善战。已经打了两个干脆、漂亮的歼灭战，连国民党的将军都当了我军的俘虏。我军既然与国民党军队摆开了比武的架势，那就非比个输赢不可。华野的部队不少是红军的底子，参加过中央苏区的反'围剿战斗'，今天你们可比红军时期不知强大多少倍！日本侵略军还不是被我们八路军、新四军踩在脚下，蒋介石、国民党几个美式装备的整编师又能吓唬谁呢，纸老虎一个！我要提醒同志们的是：在粟司令的指挥下，还要充分做好打大仗打恶仗的思想准备。老虎虽然是纸糊的，但是它至少还能烧你一把火。"粟裕紧接着讲话，他鄙视地嘲笑国民党："最近国民党的中央社、军闻社广播说什么'苏中匪首粟裕负重伤，已送东台医院救治'。你们看，我是粟裕吧？我负伤了没有？我住院了没有？粟裕不是活得好好的吗？还要打更多的漂亮的歼灭战哩！国民党从来就是靠造谣欺骗、蒙蔽人民和士兵。国民党叫喊'一个月消灭苏北共军，三个月解决中共'，做梦吧，我们还要多打一些大胜仗，整师、整旅、整团地歼灭敌军。让我们的战斗成果讲话。"

国民党军恼羞成怒，蒋介石集中三个旅五万兵力，还有六个旅十多万人作为第二梯队。杀气腾腾地向海安县扑过来。华野研究决定：华中野战军第七纵队以三千兵力与敌军十万大军在海安外围执行运动防御任务，这支以苏中子弟为骨干的部队，熟悉家乡地形，士气高昂，同仇敌忾与敌人周旋。敌军五万军队向海安全面推进，空中有飞机轰炸，地面有大炮狂轰滥炸。我军七纵与敌人斗智斗勇，双方激战四天四夜，第七纵队以伤亡二百多人的代价，歼敌三千多人，创造了敌我伤亡十五比一的胜利记录。8月3日午夜，粟裕命令完成任务的第七纵队秩序井然地撤出海安。

国民党第一绥靖区司令官李默庵错误估计形势，以为第一步作战目的已经实现，便在东起海边西到扬州的一百五十公里长线上摆开“一字长蛇阵”，构筑成一条封锁线，企图肃清以南我军。就在国民党军队频繁调动、新接防部队连电台、电话都来不及架好之时。突然，粟裕一声令下，华中野战军发起了全线进攻，一下子仅仅二十个小时，华中野战军歼灭敌人一〇五旅、新七旅近一万兵力，活捉蒋军两名少将。被俘的国民党新七旅副旅长一个劲叹气说：“还是你们共军厉害，选择我们换防还没有接上头的时候进攻，战机抓得好啊！”8月21日，粟裕华中野战军各部队再次发起攻击，激战不到一天，歼灭敌军三千五百多，缴获大批美式武器。华中野战军几乎全部换上了美国崭新的武器装备。

从1946年7月15日到8月27日，在毛泽东、中央军委的领导和支持下，滕代远协助粟裕指挥华中野战军在苏中根据地内线作战，接连打了七个胜仗，在我军战史上，首创一个战役歼灭敌军五万三千人的记录。朱德总司令听到我军在华中战场上“七战七捷”，十分高兴地说：“粟裕打得漂亮，歼灭敌人的数量比自己部队人数还多。”

在三年解放战争时期，滕代远还参加指挥了定陶战役，运城战役，临汾战役，保北战役，保卫石家庄战役。

实事求是，敢于直谏

滕代远在其整个革命生涯中，从来都是以人民的利益为重，以革命的大局为先，从来是不讲假话，有一是一，有二是二。1948 年，中国革命发展形势大好。随着三大战役的展开和胜利，中国人民解放军中原野战军和华东野战军两支巨龙从华中和华东向国民党统治区展开大规模的进攻。国民党军队一败涂地，如秋风扫落叶一般。昔日国民党军队凭借着美式飞机大炮耀武扬威、不可一世的霸道已成过去时，解放区人民大力支援人民解放军的百万雄师打败蒋家王朝已经成为无法逆转的潮流。

一个偶然的机会，一名记者反映的情况，形成滕代远将军的报告，引起毛泽东、刘少奇、朱德的严重注意，党中央迅速发出指示：减轻老区战勤负担。

事情要从头说起。新华社特派记者庄重，随陈粟大军转战于华东战场，从事前线军事报道。1947 年 7 月，刘邓大军突破黄河天险，千里跃进大别山，揭开了我军大反攻序幕。

八、九月间，陈粟大军在全歼敌王牌军整编七十四师，粉碎敌在山东重点进攻之后，分路包抄敌军后方，挺进豫皖苏大平原，与刘邓大军、陈谢大军在江淮河汉之间广大地区，紧密配合作战，扫荡中原之敌。1948 年，我军在全国各战场由战略防御转为战略进攻，大量歼灭敌人，深入国民党统治区。随着新解放区迅速扩大，解放军的数量也在激增，食粮供应和装备等后勤供应就成为一大问题。

1948 年 3 月，我军首次攻克洛阳，全歼守敌青年军二〇六师之后，庄重随军西进途中，接到新华社总社的调令，说有重要任务，要庄重速去总社。临行前，华野首长令庄重将 107 名俘虏军官顺道押送给滕代远，并派兵一个连护送庄重他们过黄河。华野政治部主任唐亮（建国后任南京军区政委、政治学院院长、政委、1955 年被授上将军衔）对庄重说："黄河以北就是太行山老区——晋冀鲁豫解放区。我们已电告滕代远同志，请他通知沿途各兵站负责接送你们，派民兵看管俘虏。"庄重从洛阳西的新安北渡黄河，在济源西北邵源附近，跨过王屋山天井关，登上太行山，步行数日，经晋城、高平、长治、潞城、黎城，抵达目的地涉县。

庄重经过的这几个县城，都有兵站。许多老百姓向兵站运粮运草。有的老汉，满头白发，忍着饥饿，背着军粮，翻山越岭，步行几十里，到兵站交了军粮，连一碗水也不喝，就赶忙回家。城镇乡村都很整洁，但是空荡荡的。在田地里劳动的，大多是老弱妇女儿童，当地人叫他们"三八六一部队"。年轻人哪里去了？原来，在革命战争年代，太行的"八路"，每次扩军，一声号召，万众响应，欢天喜地，敲锣打鼓，成群结队，报名参军，入伍多年，不见有复员回乡的。另有一些青年参加民兵或组织担架队，也随军出征了。因此，全国解放初期，到处可见太行人。太行老区人民为革命作出了巨大的贡献和牺牲。

新华社总社早已从延安迁至晋冀鲁豫解放区中心区，与滕代远住地相距不远。庄重先向滕代远副司令员移交了俘虏，滕代远将军对庄重很亲切，（因为在南京参加军调部工作时，滕代远就认识庄重，对庄重像老朋友一样。）这时候，庄重才知道，滕代远将军在解放军总部负责黄河以南新解放区几十万解放军部队的后勤指挥保障工作。他一再向庄重询问太行老区人民的支前情况，庄重将所见所闻的情况和问题如实地向他汇报了。滕代远并没有说他要转报党中央。因为事先毫无准备，庄重只好照笔记本上记的讲，讲的没有条理。滕代远转报中央的摘要，是对杂乱无章的材料，经过整理，分 A、B 两个层次，条分缕析，简洁精练。

4 月13 日，滕代远将庄重反映的情况摘要报告毛泽东、刘少奇和朱德。毛、刘、朱认为，这些实际情况很重要，必须立即采取措施，减轻老区战勤负担。毛泽东在滕代远报告前面写上批语，作为党中央的指示，转发各中央局和各野战军前委。

中央这一指示，题为《中央转发滕代远关于群众战勤负担情况的报告的批语》。中央指示：进入新解放区的我军各部队必须执行“将战争负担尽量加之于敌的战略方针”，才能有利长期战争和取得最后胜利。

中央指示：“望陈谢及各前委和各中央局严重注意此项报告，严格检查部队中浪费人力物力的现象，迅即订出制度办法，加紧纠正。尤其要将前线依赖后方，不愿尽一切努力就地解决困难，一遇困难，就向已困难之后方（许多地方已尽了超过其可能的努力），作过分之要求，忘记了必须将战争负担尽量加之于敌的战略方针这一类错误思想，加以检讨，彻底纠正。并将滕代远卯覃电及中央这一指示，发给各纵队讨论，从思想上彻底解决问题，才能有利于长期战争和取得最后胜利。”

在此之前，河南某部进入新解放的某城市之后连发三个电报给党中央，要求中央从老区调运粮食去解决粮荒。中央指示：新解放城市“解决粮荒的主要办法决不能依靠我老解放区远道运粮，而应将主要注意力放在就地筹划上面”，要求老区远道运粮，这是极不适当的。这个指示中还提出了解决新解放城市粮荒的七项原则办法。4 月19 日毛泽东、刘少奇、朱德读了滕代远的报告之后，便立即发出指示，把这一问题提高到一个坚持长期革命战争和争取最后胜利的战略方针的高度，要求全党全军在这个问题上，进行检查，纠正错误，统一思想，坚决执行这一战略方针。

中央转发的《滕代远关于群众战勤负担情况的报告》全文如下：

毛、刘、朱：

华野新华社庄重同志，于寅马北来，谈及沿途亲眼目睹和调查的一些情况。特摘要报告如次：

A. 济源全县七个行政区，二百一十七个行政村，廿万六千人口。三分之二是女人，一万二千家属（约四万人）。去年麦收，全县好的有五成，有的则毫无收成。秋收二成，种子都不够。现在，很多的地，都荒着。其原因：⑴是连年灾荒；⑵是缺劳动力；⑶是战勤负担太重；⑷是某些地方侵犯了中农利益，生产情绪不高。现在百分之五十以上已没饭吃。从去年底到现在，靠野菜、谷糠充食。该县王屋山区，灾情最严重，很多村庄，断垣颓壁，田园荒芜。许多贫雇农，以至富农，均出卖儿女，换三四斗粮食渡荒，讨饭的更多。东竹村群众，曾集体请愿，要求政府免差，并予救济，群众负担极重。负担有以下几节：

第一，公粮负担，平均占农民总收入五分之三。

第二，劳力负担，全县全劳力二万人，去秋参军四千五百人，实有一万五千五百人。去年陈谢大军南下，迄今，共出修船工二万个（四百个全劳力）。运一百五十万斤粮（缺劳力统计）。六七两区，运柴草八百四十万斤（其余五个区无材料）。去临汾担架二千四百人。为陈谢运弹药，及担架等，达一万零七百六十人（以上均是全劳力出差）。只邵源一地，平均每个全劳力，每月二十五天出差。此次运粮给郑洛作战，均是妇女儿童，老汉背一斗粮食走八十里，空着肚子来回。群众普遍反映，“支前倒是好，可不能光是紧着裤带去支。”“在家不如出去，出去还可以动弹”（即到外乡去讨饭吃）。

第三，划了二十个村子为野战医院，二十个行政村群众不出差，专招呼医院。但二十个村男女老幼及小学校全体师生看伤员都忙不过来。如作看护，洗血衣，磨面，割草做铺草，每天从晋城专运五十辆大车的煤，许多果木树都砍烧了，并开始有拆房子作柴烧的。而伤员蛮横，纪律很坏。曾打过民兵营长，缴了一个民兵连的枪，打了银行等。

第四，军鞋负担。如以太岳四专署晋城、高平、阳城三个县，去年六十九万人口中，有七万个妇女作了七十五万六千双军鞋。平均每人作十五双。共合米八万四千六百七十二石，均为群众负担。

第五，社会负担，包括劳军，村公所办公费，剧团费用，扩军费用等，超过公粮负担数很多。

第六，招呼来往军人及医院，出席子、碗等费用。只济源一县，去年群众买了四千张席子，合二十八万元，七千个碗，或借被子给伤员用。

B. 这次看到南运粮食感到很惊奇。南边部队，生活很好，一天不吃肉，都会提意见，改善生活。每个连队，两辆小车，拉粮食及拉猪，吃不了的，便开仓济贫。南面除芦（卢）氏等县较困难外，伏牛山边产粮很丰富。华野部队进入豫西南作战以来，没有吃过杂粮，差不多两天吃肉一次。仅野战新华分社一百二十人，就有牲口二十六匹。上次洛阳搞到很多大米，均没搞走，仅华野一敌工干部在洛阳分发五万斤粮。并云：缴获有军鞋子很多。弹药弃地，没有人要。他认为军鞋与粮食，可以不由老区前送，因为新区负担，只加在地主身上，故负担面很小。又比老解放区更富些。在前方浪费民力现象，还很严重。不看后方，如此奋不顾身的支援前线，是不会体验到前方的浪费。

庄重同志在南京代表团与我认识的，现被调到粟裕同志处工作。我听了庄重同志的汇报，认为他调查的材料是真实的，使我们更进一步的了解下层，正尽最大努力，减少该区战勤负担，全力组织生产，并拨给部分救济粮，以渡春荒。

滕代远

1948 年 4 月 13 日

刘伯承司令员当年看到上述的中央指示和滕代远报告反映的情况，十分感动，几乎下泪，说："太行老区太穷太苦了，还要养活八十多万军队，多难呀！我们中原各部队一定要执行中央的指示，就地筹粮，自己动手，开荒生产粮食。"《刘伯承军事文集》第一篇《中原我军斗争策略和今后行动》一文的开头，概括地摘引了滕代远向中央毛泽东、刘少奇、朱德汇报的报告。

滕代远反映的意见是及时的，正确的。他坚持实事求是，以个人名义秉实向上级反映基层情况，在那时敢于提出这样的意见，也是需要胆识的。中共中央及时批转滕代远的报告，提醒前线指挥员“严重注意此项报告，严格检查部队中浪费人力物力现象，迅即订出制度办法，加紧纠正”也是英明正确的。

1948 年任中央军委铁道部部长的滕代远

第十五章

厉兵秣马，势如破竹

戎马生涯的最后一仗

1948年9月8日到13日，中共中央在河北省平山县西柏坡村召开了中共中央政治局扩大会议，又称中共中央政治局“九月会议”。这是中共中央撤离延安后的第一次政治局会议。参加会议的政治局委员有：毛泽东、周恩来、朱德、刘少奇、任弼时、彭真、董必武。中央委员和候补中央委员有：聂荣臻、陈毅、徐向前、饶漱石、曾山、邓小平、薄一波、邓颖超、廖承志、滕代远、叶剑英、张鼎丞、贺龙、刘澜涛。列席会议的重要工作人员有：杨尚昆、李维汉、胡耀邦、傅钟、胡乔木、安子文、李涛、冯文彬、黄敬、李克农。这是自抗战胜利以来参加人数最多的一次中央政治局扩大会议。会议的任务是总结检查过去时期党的工作，规定今后时期党的任务和奋斗目标。中心议题是：“军队向前进，生产长一寸，加强纪律性。”

毛泽东在会上作了重要报告，报告就国际形势、战略任务、政权性质、财政统一以及发展党内民主和加强纪律等八个问题作了深刻论述。毛泽东提出：“我们的战略方针是打倒国民党。战略任务是军队向前进，生产长一寸，加强纪律性，由游击战争过渡到正规战争，建军五百万，歼敌正规军五百个旅，五年左右根本上打倒国民党。”在谈到未来政权性质时，他指出：要“建立无产阶级领导的以工农联盟为基础的人民民主专政”。“我们采用民主集中制，而不采用资产阶级议会制”。要“建立民主集中制的各级人民代表会议制度”。他号召党的干部要提高理论水平，指出：“我们在理论上要提高，还要普及。中央委员、政治局委员要当作一个政治任务来注意这个问题。”他还提出：“在全党提倡学习工业和做生意。我们已有城市和广大地区，这个任务必须解决。”在谈到社会经济时，毛泽东指出：“在我们社会经济中起决定作用的东西是国营经济、公营经济，这个国家是无产阶级领导的，所以这些经济都是社会主义性质的。农村个体经济加城市私人经济在量上是大的，但是不起决定作用。我们国营经济、公营经济，在量上较小，但它是起决定作用的。我们的社会经济名字还是叫新民主主义经济好。”他最后特别强调：“我们反对农业社会主义，所指的是脱离工业，只要农业来搞什么社会主义，这是破坏生产，阻碍生产发展的。但不能误解，将来在社会主义体系中农业也要社会化。”毛泽东在会议上作结论时指出：“资产阶级民主革命完成之后，中国内部的主要矛盾就是无产阶级和资产阶级之间的矛盾，外部就是同帝国主义的矛盾。”“关于完成新民主主义到社会主义的过渡的准备，苏联是会帮助我们的，首先帮助我们发展经济。我国在经济上完成民族独立，还要一二十年时间。我们要努力发展经济，由发展新民主主义经济过渡到社会主义。”

刘少奇在会上发言，着重谈了新民主主义的建设问题。他指出，新民主主义经济“包含着自然经济、小生产经济、资本主义经济、半社会主义经济、国家资本主义经济以及国营的社会主义经济”。而“上述各种成分，并以国营的社会主义经济为其领导成分”。他指出：“在新民主主义经济中，基本矛盾就是资本主义（资本家和富农）与社会主义的矛盾。在反帝反封建的革命胜利以后，这就是新社会的主要矛盾。”他特别强调：“要清醒地看见这种矛盾。无产阶级与资产阶级的这种斗争，是社会主义与资本主义的两条道路的斗争。在这个斗争中，决定的东西是小生产者的向背，所以对小生产者必须采取最慎重的政策。”“否则，领导权仍不能巩固。”

周恩来在会上作了关于第三年军事作战计划与军队建设的发言，指出：我们的目的是坚决以武装消灭反动派，争取五年胜利。1. “把战争继续引向国民党统治区”。2. “今后仍力争在运动中消灭敌人”，使“攻坚与野战互相结合”。3. 增强各战场的战役上的协同与配合。4. 做到后勤供应统一计划与相互配合。5. “军队组织逐渐走向正规化、集中化”。

朱德发言指出：一年来我们的部队大有进步，战斗力大大提高了，但不能满足于现状。要不断提高部队的技术装备，加强人员和物资的补充，搞好军工生产，统一兵路运输，统一医疗卫生工作，使部队能连续作战。

任弼时发言指出：“我们从乡村走向城市，更须强调统一和纪律，才可以避免出现类似张国焘的问题。”加强纪律性的条件，一是全党要有五百个懂马列的干部，保障政策的统一执行；二是要建立制度、制订法令条例。

会议围绕毛泽东的报告为主要议题，进行了讨论。会议总结了抗战胜利以后，人民解放军作战以及整党、土改所取得的伟大成就。

一、在军事和军队建设方面：人民解放军已由一百二十余万人增加到二百八十万人，歼敌二百六十四万人，缴获大批武器弹药，装备了自己。由于军队实行了有秩序、有领导的民主运动，开展了自我批评，克服了官僚主义，恢复了党委制和战士委员会制，使军队指战员的政治积极性和自觉性大为提高，战斗力大为增强。

二、在根据地和经济建设方面：两年来，解放区的面积已扩大到二百三十五万平方公里，人口有一亿六千八百万。我们已在华北四千四百万人口的区域建立了统一的人民政府。在全国大约一亿人口的农村实行了土改，促进了农业生产的发展，调动了农民支前、参战的积极性。同时，我军还占领大中小城市五百八十六座。我们已收复了相当多的铁路、矿山和工业。我们的军事工业有了相当大的增长，但还不足以应付战争的需要。

三、在党的建设方面：随着革命事业的发展，我党党员已由“七大”时的一百二十一万增加到三百多万。党在最近一年内，基本上克服了和正在继续克服着成分不纯、思想不纯、作风不纯的问题。同时，也基本上克服了和正在继续克服着土改、镇反和工商业政策上的“左”倾错误，这就使全党的政治成熟程度大大前进了一步。

会议明确提出了建设五百万人民解放军，在大约五年左右的时间内（从 1946 年 7 月算起），从根本上打倒国民党反动统治，解放全中国的战略任务。

这次会议为从根本上打倒国民党的反动统治，夺取全国的伟大胜利，从军事上、政治上、组织上作了充分准备。

会议确定我军已经转入战略总反攻的新态势。华北战场上我军捷报频传，使傅作义集团陷于进退两难的困境。蒋介石与傅作义几经密商，乘我华北军区第二兵团、第三兵团在察绥地区作战，冀中空虚之机，调集敌九十四军等两个军的兵力，乘几百辆汽车组成一支快速部队，由保定南进突袭石家庄，威胁中共中央和华北领导机关的安全，妄图摧毁位于该市附近的我中央军委所在地。中共中央和中央军委获悉这一情报后，立即进行紧急战斗部署。10 月 25 日，华北军区保卫石家庄“前指”成立，滕代远副司令员受军区委派，担任总指挥。他马上电令在绥东作战的军区第二兵团的三纵，由司令员郑维山、政委胡耀邦和王宗槐率领由北平、张家口一线昼夜兼程南下，在保定以南地区阻击敌军。电令七纵司令员孙毅、政委林铁派一个旅构筑背向西南的纵深防御阵地，奋勇抗击敌军。

由于我军及时获得了准确的情报，并进行了充分的准备，在“前指”总指挥滕代远积极防御的周密部署下，傅作义的先头部队刚出徐水，就遭到有力阻击。

10 月 31 日我军歼灭敌九十四军第五师一万余兵力，并收复清风店车站和望都县城。剩余的敌人抱头鼠窜仓皇逃回保定，彻底粉碎了敌军偷袭石家庄的阴谋，确保了共和国诞生前夕我党中央、中央军委的绝对安全，这是滕代远戎马生涯中指挥的最后一次漂亮仗。

11 月的下旬，周恩来代表党中央在西柏坡约见滕代远，向他传达了党中央关于组建中央军委铁道部的决定，由滕代远出任中央军委铁道部长。周恩来郑重地对他说：“铁路工作十分重要，做好铁路工作，保证当前解放战争军事运输和全国解放后经济建设的需要，任务十分艰巨。中央决定把铁路交给你负责。从军事工作转到经济工作，是个很大的转变，但这是革命事业的需要，也是解放战争胜利发展的重要标志。”

当时中央决定：即将诞生的人民共和国政务院总理周恩来负责“组阁”，即筹划新中国政府各部、委、办的组建和一把手人选的确定。滕代远有幸成为第一个被周恩来选中的准“内阁”部长，他以军人的果敢，二话不说，坚决执行党中央的决定。滕代远深深感到肩上担子的沉重分量，郑重地提笔写下“办好人民铁道”六个苍劲有力的大字，抒发了一个老兵“时刻听从党召唤”的豪迈气概。

1949 年出席全国政协会议的第二野战军代表团，滕代远（前排左一）、刘伯承（左三）

铁道部的“将军大老板”

1949 年 1 月 28 日，中央军委铁道部第一次铁路工作会议在石家庄召开。中央军委副主席、朱德总司令在滕代远的陪同下步入会场走上主席台。朱德总司令代表中央军委宣布：“中央军委铁道部今天正式成立。”朱老总指着旁边站立着的滕代远对代表们说：“中央给你们派来了个‘将军大老板’。过去他指挥千军万马打败了日本鬼子和国民党反动派，从今天开始，他掌管铁路，要指挥百万铁路大军，开山修路，遇水搭桥，抢修抢运，支援我解放大军跨过长江，解放全中国。”

1949 年 2 月 20 日，中央军委铁道部在北平王府井南口霞公府挂牌办公。铁道部的中心任务是确保我解放军各路野战军大兵团冲破长江天堑，占领南京，结束蒋家王朝的命脉，解放全中国。不久，中共中央军委命令：第四野战军铁道纵队改编为中国人民解放军铁道兵团，归中央军委直接领导，铁道部长滕代远兼任兵团司令员和政委。

1949 年 3 月 5 日至 13 日，中央军委铁道部长滕代远在西柏坡参加了中共中央七届二中全会。会议确定了“党的工作中心由乡村转到城市”方针，强调“必须用极大的努力去学会管理城市和建设城市。”滕代远敏锐地察觉到：党的工作中心转移后，铁路工作将会更加突出和繁重，工交战线是国民经济的支柱产业，而铁路无疑会首当其冲摆上“老大哥”的位置。滕代远在七届二中全会上发言，坚定地表示：“决不会辜负党中央和毛泽东同志的信任，继续保持艰苦奋斗和谦虚、谨慎、不骄、不躁的作风，决心做一辈子铁路工作。”七届二中全会闭幕后，党中央决定进驻北平。这是新中国诞生前夜，中共中央领导机关重要的战略转移，是新中国奠基工程的前奏。

滕代远与先期从西柏坡来北平联络的李克农研究后，随即召见平津铁路局长郭洪涛等人布置任务。滕代远说：“党中央要从西柏坡迁至北平，途中要由高碑店坐火车到北平清华园站下车，我们一定要保障铁路畅通无阻，不发生任何问题。北平暗藏的反革命分子蠢蠢欲动，伺机给即将诞生的共和国添乱、制造麻烦，我们千万不能掉以轻心，一定要安全准点、万无一失地将党中央送进北平，为人民共和国的奠基大业交出我们铁

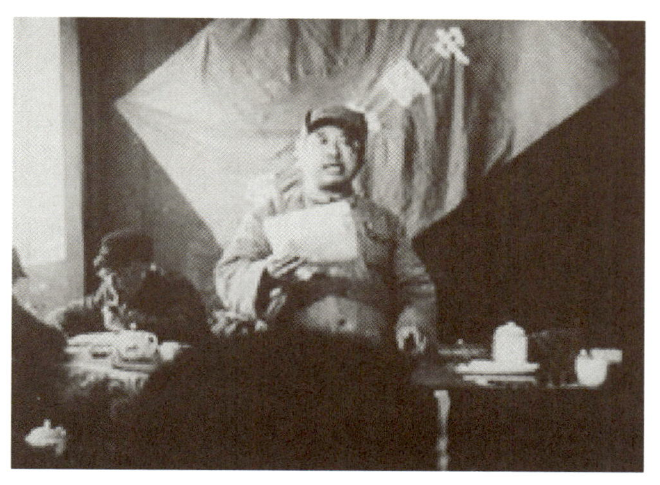

1949年3月，滕代远在西柏坡党的七届二中全会上发言。

路员工的合格答卷。”郭洪涛领受任务后，与平津铁路局副局长刘建章（建国后曾担任过铁道部长）详细研究了这次进北平特别快车的安全、指挥、调度、编组及各站值班等具体问题。对高碑店到北平沿途每个车站均派两位可靠的领导骨干督察落实具体措施。专列由三趟同样的列车组成，前一趟列车压路开道，中央领导同志乘坐中间列车，后一趟列车由警卫人员乘坐。为防止意外，还决定将沿途车站两端的道岔锁住。对专列的伙食供应也做了具体安排。

3月23日，毛泽东率领中共中央机关乘坐汽车从西柏坡向高碑店进发，他笑着对周恩来说：“今天是进京的日子，进京赶考去。”下午，毛泽东到达高碑店，听取了叶剑英、滕代远关于进入北平的安排汇报。李克农和郭洪涛已随专列到达高碑店迎接党中央乘车。

1949年3月25日凌晨，毛泽东、刘少奇、朱德等中央领导和党中央机关的工作人员登上专列，周恩来听完滕代远对本次专列任务的计划安排汇报后，满意地说："中央感谢你们，这是你担任军委铁道部长后完成的第一个重大任务。"周恩来随即发出了开车命令，专列启动，全线绿灯放行。专列经丰台、广安门、西直门，于11点安全抵达北平清华园车站。

25日下午17点，毛泽东在西苑机场举行了隆重的阅兵式。而后，党中央、毛主席胜利地抵达北平入驻香山双清别墅。

毛主席一生只出过两次国境，都是去苏联。第一次是1949年12月6日至3月4日，共去了89天。第二次是1957年乘飞机去苏联。决定首次出访后，毛泽东向汪东兴交代："新中国刚刚成立，社会情况很复杂。这次出访苏联一定要保密，不要做宣传。沿途的警卫工作你去找聂荣臻、滕代远、李克农、罗瑞卿等同志商量着办。"

与各位领导在一起。左起：滕代远、罗瑞卿、聂荣臻、李克农、朱德。

毛主席乘专列访问苏联

1949 年 11 月 1 日，北京至满洲里间开通了直达列车，这为毛泽东主席的出访奠定了基础。

1949 年初冬的一天，滕代远应召到中南海，向周恩来总理汇报工作。

周恩来一开始就说："罗瑞卿和杨奇清（公安部副部长）昨天来和我商量了沿途的保卫工作，他们会同总参作了妥善的安排。"

车辆检查完成后，又对选好的乘务人员逐个审查，审查完由北京铁路管理局公安处和北京铁路管理局党委负责人签字，报铁道部备案等待最后批准。主要工作人员均由保卫处长任远进行个别谈话，告知注意事项与行车纪律，强调了此次任务的重要性和高度保密的必要性。经过谈话和开会讨论，大家斗志昂扬，个个争取立功，一致向党表示决心：坚决完成任务！在出发前两天，还进行了任务预演，铁道部、北京铁路管理局来人检查后，都感到比较满意，整个专列的准备工作已经全部完成，进入一级待命状态。

11 月底，滕代远亲自向周恩来作了详细的汇报。一天傍晚，滕代远陪同周恩来一起到车库进行视察。周恩来认真地检查了车上的各项设施，甚至为毛泽东主席登车时准备的一块木板都站上去试了一下。

周恩来对铁路方面的准备工作感到很满意，这一专列决定于12月6日晚9时由北京发车。

1949年12月21日是斯大林70岁寿辰。毛泽东主席此次访问苏联，其中一个重要任务是为斯大林祝寿。有关部门精心准备了一些礼物，主要是具有中国特色的工艺品，还带有一些当时苏联紧缺的蔬菜、水果，以及名茶、名酒、名烟等。

由于正值冬季，这些东西很难找到，且要的量又大，还要保证质量。列车前方到达天津车站，停车后警卫的同志上来报告："在专列要经过的铁轨中间发现一颗手榴弹！"

罗瑞卿听后大怒："简直乱弹琴！你们保卫工作是怎么搞的？出了问题，我们怎么向中央和全国人民交代？"

杨奇清也说："怎么才发现？不是早就清理过了吗？"

这时，站在一边的李克农叫人把那枚手榴弹拿来看看，原来是颗长满铁锈的旧弹，锈成一个铁疙瘩，不可能再爆炸了。

罗瑞卿当即和杨奇清商量一下，决定临时在天津站下车，对此事进行了认真的检查，没有发现什么可疑的情况。后来查明这是一个白俄籍职工所为。此外，在铁路内部严格的检查中，天津铁路管理局杨村大桥的桥墩上还发现了一个炸药包，及时被排除了。

列车在唐山站停车，进行加煤加水作业。铁路工作人员都在紧张有序地忙碌着，站台上三步一岗，五步一哨。旅客和当地老百姓头一次看见这么漂亮的车厢，还挂着墨绿色的窗帘，许多人在候车室通过玻璃窗向站台观望。

车长张志英像往日一样走下车，从列车尾部朝车头方向检查过去，走过两节车厢，他无意中抬头看见一节车厢的车窗里有个熟悉的面孔正在依窗而望，好像在哪儿见过？一时又难以想起来。

从山海关开车后不久，滕代远对刚上车添乘的锦州铁路局局长廖诗权说："这一段车开得最平稳。"廖诗权说："别的局都不让老司机来，而让干部来开主席的专列。车开得当然就没有我们稳。"滕代远说："为什么？"廖诗权说："干部心里紧张，技术也不行。我让技术好的老司机开车，由我亲自做动员，老司机认为这是政治上信任他们，所以车开得很稳。如果由公安部门动员他们，他们肯定心里紧张，当然也开不好车啦。"滕代远听完哈哈大笑，说："廖瞎子，你胆子真大！"

李克农和毛泽东在车厢里闲聊。

李克农说："主席，您知道美国总统每天上班后做的第一件事是什么吗？"

毛泽东"哦"了一声，没有应答，好像在等李克农的下文。

"第一件事就是看《情报要点》，不然这一天就不知道该怎么办了。"李克农不紧不慢地说。

毛泽东哈哈一笑，说："你呀，给我上起课来了。我和他不同，随来随看，不怕多，只怕少。这回去莫斯科，我还要和斯大林谈谈你们情报方面的事情呢。"

车过山海关不久，气温已下降到零下40度。毛泽东乘坐的车厢因为天气寒冷，冻裂了暖气管道，把几组暖气都冻坏了。这可急坏了滕代远，他指挥列车段段长张宇把地毯卷起来，发动餐车烧开水，想用热水从两头把冻坏的管道烫通，折腾了半天不见效果，只好请毛泽东到另一节车厢休息。由于在行驶中不具备抢修条件，只好等到沈阳再修。

毛泽东换了车厢后，一面乘车还要一面工作。除了处理国内的一些电报外，他提出搞些调查研究，找几位沿途党政负责同志上车谈话。秘书叶子龙马上将毛泽东的指示通过电台传达到有关县市。

绥中县委书记上车向毛泽东汇报情况，谈话结束后，县委书记风趣地说："我在绥中工作几年了解的情况，都让主席掏走了。"锦州市市长也深有体会地说："主席考的题目太多了，问得太细了，连统计数字包括百分比都不放过。"

滕代远见毛泽东找沿线党政负责人了解情况，就提前电令沈阳、哈尔滨铁路局的局长做好准备。

1949 年 12 月 7 日晚，列车到达沈阳车站。高岗一行人上车看望毛泽东。高岗提出要陪送毛泽东到满洲里，毛泽东没有同意，他只好又下车了。

列车到沈阳后，立即组织人员全力抢修被冻裂的暖气管道。结果因为没有配件，无法修复，只好挂车继续前行。

专列在沈阳站停留更换机车，换上了 1861 号蒸汽机车担当牵引任务。这是一台 1940 年由日本制造的火车头，在当时算是比较新的机车。现在，这台蒸汽机车保存在满洲里的火车头广场供游客参观。

沈阳铁路局机务处处长冯雅斋奉命担当值乘司机。开始他并不知道专列上是哪位首长。在检查机车时，他见几位首长陪着一个穿皮大衣的人在站台散步，听别人说这就是毛泽东。这是他第一次离这么近见到毛泽东，心里万分激动。他紧握气门手把，稳稳地开动火车。这一次车上的人都没有感觉到火车开了。

列车离开沈阳后，毛泽东召沈阳铁路局局长黄铎上车谈话。由于事先接到滕代远的电令，黄铎心里有了准备。毛泽东详细询问了沈阳铁路局运输生产、管理以及职工生活等方面的情况，特别是重点了解了中长铁路在苏联专家的帮助下，建立一套比较完整的科学管理方法的经验。毛泽东听后比较满意，指示滕代远："要很好地总结一下中长铁路的经验，可以在关内各铁路局推广。"

列车到长春时，汇报结束。黄铎向滕代远请示工作，滕代远说："你们立即根据主席指示，认真进行总结，党委先好好讨论一下，然后发动干部群众一起动手，把经验集中一下，整理出来上报铁道部。" "是！"黄铎向滕代远敬礼后，转身离开。

在哈尔滨铁路局分界站陶赖昭，庄林奉命登上专列，向滕代远报到后，两人一同来到毛泽东面前。

滕代远报告说："主席，这是哈尔滨铁路局局长兼书记庄林同志。"

毛泽东与庄林亲切握手，打招呼。

滕代远说："他原来也是八路军，后来改行搞铁路。"

毛泽东说："许多同志都要搞他们过去不熟悉的东西，这是当前和今后工作的需要。代远同志，你要带头学习。"

毛泽东向庄林了解了哈尔滨局的运输生产情况和学习苏联铁路先进经验后，满意地说："我曾说过，关键在于学习嘛。"

列车驶到安达车站，在庄林下车前，滕代远叮嘱道："毛主席的话你要牢牢记住，我们都要加强学习。"

列车经过三天三夜的运行，于 12 月 9 日到达中苏边境的满洲里车站。这时，一列墨绿色的苏联高级专列已停在站内待命。

1900 年 4 月，俄国西伯利亚铁路从萨拜戈尔延伸进中国国境，俄国铁路人员跨过国境，他们把踏上中国的土地称为"满洲里亚”。1901 年火车站建成后，即取名为“满洲里亚”，后译成中文，遂将俄语尾音的轻音“亚”去除，即成为满洲里，属内蒙古自治区管辖，当时是中国陆地与苏联相通的唯一铁路接口处，也是中国最大的陆路口岸城市。车站南面是中国的长春铁路，北面是苏联铁路，因为两国铁路轨距不同，所以在这里要转乘苏方派来迎接的专列。

滕代远进入车厢向毛泽东报告：“主席，满洲里到了。外面太冷，请您在车上休息。我先与苏联同志见面办理交接。”

毛泽东点点头，说：“好嘛！”

滕代远、杨奇清分别与苏联铁道总局负责人和苏方保卫部门负责人通过翻译进行交接，随即登上苏方列车，认真仔细地进行查看，直到全部看完放心后，走下列车，让我方人员马上开始搬运行李等物品。

滕代远、杨奇清再次进入毛泽东乘坐的车厢，请他下车。滕代远报告说：“准备工作完毕，请主席换乘苏联列车。”“啊！终于到了。”毛泽东站起身来说。随后在叶子龙的帮助下，穿好皮大衣，戴上帽子，与秘书、翻译、警卫人员等一同走下车。此时，苏方专列的车门正好对准我方车门，毛泽东微笑着与在场送行的各位领导亲切握手，说道：“一路上辛苦了，谢谢你们。”外面的气温已经是零下 50 度，但大家和毛泽东握手时，还是感到一股暖流顿时传遍全身。有人提议：“我们和主席合个影吧！”毛泽东高兴地说：“好啊。”各位送行的领导怀着兴奋的心情，在毛泽东乘坐的车厢前站成一排，留下了一张珍贵的合影。

满洲里火车站：滕代远（一排着白色大衣）、毛泽东（二排站门口者）

毛泽东在苏联驻华大使罗申的陪同下，登上苏方列车。毛泽东并没有急于走进车厢，他一直站在车厢门口向中方送行的同志挥手示意。李富春、滕代远、李克农、杨奇清、毛岸英、冯纪、任远等人一字排开，向毛泽东举手敬礼，请毛泽东进去。毛泽东望着大家，依然没有动。苏方列车长长鸣了一声笛，缓缓启动开出，大家把手高举过头顶，祝福毛泽东访苏顺利。毛泽东在关了车门的玻璃窗里不断向大家挥手告别。中方送行的同志站在原地未动，一直目送列车远去。

滕代远随即向铁路部门工作人员布置任务：要求有关铁路局做好充分准备，随时迎接毛泽东专列返回，确保回国时的行车安全。

1950 年 2 月 14 日，中苏两国在克里姆林宫举行《中苏友好同盟互助条约》的签字仪式。这是一件震动世界的大事，随着电波传向全世界。当大家从次日广播中和报纸上得知此事后，除了激动和高兴外，同时也意识到毛泽东、周恩来即将动身回国了。滕代远指示：争取主动，不必等候命令，立刻做好准备工作。铁路员工又投入到迎接专列返回的光荣任务中。

2 月17 日，毛泽东结束对苏联的访问，于莫斯科时间晚上10 点30 分登上苏联列车，离开莫斯科回国。为他们服务的许多苏方工作人员知道消息后顾不得穿上大衣，站在冰天雪地里送行。后来才知道，这些服务人员都是在斯大林身边工作的人。苏联服务人员称赞中国领袖亲切、平易近人。毛泽东以他的德高望重、慈祥可亲，博得了苏方工作人员的敬重与爱戴。毛泽东访苏结束后，斯大林曾对身边的人说："想不到毛泽东是这样的年轻与健壮！"

为欢迎毛泽东、周恩来访苏回国，中共中央决定：派中共中央副秘书长、中共东北局副书记李富春代表中央随车前往满洲里迎接；决定由中央人民政府副主席、中央军委副主席朱德另乘专车到沈阳迎接。

毛泽东返回时在莫斯科车站发表讲话，公布了新闻消息，比出发时更为公开了。这更增加了铁路安全保卫工作的责任。滕代远亲自布置有关工作，组织专列到满洲里车站迎接毛泽东、周恩来。

2 月22 日，毛泽东、周恩来在回国列车上会见了越南共产党领导人胡志明。

列车经过在苏联境内10 天的行驶，于2 月26 日抵达苏联边境城市奥特堡尔站，胡志明也同车抵达。苏方人员一直护送到中国境内的满洲里车站，帮助中国同志完成换车、装车等工作后才离开。

由于苏方为我们提供了认真负责的安全保卫工作，使毛泽东这次出访十分顺利。毛泽东吩咐汪东兴、叶子龙代表他本人及周恩来，向苏方列车上的保卫人员和工作人员致谢并告别，还送了20箱橘子、香蕉等水果表示谢意。

在莫斯科，斯大林分别送给毛泽东、周恩来的一辆“吉斯”牌高级轿车也随专列抵达满洲里。因为天气寒冷，其中一台车由于没有放水，把水箱冻裂了。

2月26日下午抵达满洲里后，毛泽东与专门前来迎接的高岗、滕代远、罗瑞卿，杨奇清、汪金祥（东北人民政府公安部长）等见面时非常高兴，和他们谈笑风生，从精神上看轻松不少。

国内外的阶级敌人没有放过这次难得的机会。2月下旬，他们在一个深夜扒开了长春市郊外的数里铁路干线，妄图制造列车颠覆，被地方公安部门及时发现，立即组织人员将线路修复。

2月26日深夜，毛泽东的专列由满洲里车站出发，为了确保行车安全，迷惑敌人，做到“万无一失”，第一列车内全部是空的，任务是压道开路；第二列是担当警卫任务的前驱车；毛泽东、周恩来、胡志明和所有其他回国人员均在第三列车上，毛泽东乘坐的车厢挂在最后一节。

2月27日上午10时，列车经过兴安岭到达海拉尔车站，由于是在山岭上面，气温比平地更为寒冷。当时万里无云，阳光明媚，周围望去都是皑皑白雪。列车在此要更换机车，除了胡志明没有下车外，其余同志纷纷随着毛泽东、周恩来缓步走下列车，到站台上一边呼吸新鲜空气，一边观赏祖国北部绚丽多彩的风光。大家随意围绕在毛泽东周围边走边谈。

滕代远紧跟在毛泽东身旁，边走边向毛泽东介绍车站的情况。当他们走到一组道岔前面，毛泽东把右手从皮大衣内伸出，指着道岔问滕代远："这是什么东西？干什么用的？"

滕代远立即报告说："这是道岔。专门用它来拨开铁轨，使列车不会撞头。"

"是吗？"毛泽东仔细看了一眼。

滕代远说："扳道岔的叫扳道员，工作时很吃力，劲小的还扳不动。"

"啊，这个玩意还不简单呢！"毛泽东微笑着说。

滕代远笑了笑接着说："铁路上这一套东西名堂不少呢！"

"是啊！"毛泽东点点头。

冯纪、任远跟在毛泽东身后，认真地听着毛泽东和滕代远的谈话。东北铁路公安局严佑民局长手握照相机，怀着激动的心情把毛泽东和滕代远谈话的情形抓拍下来，留下一幅十分宝贵的照片。

在返回途中，还发生了一件过去鲜为人知的事情。当时的中共黑龙江省委负责同志没有和滕代远商量，擅自决定要专列开往齐齐哈尔，被滕代远发觉后加以制止。滕代远当着高岗、欧阳钦（中共旅大市委书记）、汪金祥等人的面，严肃批评了这位负责同志无组织无纪律的行为，致使专列在昂昂溪车站稍有延误。随后，滕代远立即向车上的周恩来汇报了此事。周恩来对此处理表示同意。

专列于 2 月 27 日晚上抵达哈尔滨，黑龙江省市负责同志到车站迎接，并邀请毛泽东、周恩来下车休息休息再走。毛泽东等人同意下车休息过夜。叶子龙为毛泽东买了一些东北特产熏肉大饼。毛泽东很久没有吃到中国饭了，边吃边说："好吃！好吃！"同志们分别下榻在哈尔滨两个最大的宾馆，痛快地洗了澡，好好睡了一觉。

2 月 28 日，毛泽东在哈尔滨接见了黑龙江省市负责同志，并题词："不要沾染官僚主义作风。"下午，由滕代远陪同，毛泽东兴致勃勃地参观了铁路工厂，与工厂的干部职工见面，亲切握手，连连说："同志们好！"工人们喜出望外，激动地眼含泪花高喊："祝毛主席身体健康！"但这次参观由于事先没有计划，安排不周，有的车间空无一人，毛泽东没有尽兴。

从 1949 年 12 月 6 日到 1950 年 3 月 4 日历时 89 天，毛泽东主席率领中共代表团完成了这次具有重要历史意义的访问。

回顾毛泽东主席首次访苏的全过程，可以用"一路平安"来形容。党中央高度重视，周恩来总理亲自挂帅，中央社会部、公安部、铁道部首长直接参与领导，各地党政军民上下一致，团结合作，采取群众与公安机关相互配合，军民结合，动员了千军万马，全体参加人员同心同德、夜以继日地站岗放哨，保证了毛泽东主席访苏的顺利！

1952 年 2 月滕代远（左一）、陪毛泽东主席（左四）视察山海关。

解放军打到哪里，铁路就铺到哪里

“解放军打到哪里，铁路就铺到哪里”这句话是滕代远在首次铁路工作会议上发聋振聩提出的动员令，也是他衡量军委铁道部长是否尽职尽责的重要标准。纵观中外战争史，现代化作战须臾离不开铁路运输的支撑和保障。遵照中央军委铁道部的指示，我各路野战兵团每攻下敌军盘踞的一个交通枢纽城市，首先迅速接管该市铁路局，铁路机务段和火车站。派遣我军营团职军官担任铁路局政委和站、段军代表，积极动员旧体制下的铁路员工坚守岗位，为解放全中国贡献力量。

长期担任我军领导人的滕代远，很清楚政治工作在作战中的重要性，他在全国铁路工作会议上郑重强调：“铁路系统建立政治部，其目的就是适应战争的需要，加强与提高工作效率。”经中共中央批准，铁道部政治部很快成立，王鹤峰任政治部主任。为了加强党在铁路系统的宣传工作，《人民铁道》报于1949年5月1日创刊，滕代远亲自找到毛泽东，请毛泽东为《人民铁道》报题写了报名。滕代远撰写了发刊词《建设新的人民铁道》。

人民解放军解放郑州后，平汉铁路和陇海铁路连通，津浦铁路除徐州孤立据点外，南北两段及陇海铁路均被我军接管。为了支援解放军百万雄师过大江的战略任务，铁路抢修工作按照滕代远在石家庄召集的铁路工作会议上做出的部署，迅速而有序地展开。抢修津浦铁路是支援渡江作战的当务之急，而津浦铁路主要被破坏的地段，北段到南段有达二百六十八公里的距离。其中桥梁、通信、给水设施也被严重破坏，路基大多被挖毁。而德州至桑梓店九十九公里线路全遭破坏，钢轨仅存三分之一。沧县至东光五十九公里线路，全部建筑材料几乎荡然无存。人民解放军渡江战役预定于 1949 年 4 月 20 日左右发起，时不我待，滕代远命令铁道兵团于 4 月 1 日前首先抢通三百三十公里的北段铁路，铁道兵团指战员和沿线铁路员工日夜奋战，按照滕代远司令员命令，提前七天，于 3 月 24 日修复了陈官屯至桑梓店的铁路。这样就给正在长江北岸集结，准备渡江作战的各个野战军提供了一条快速前进的主通道。滕代远为此给铁道兵团发去贺电说："这一任务的完成，对我解放全中国，接通津浦线，有重大的政治意义和军事意义。"与此同时仅仅用了两个月时间，山海关内铁路就抢通了四百多公里，强有力地保证了我人民解放军二百万部队南下作战。

在中央军委铁道部统一部署下，各解放区动员二万名民工配合各铁路局员工一起，日夜不停地抢修陇海和津浦两条铁路线。共完成抢修线路五百六十公里，桥梁六十八座，涵洞二百六十八处。恢复了一大批给水、电力、通信设备。徐州解放的第二天，1948 年 12 月初，便开出了第一列支前列车。二十天内，以徐州、郑州为中心，东起新安，西到洛阳，北到济南，石家庄，南到宿县、信阳，就全部恢复通车。在解放全中国的隆隆炮声中，我军通过铁路运输，将军火弹药源源不断地补充到一线作战兵团，又将前线抢救下来的大批伤员及时后送。在百万雄师飞渡长江的关键时刻，我军就是靠铁路运输把部队、大炮、木船及时输送到二野、三野、四野各兵团渡江出发阵地。

1949年4月20日晚，渡江战役打响第一炮，我军冒着敌人的猛烈炮火奋勇渡江。4月21日凌晨，我军各路突击队彻底摧毁了国民党苦心经营的长江防线。4月23日解放南京，宣告蒋介石在中国的统治彻底瓦解。数百万铁路员工和铁道兵团指战员，在中央军委铁道部统一的坚强领导下，艰苦奋战，迅速修通了津浦南段，沪宁、沪杭、宁芜各线，有力地支援了解放东南地区的战役；修通了平汉路郑州汉口段，粤汉路北段，有力地支援了解放中南、华南地区的战役；修通了陇海西段，有力地支援了解放西南、西北地区的战役。在津浦南段铁路的抢修中，淮河大桥的修复工程难度最大。全桥九孔，桥墩三个被炸毁，钢梁五孔被炸落，该桥所在河宽400米，河深14米。河床坡度大，河底为岩层，这给修桥带来了很大困难。而刚刚获得解放的南京等大城市缺煤缺电，粮食供应紧张，人心浮动，情况十分严重。为了支援解放大军继续南进，修复大桥成为当务之急。滕代远为此在现场召开紧急会议，提出一定要尽快修复淮河大桥，打通津浦线，支援解放军南下。会上研究了多套方案。滕代远经过慎重考虑，果断决定采用修建便桥方案。限时两个月，在洪水到来之前，抢通淮河大桥。会后，滕代远立即命令正在南段执行任务的铁道兵团三支队支队长彭敏前来报到，接受任务。滕代远亲自布置任务：限令7月1日前必须大桥通车。为了保证抢修的后勤供应，滕代远亲自写信给第三野战军华东支前司令部傅秋涛司令员，请他全力支援。在铁道兵团指战员和铁路员工的奋战下，终于在6月30日架起了淮河大桥，使已经中断三年的津浦铁路全线通车。

陇海路西段，高桥多，路基高，抢修极为困难。尤其是地处峡谷的八号桥，高达四十五米，长度一百五十米，为当年全国最高的桥梁。它被破坏得只剩下五座伤痕累累的桥墩，孤零零地矗立在那里。如何登上这么高的桥墩作业，成为一个大难题。铁道兵团英雄战士杨连弟，率领十八名勇士，不畏艰险，搭单面脚手架，攀登上八号墩，在狭窄的墩顶上坚持几昼夜，仅用一块木板做掩护，用炸药爆破一百多次，铲平了桥墩面，保证了修复八号桥任务的胜利完成，为打通陇海线立了大功。1952 年 5 月，杨连第在抗美援朝铁道战线上英勇牺牲。为纪念“登高英雄”的业绩，滕代远以铁道部的名义命名八号桥为“杨连弟桥”。

1952 年 11 月 2 日，毛泽东视察黄河铁路大桥时，与滕代远及技术人员在一起。

第十六章

使命变更，呕心沥血

建设钢铁运输线

1949 年 10 月 1 日，举国欢庆中华人民共和国诞生。滕代远被任命为中央人民政府政务院政务委员，政务院财经委员会委员，中央人民政府铁道部部长，吕正操、武竞天和石志仁同时被任命为铁道部副部长。

滕代远于 10 月中旬主持召开铁道部工程会议，确定抢修的重点是接通全国各主要干线，全面恢复全国的铁路运输。会议一结束，滕代远马上组织铁道兵团和郑州铁路局，抢修京汉路北段保定至新乡的铁路。同时又命令衡阳铁路局局长郭维成和铁道兵团各有关部队首长：开国年内，实现北京至广州全线通车。经过铁道兵团指战员和郑州、衡阳铁路局员工的日夜奋战，10 月 14 日广州解放，10 月 20 日，京汉铁路线抢通。12 月 28 日，粤汉铁路线抢通。当第一列从汉口开往广州的列车到达广州时，广东省主席叶剑英主持了粤汉铁路通车典礼。

其后，陇海线、浙赣线、南同蒲线、湘桂线等铁路也相继通车。到开国当年年底，全国原有主要铁路线基本修复，并连接成一个整体。共和国刚刚诞生的这一年里，铁道部部长滕代远指挥全体铁路员工和铁道兵团十多万指战员艰苦奋斗，总计修复铁路线八千多公里，修复桥梁二千七百多座。到年底铁路通车营业里程达两万多公里，剩余未修复铁路线路在建国两年内全部实现通车，大大缩短了蒋介石逃往台湾前对共产党恢复铁路运输时间的估计。

国民党逃离大陆前蓄意破坏了大量内地铁路线，他们估计共产党怎么也要用十年到二十年时间才能完全修复。结果，共和国铁道部和铁道兵团共同奋斗，只用了不到一年时间就基本修复了全国主要铁路交通线。

1949 年 12 月 28 日，解放战争最后一场大决战——成都战役胜利结束。歼灭了蒋军王牌主力军胡宗南、宋希濂两个集团九十三万兵力。很快以刘伯承为主席、邓小平、贺龙为副主席的中共西南军政委员会成立。

我们从国民党反动派手中接收了一个千疮百孔的烂摊子，国民经济陷于崩溃，工业生产停滞，供应短缺，物价飞涨……真正是困难重重，百业待兴，举步维艰。中共中央西南局经过慎重研究，决定把修建成都至重庆的铁路，即成渝线，作为恢复西南经济的重大战略部署。

成渝线由成都起点，经简阳—资阳—内江—隆昌—荣昌—永川—江津—重庆，全长 530 公里。它东连长江航运，西接康藏地区，北达川陕公路，南通川黔、川滇公路，是建设大西南铁路网的中枢。但是四川地处西南偏远地区，修建铁路必需的钢轨、桥梁、机车，自己不能生产需从外省调入，而蜀道又“难于上青天”。西南局首长决定进京向党中央汇报，希望得到中央军委铁道部的支持。

邓小平和赵健民（原二野十七军军长，时任西南局交通部长，后担任过国家铁道部副部长）住在北京饭店，隔壁即是中央军委铁道部办公楼。邓小平对赵健民说：“修建成渝铁路，重要的是取得铁道部的支援，我同你去铁道部见滕代远同志。”警卫秘书准备安排车辆前往，邓小平回答说：“东邻一墙之隔，还乘什么车，走过去。”他们一行人步行来到了军委铁道部，受到了滕代远部长等领导同志们的热情接待。无论是在红军时期的中央苏区根据地，还是在抗日战争时期的延安。更不要讲八年抗战在太行山，解放战争在晋冀鲁豫军区，滕代远与邓小平都是在战火中并肩战斗的亲密战友。现在革命胜利了，他们又呕心沥血地为共和国的明天共同绘制蓝图。

在二楼会议室，当赵健民汇报到请军委铁道部加强对修建成渝线铁路支援时，邓小平说："四川人民，西南人民对修成渝铁路盼望了几十年，是十分迫切的。对修铁路，从地方上说，要什么有什么。只要铁道部加强领导，一定会很快修好的。"滕代远部长说："成渝铁路是新中国修建的第一条铁路，一定要修好。需要地方大力支持，所以我希望赵健民同志能兼任西南铁路工程局局长。"赵健民表示："局长还是由铁道部派来的赵锡纯同志担任好，我兼顾一下就可以了。"邓小平拍板："为了协调铁道部和地方力量修路，我也同意赵健民兼任局长，问题就这样定了。"

中共中央书记处经讨论决定：同意修建成渝铁路。政务院在周恩来总理、陈云副总理主持下开会研究，决定先拨二亿斤大米作为修建成渝铁路的第一笔投资。并且指出，这是新中国成立后决定兴建的第一项巨大工程，一定要努力修好。遵照党中央决定，西南军政委员会和西南军区决定成立西南铁路工程委员会，由西南军区副司令员李达任主任，定于1950年7月1日前动工，两年内修完。由于西南地区刚解放，国民党残余部队、特务、土匪、散兵游勇甚多，活动猖狂，修建成渝铁路只能完全依靠部队。经研究确定：西南军区直属部队，川东、川南、川西、川北军区各组织一个工程总队担负施工任务，并负责领导由该地区以失业工人为主的民工支队参加施工。西南铁路工程局的所有领导骨干几乎清一色是由军队调派，多数由第二野战军五兵团十七军调来，共计三百余名连职以上军官。其中地师级军官担任处一级领导职务，县团级军官担任科股级领导职务。

由于当时土匪猖狂，为保证施工顺利，西南军区调给铁路工程局两个步兵团保障施工安全。

解放前的大西南没有一寸铁路，客货车辆连影子都没见过。1950 年 3 月，铁道部长滕代远特批给修建成渝线调拨机车和车辆。但是只能到达汉口，要将机车、钢梁拆卸分解，然后装船水运至重庆九龙坡码头上岸再组装。当时长江航运局没有大型船舶可以承载，贺龙司令员报请中央军委，亲自找海军司令员肖劲光调登陆舰来担任此任务，难题才算解决。成渝铁路没有铁路运输专业人员，铁道部决定由中长铁路和北京、上海、济南、天津等局调来一批站长、调度员、车长、值班员等三百多人，又从部队调进现役军官八百多人，从青年学生中招考二千多人从事运输客运工作。从 1950 年 6 月 15 日成渝铁路正始动工修建，1952 年 6 月 13 日铺轨到成都。实际施工 22 个月。铺轨正线 505 公里，站线 136 公里。完成土石方 2858 万立方，建大桥 7 座，中桥 77 座，小桥涵 1548 座，隧道 43 条，修建站场 60 座，给水站 14 处，机务段三个，车辆段二个，机修厂一个，架设通信电线 7115 公里。总计投资 18667 亿元，每公里平均造价 37 万元。成渝铁路是建国后在半山区修路进度最快，投资最省，质量最好的一条新建铁路。

1952 年 7 月 1 日，重庆、成都同时为成渝铁路通车举行隆重的通车典礼。中共中央西南局、西南军政委员会、西南军区、重庆市委、市政府联合于 7 月 1 日在重庆菜园坝车站广场

滕代远（右一）陪同周恩来总理1951年6月接见苏联中长铁路局长叶洛果夫

召开了庆祝中国共产党成立31周年暨成渝铁路全线通车典礼大会。滕代远部长，熊克武、刘文辉副主席，李达副司令员等领导和5万群众参加典礼大会。滕代远部长在大会发言中，特别强调：“帝国主义企图以封锁禁运来窒息我们新中国的工业建设，但是我们有党中央毛主席的领导，紧密依靠群众，一方面抗美援朝，与强大的敌人作战。另一方面又要培养干部，摸索经验，进行建设，以便把中国从一个农业国建设成为一个强大的工业化国家。我代表毛泽东主席向大会表示祝贺，并将毛主席亲笔题词‘庆贺成渝铁路通车，继续努力修筑天成路’这面光荣的锦旗，赠给西南铁路工程局全体职工同志们。”最后滕代远部长为通车的专列剪彩，满载各方代表的专列驶向成都。

在成都车站广场，有30万群众参加通车典礼大会。中共中央西南局第一书记、西南军区政委邓小平，西南军区司令员贺龙等首长出席大会。贺龙司令员发表热情洋溢的讲话，成都市长李宗林至欢迎词，并代表成都人民向中央人民政府铁道部献上大幅锦旗“在你们坚强领导下，我们全力为发展西南铁路建设而努力。”滕代远部长高兴地接受了锦旗并发表了讲话：“对成都人民的盛情表示衷心感谢，成渝铁路通车后，我们将继续修筑天成铁路（即后来的宝成铁路，1956 年 7 月 12 日全线通车），不辜负西南人民对我们的殷切期望。”

1954 年，滕代远（前排左一）与火车老司机亲切谈话，了解工作和生活情况。

在积极恢复共和国铁路运输的同时，遵照中央军委命令，1950 年底，铁道部组建中国人民志愿军铁道兵团和铁路职工志愿援朝大队进入抗美援朝最前线，积极投入抢修线路，恢复运输工作。

朝鲜战争刚一爆发，周恩来就遵照毛泽东“抗美援朝”的方针，召集总参谋长聂荣臻（代），铁道部长滕代远和海空军司令员一起在中南海开会，制定向朝鲜运兵的具体方案。周恩来总理确定的入朝作战铁路运输方针是“建设铁路、公路、水路相结合，抢修、抢运、防空相结合，快卸、快装、快运相结合，纵贯道路和横贯道路相结合，建设一条打不断，炸不烂的钢铁运输线。”铁路各部门齐心协力，艰苦奋斗，于1951年5月，铁路就修到了开城前线以北60公里处，沟通了前后方的铁路运输。1951年7月，美军拿出空军的五分之一力量投入朝鲜战场。每天出动飞机数千次，对只有五百公里的朝鲜铁路狂轰滥炸。铁道兵和铁路员工在炮火中创造了许多可歌可泣的英雄业绩。铁路系统在抗美援朝中牺牲了6700多人。战争刚刚爆发，我铁道兵就有四个师和铁路员工五万余人遵照铁道部和铁道兵团命令入朝参战。三年里，铁路系统先后有19万人入朝参战。运送了物资和部队385234车，在朝鲜境内经常保持三百多台机车和一万多辆货车。中国铁路工人通过抗美援朝战争创造和积累了丰富的实战经验，拉开了现代化战争条件下军事运输保障手段的序幕。

铁道部部长兼铁道兵团司令员滕代远入朝慰问我志愿军时，就多次鼓励铁道兵指战员：“总结经验，时刻准备对付敌人的新花招。”在组织抢修铁路的同时，滕代远还花费了很大精力借鉴社会主义苏联铁路运输的成功经验，大刀阔斧地改革旧中国铁路的管理制度。他组织铁道部党组深刻研究改革的思路，讨论得出一个共同的结论：实现铁路的统一管理是新中国铁路大发展的必经之路。

滕代远连续召开了运输、调度、工程、机务、运价、财务等一系列会议，果断地采取措施，实施全国铁路的统一管理。改革旧铁路分线管理制，实行集中领导和分级管理相结合的管理制度，设天津、太原、郑州、上海、济南、衡阳等铁路管理局和东北铁路总局，由铁道部直辖。确定统一运输调度的原则，统一调度表报，实现了全国铁路运输的统一调度指挥。统一全国客货运规章，统一全国客货运价，统一实行递远递减政策。统一会计制度，统一铁路财政，由铁道部统筹安排，合理分配各铁路局投资，以保证全路各地区运输能力的平衡。制定并实行铁路技术管理规程及各种专业规章，确保全路技术管理的统一。这些管理制度的重大改革，从根本上改变了旧铁路的管理分散各自为政的弊病，使人民铁路迈出了历史性的一大步。滕代远把管理部队时“抓点带面”、“树立标兵模范”的传统发扬光大，创造性地运用在中国铁路事业的发展上。他总结了东北铁路学习苏联铁路经验，在铁路系统内部广泛推行“负责制”。

1957 年，滕代远（左三）与“毛泽东号”机车组工人亲切交谈

1949 年 3 月，滕代远电召东北铁路“毛泽东号”机车组入关，指导推行负责制。滕代远在铁道部接见乘务组说：“调你们入关，就是借助你们这个榜样，进行一场生动的负责制教育。”“毛泽东号”机车组很快在北京、天津、郑州、济南铁路局巡回表演，推广了负责制。丰台“毛泽东号”机车组，东北“八八四号”机车组，绥化“铁牛号”机车组为全铁路机车乘务负责制的三面红旗。通过这些典型的示范作用，全铁路系统涌现出一大批劳动模范和英雄集体，机车质量和运输效率都得到了很大提高，滕代远以铁道部长名义亲自通电表彰。

滕代远对群众中涌现出来的劳动英雄和模范，爱护备至。他熟悉很多铁路劳动模范以及他们的英雄业绩，在滕代远的工作笔记本上记载着许许多多劳动模范的名字。1951 年 11 月，滕代远在参加来宾—凭祥铁路通车典礼的短暂时间里，还专门会见了修建铁路的劳动模范。他深情地说：“劳动模范是铁路的优秀儿女，他们的经验是国家的宝贵财富。一定要下工夫，准确地总结好他们的经验。”

滕代远视察火车站

呕心沥血为新中国铁路事业

1952 年 7 月，邓小平调中央任政务院任常务副总理。1953 年 4 月分工主管铁道部的工作。6 月 26 日，邓小平参加了全国铁路工作会议。他在会议上作了精辟分析并对共和国铁路事业发展提出了宏伟目标。

邓小平说：“这次铁道部旧线管理局长会议，根据我所知道的，开得很好。铁道部的领导同志一定要我来讲一讲，铁路上的问题，所有在座的同志，都比我懂得多，只有我是外行。中央分配我管铁道交通工作，为时也不过两个月，我有好多名词还不懂，我讲几点意见。”邓小平充分肯定了共和国成立以来铁路战线上取得的硕果：建国之初，1949 年共修复线路 8278 公里，其中完全被破坏彻底修复的为 3328 公里。修复桥梁 2771 座，全国通车营业里程 21810 公里。

从 1953 年起，中国铁路新线建设迈开大步，全面展开。1953 年 11 月中旬，滕代远率领苏联顾问和铁道部有关局长，专程到西北，部署宝成线宝鸡—略阳段铁路的修建工作。正值严寒季节，承建兰新线的第一铁路工程局两万多职工，刚刚完成了 1953 年度铺轨任务，正在为打通修筑兰新线的第一关——乌鞘岭工程进行紧张的施工。

乌鞘岭海拔三千米以上，气温最冷达零下 27 度，冻土层达一米。一年有十一个月下雪，十天有八天刮六级以上大风。为了争取工程进度，工人们创造了许多保证工程质量，提高工程速度的先进经验和方法。滕代远一行冒着零下二十六度的严寒，顶着六级大风，登上了乌鞘岭工地。他详细听取了工程局长关于冬季施工的进展汇报，仔细查询了冬季施工中职工生活保障设施的准备。在工地上滕代远看到群众创造的小型机械化施工方法，他高度评价了群众的创造，他对工程局长说："群众中蕴藏着巨大的创造力，要爱惜他们的积极性，逐步把他们从繁重的体力劳动中解放出来。"滕代远逐个走访了乌鞘岭工地上每一个隧道队、土石方工程队、桥梁队和第六勘测设计总队，对正在施工的职工进行慰问。他挨个走进工人住宿的帐篷，查看毡篷漏不漏，炉子火势旺不旺，工人的被子够不够。土石方工程队的一位工人因为发烧卧病在床，看见部长走进来，想挣扎起来。滕代远马上过去把他扶卧下来，一一询问这位工人的姓名、工种、籍贯和病情。他叮嘱工程局长："职工干劲越大，领导越要关心群众的冷暖，对生病职工要给予特别照顾。"滕代远检查到工地食堂时，亲自嘱咐食堂主任，给土石方队的那个工人送病号饭。

11 月 25 日，滕代远在乌鞘岭工程指挥部召集先进工作者座谈会，并对乌鞘岭工地两万多职工进行了广播慰问。11 月 29 日，滕代远率领检查组回到兰州，向施工、设计部门的领导干部作了通报和对下一步工作的指示。然后滕代远没有休息一天，就接着赶赴武汉，检查武汉长江大桥的施工情况。在工地上，他看到铁道兵官兵人拉肩挑，火热施工的场面。情不自禁地拿起一根扁担就加入抢运沙石的行列中。

在修筑兰新线的同时，作为我国主要国际通道之一的集宁到二连的铁路，提前于 1954 年 12 月 12 日完成铺轨任务。滕代远率领铁道部工作组去参加庆祝大会。在内蒙古平地泉地区

1957 年，滕代远（右三挑土者）在武汉大桥工地与铁道兵指战员共同劳动。

为集二线提前完工举行的庆祝大会，会议定于 14 日上午 8 时举行，可是直到 7 时 50 分，汽车由于临时故障，无法按时到达招待所来接。军人出身的滕代远，长期养成了分秒不差、严格遵守时间的军人素质。他一看表只剩十分钟，就立即带领铁道部随行人员顺着别人指点的小道，踏雪疾步准时赶到会场。在庆祝大会上，滕代远发表讲话，要求铁路工程部门全体同志继续发扬艰苦奋斗精神，争取提前全部完成配套工程，保证按期组织国际联运。

1954 年 9 月 15 日，滕代远出席全国人大一届一次会议，继续被任命为中华人民共和国铁道部部长。他仍旧保持着过去战争年代经常下连队，抓基层的作风，每次出差，总是身着铁路制服，紧扣风纪扣，一派严于律己、以身作则的大将风度。列车奔驰在万里铁路线上，滕代远经常就在公务车上抓紧时间听取沿线铁路局领导人的详细汇报。他总是从公务车末端的瞭望窗注视铁路沿线的线路状况，发现线路哪里松软，列车晃动，他都让随行人员一一记下，尽快通知有关铁路局负责人马上整改。到站下车，他不在铁路局领导机关听汇报，而是直接到站段视察，和基层干部工人谈心，了解第一手的实际问题。他常对机关领导干部们说："基层同志们的意见，是一面镜子。可以照出我们领导机关的问题。我们检查下面的工作，同时也是检查自己的工作。如果不及时征询下面的意见，我们肯定会犯主观主义的错误。"滕代远每次检查工作，一定要去职工宿舍、行车公寓、食堂、幼儿园、铁路学校视察，详细了解情况，马上拍板，现场解决实际问题。所以基层同志每当听说滕部长下来检查工作，都真诚地迎候他。滕代远一次检查到铁路乘务员公寓，他走进每间客房，仔细地翻开床上的被褥查看，发现褥单不干净，甚至还有虱子。滕代远严厉地批评了公寓管理员，他对公寓的上级领导——铁路分局局长说："下次我还要来这里检查，再不达标，领导就地免职。公寓卫生做不好，就无法让一线职工得到充分的休息。"

一次滕代远来到锦州铁路局检查工作，列车进站后，站领导组织一些学生手持花束来迎接部长。滕代远看到后，极为不满。他严厉批评了该局领导，郑重指出："决不允许这种风气滋长，领导心思要完全放到工作任务的落实上。"滕代远每次外出检查工作，一般都在公务车上吃和住。一次到重庆，天气炎热，当时地方上新建的宾馆刚刚落成，重庆市委的领导同志关心他的健康，请他下车住到宾馆里。滕代远不同意，坚持要住在列车上。他说："我们搞铁路的人，看到两条钢轨就好像到了家，我在车上睡得踏实，不必麻烦地方同志了。住宾馆还要花费公款，还是节省些好。"

有一年，滕代远在大连检查铁路工作。当时海军正在旅顺港进行军事大演习。国防部办公厅主任萧向荣中将听说滕代远在大连，就专程到公务车上盛情邀请他光临现场指导，滕代远因为还要进一步调研，解决大连铁路局的许多难点问题，所以就婉言谢绝了萧向荣中将的邀请。他身边工作人员不解，部队领导那么尊重滕部长，为什么谢绝人家呢？滕代远解释说，我们正在检查铁路工作，不能放下手中的工作去参观。

滕代远为增强运输能力，给国民经济的发展当好“先行官”。他尤其注重铁路工业的发展，在他主导下铁道部不断调整工业布局，对原有工厂进行技术改造和扩建，先后建成了成都机车车辆厂、长春客车厂、长春机车厂、大同机车厂、兰州机车厂和一大批铁路器材厂。初步形成了机车车辆制造，修理和专业配件生产的基地。滕代远于1956年初签发了《关于改进营运铁路工作的七十三项措施》的部令，要求改善铁路经营管理的工作更加扎实地推行到每一个铁路基层单位。中共中央，国务院十分关心铁路工作，凡是铁路的重大问题，滕代远都直接向国务院总理周恩来请示汇报。1956年2月16日和3月6日，国家主席刘少奇，中共中央主席毛泽东先后分别听取了滕代远关于铁路工作的全面汇报，他们均对铁路取得的成果表示满意，并做了重要指示。

滕代远作为新中国第一任铁道部长，曾先后三次出国参加国际铁路会议。每次会议他都充分利用时间学习了解国外铁路管理的先进经验和铁路科学技术发展的最新成果。滕代远在战争年代担任过抗日军政大学总校的主要领导，建国前后他就特别重视培养铁路建设的技术人才。1949年，滕代远就呈报中央批准，以北京铁路管理学院和唐山工学院为基础，成立中国交通大学。报请政务院任命了桥梁专家茅以升为校长，铁路运输专家金士宣为副校长。1950 年 9 月，该大学改名为北方交通大学，滕代远请毛泽东专门题写了校名。在滕代远大力倡导下，全国铁路高等院校像雨后春笋般布满了各个铁路枢纽中心所在的大城市。滕代远早在建国初期就把唐山工学院的院属科研所划归铁道部，改为铁道科学研究所，任命茅以升为所长。1956 年 1 月该所扩建为铁道部科学研究院，成为全国铁路的最高科研中心。对科学技术人才和他们在建设人民铁道事业中的作用，滕代远始终寄予厚望，铁路建设每一个大项目，从调研到方案的最后拍板，滕代远都要把铁路专家一个个请到现场，认真听取他们的真知灼见。

1957 年 9 月滕代远在宝成铁路规划设计图前指示

滕代远是中国共产党第七届、第八届、第九届、第十届中央委员，是第四届全国政协副主席，国防委员会委员。滕代远在铁道部工作了整整十六年。十六年里，他把全部精力倾注在人民铁路事业的发展上。为中国铁路事业的跨越式发展奠定了扎实基础。每一条新线的建设和旧线的改造，每一项运输生产的成果，每一件铁路科学技术的新发展，都凝结了滕代远毕生的心血和期望。他热爱铁路，对铁路有着特殊的感情。

周恩来同志 1948 年 11 月约见滕代远时称“你是第一个从军队转做经济工作的部长”。应当说，滕代远没有辜负党中央的信任，始终保持了革命战争时期那么一股艰苦奋斗、横刀立马的大将风范。用自己无愧于人民的一生，向新中国，向共产主义事业交出了一份合格答卷。

1962 年欢送二儿子滕久光参军时全家合影

第十七章

严于律己，励精图治

- 认子考试
- 殷殷父子情，拳拳报国心
- 千里悼母
- 将军看淡是否被授军衔
- 严于律己，艰苦朴素
- “服务”二字 守不渝

认子考试

1921 年由父母包办，十七岁的滕代远与长他四岁的谭红玉结婚，次年生下大哥滕久翔。麻阳解放时，久翔全家七个人吃饭，生活十分困难，于是想找二十八年来未曾谋面的生父滕代远在北京安排工作或要点钱，以改变家里面临的困境。

1950 年 9 月的一天，一个二十岁出头的年轻人来到铁道部门口说要进去找人，被门卫拦住了。

门卫见他一身土里土气的山乡装束，就盘问道："你是哪里来的？找谁？"

年轻人被问得低下了头，怯怯地回答："我找父亲。"

"你父亲是谁？"

"滕代远。"

原来，这个大老远跑来的年轻人就是滕代远在老家务农的滕久翔，他听说滕代远在北京当上了铁道部部长，就千里迢迢来到北京探望。

几经周折，经电话联系，警卫员小刘开车接他到家。由于麻阳刚刚解放不久，社会复杂，加之父子从未见面，滕代远为慎重起见，专门安排杨秘书在值班室对滕久翔进行一场"认子考试"。

试题是滕代远出的，问他出生时间、亲人姓名、门朝东朝西、门口有几个岩擂钵、石阶有几级等，待久翔答得一点不差时，滕代远才答应在北京颐和园见面。久翔终于见到日夜思念的生父滕代远。

久翔是滕代远离开家乡考入常德师范的前一年（1922 年）出生的。1924 年参加革命后，滕代远一直没有机会回老家看望亲人，如今见到阔别二十余年、已经长大成人的久翔，心里自然分外高兴。

在久翔暂住北京半个月的日子里，滕代远在工作之余抽空陪伴他游览了北海、故宫、颐和园等名胜古迹，父子俩相处得十分愉快。

浓浓的亲情、首都秀丽迷人的风光以及优美舒适的环境，使得久翔萌生了一个念头。

一天，久翔央求滕代远说："爸，你现在是铁道部部长，给我在北京找个工作吧？这样，咱父子俩也好经常见面。"

滕代远沉思片刻后，亲切地对久翔说："按父子情分，我应该在北京为你找个事做。但我们是共产党的干部，只能全心全意为人民服务，绝没有以职权谋私利的权力。再说，你在老家上有祖母，下又有爱人和孩子，你不能把这副担子交给当地政府和人民啊！你应该回去。"

滕代远又说："现在抗美援朝战事紧张，国家有困难，你要安心在家乡搞建设，做好阳春，多打粮食，为国家抗美援朝出把力。"

起初，遭到滕代远婉言拒绝的久翔心里很不是滋味，可是，转念一想，觉得滕代远的一番话还是有深刻道理的。最后，他接受了滕代远的意见。

临行前，滕代远再三告诫他："你回去后不要打着我的牌子，向政府要救济或提其它要求。在农会工作要老老实实，不能脱离群众。"最后，滕代远送给他一个大布包说："这里面是我过去革命时化装用过的旧衣裤和破烂家什，你拿到家里就是好东西了。里面有一根皮带，是我在井冈山打仗时用过的，现在送给你，希望你像当年我和战士一样去克服一个又一个困难。”久翔记住了滕代远的教导，不住地点头允诺，铭记在心。

久翔回到家里打开包一看，果然是些破烂衣服，家里人顿感失望，祖母急忙问久翔：“家里这么困难，你父亲都没有给点钱?”久翔委屈地说：“到辰溪站下车只有一块五角钱了，回家的路程再远一点，恐怕就要饿肚子了。”

殷殷父子情，拳拳报国心

新中国成立后，二哥久光被接回北京，进了一所干部子弟学校。在学校里，久光过着无忧无虑的生活，很少与外界接触，使得这个在农村长大的孩子有点忘乎所以了。滕代远认为这样下去不利于孩子的健康成长，于是就把孩子转到一所普通学校。但久光淘气贪玩、不好好学习的毛病仍没有改掉。为了更好地教育孩子，滕代远夫妇决定把久光送到秘书的老家，一个山区农村去锻炼。他对秘书说：“这孩子自从跟我们进了城，衣来伸手，饭来张口，像生活在蜜罐里，不知农民的辛劳，不了解庄稼是怎么样长出来的。这样下去，容易变成资产阶级的纨绔子弟，我看还是让他到老解放区，找个庄稼汉当老师，学学种地，吃点苦才好。”

就这样，久光被送到河北唐县的一个山区农村。一下子离开了北京城，来到这么艰苦的农村，久光开始很不理解父母的一番苦心。滕代远就经常抽时间给孩子写信，鼓励他努力学习、参加劳动。后来由于上学不方便，滕代远又让久光带上户口到黑龙江省依兰县姥姥家，一边上学一边参加农业劳动。期间，滕代远仍然时常抽时间给久光写信，关心久光的学习劳动，以期健康成长。

离开了父母，久光逐渐增强了独立性，并有了可喜的变化。北方的高粱米把他养得非常结实，劳动的汗水改变了他贪玩的恶习，学习成绩也渐渐好起来。

三年之后，久光被滕代远接回北京。1962 年夏秋之间，台湾国民党当局叫嚣反攻大陆。久光激于保卫祖国的义愤，自愿放弃继续升学的机会，报名参军，成为一名光荣的海军战士。滕代远格外高兴，表示热情支持，他觉得自己几年来在久光身上倾注那么多的爱和教育没有白费，他语重心长地对久光说："你这样做是对的，人民共和国需要你们捍卫。人民解放军是个大熔炉，希望你在熔炉里锻炼成才。"

1964 年夏，三哥久明高中毕业，正埋头苦读，准备参加高考。一天傍晚，滕代远夫妇谈论起家里的事，对久明学习肯用功、进步快的情况感到十分欣慰。秘书见状插话说："久明对我谈过，他想上哈尔滨军事工程学院，怕万一考不好，不被录取，想请您给学院刘院长（滕代远的老部下）写封信。"

滕代远听后，断然回答说："读书，上大学，要靠自己的努力，不能靠父母的地位和私人关系。大学能考上更好，考不上也没有什么。为人民服务的工作多得很，做工、种田、当兵都可以。"滕代远又对妻子林一说："要给孩子讲清不能写信的道理，靠私情，拉关系，不是我们党的作风。"

后来，久明经过自己的刻苦努力，如愿以偿地考上了哈尔滨军事工程学院。

在久明准备上大学的前几天，滕代远给他写了一封信，信中一再嘱咐："这是我们对你的希望，你是咱家第一个进大学的，一定要好好学习。"他还抄录了陈毅 1961 年 7 月送儿子上大学时写的《示丹淮并告昊苏、小鲁、小姗》这首长诗中一些句子以勉励儿子："汝是党之子，革命是吾风。汝是无产者，勤俭是吾宗。汝要学马列，政治多用功。汝要学技术，专业应精通。勿学纨绔儿，变成白痴聋。少年当切戒，阿飞克里空。身体要健壮，品德重谦让。工作与学习，善始而善终。人民培养汝，报答主事功。祖国如有难，汝当作前锋。"

久明没有辜负滕代远的殷切期望，后来以优异的成绩毕业。当时，滕代远的病情已较为严重，可五个孩子都不在身边，好心的同志常劝他把孩子调回一个，久明也写信表示希望回到滕代远身边，好照顾家里。但滕代远没有这样做。他给久明写信说：我身体不好，有组织上照顾就足够了，党和国家需要你们这些年轻人。你大学毕业后，哪里最需要，你就到哪里去工作，一切听从组织上的分配。

后来，久明被分配到离北京千里之遥的一个部队工作。一次，久明利用出差机会回家看望。当他和滕代远谈到部队生活时，滕代远问："你现在在部队做什么工作?""当参谋。"久明得意地回答。他自认为刚分到部队就调到机关工作，说明自己进步挺快，原以为滕代远会为此高兴而表扬他。哪知滕代远却严肃地批评说："你这个大学生，连兵都没当过，能当好参谋吗？我看你应当先到连队去当兵。"听了滕代远的意见，久明回部队马上给组织上写了报告，申请到基层连队工作。此后，他不以大学生身份为骄，更不以高干子弟自居，虚心向同志们学习，刻苦锻炼，受到领导和战友们的好评。后来，他当上连长，在边境作战中还荣立了三等功。

“文化大革命”爆发后，全国上下正常的工作学习秩序都被打乱，学校停了课。滕代远的四儿子滕飞在他的支持下，打起背包先后来到白洋淀和狼牙山，住进了农民家里，从事生产劳动，虚心接受贫下中农的再教育，直到1967年底他才回到北京，接着又报名参军。

1968年初，滕飞离家那天，滕代远一遍遍地检查孩子的行装，还送给滕飞一套《雷锋日记》和《毛泽东选集》四卷合订本，他语重心长地叮嘱儿子：“到了部队一定要努力学习毛主席著作，不要忘记革命前辈创业的艰难，向工农出身的战士学习，做雷锋式的好战士。”

于是，滕飞带着建设祖国边疆的激情与豪迈，带着对军旅生活的向往，高高兴兴地告别了父母，开始了新的生活。

隆隆的列车向前奔驰，熟悉的北京城渐行渐远。车过内蒙古自治区，窗外的世界变得萧条单调起来，扑入眼帘的尽是一片无垠的沙漠。列车穿过河西走廊时，窗外更是荒无人烟。滕飞的情绪逐渐低落下来。后来，他给家里写信汇报自己在部队工作学习的情况，在信中他表达了一肚子的埋怨。

滕代远很快给滕飞回了一封回信。从这封写给儿子的亲笔信中，我们可以看出这位老革命家的殷殷父子情和拳拳报国心。

耕儿（滕飞）：

你的来信收到，我们很高兴。古人说，“金张掖，银酒泉”，形容它出产大米，很富足。我于一九五四年为修建兰新铁路事，路过张掖。想迄今铁路通车了，各种建设必定增多了，人民生活较前更好了。就是靠近沙漠地区，气候变化不定，棉衣不能离身，望注意，不要感冒、生病。当兵首先要服从命令，守纪律，兵爱兵，兵爱官，官爱兵，兵爱人民群众，读毛主席的书，听毛主席的话，按毛主席的指示办事，做毛主席的好战士。尤其要好好准备吃大苦，耐大劳，夜间演习，紧急集合，长途行军，（要有）马上参加战斗，同敌人拼刺刀，英勇的（地）杀敌人的思想（准备），养成战斗作风。向贫下中农出身的战士学习，交知心朋友。把我布衬领送你。二条。望你写一信给你那个同学，拿去小明的书（第四本）赶快退回我。愿你锻炼成钢，身体健康！

父字

一九六八年三月二日

此信今天已经被中国博物馆收藏。

新中国成立初期，滕代远被任命为铁道部长，亲自主持修建了兰新铁路，到过张掖等地进行实地考察。所以，十几年后，他想着铁路通车后西北人民的生活一定会发生很大的变化。信中“气候变化不定，棉衣不能离身”、“把我布衬领送你”等句，足见他对儿子的关爱细致、周到，殷殷父爱跃然纸上。他不仅在生活上对儿子关心备至，思想上对儿子的要求丝毫也没有放松，要求儿子“吃大苦，耐大劳，养成战斗作风”。他认为只有让儿子“锻炼成钢，身体健康”，才能更好地报效祖国，为人民服务。

滕代远的信像春风化雨，及时滋润了儿子的心田。滕飞理解了他的心思，坚定了在部队勤奋工作的信心和决心。在分配岗位时，大部分战士分到技术部门，而他却主动要求到炊事班工作。无论酷暑还是寒冬，脏活累活他争着干，处处吃苦在前，戈壁滩上留下了他辛勤的汗水和坚实的脚印，群众都称他是“活雷锋”。

滕代远时刻关注着儿子的成长，他把自己参加党代会的纪念册寄给滕飞，在扉页上写上了对孩子的希望：“耕儿，愿你做一个真正的共产党员。”

在滕代远的关怀与鼓励下，滕飞进步很快。不久，加入了中国共产党，后来又提了干。滕代远又在家信中告诫他，提干是组织上给你更新的任务，你应该比以前做得更好，当好普通一兵。

1970 年 2 月，滕飞随部队成建制调到陕西某基地工作。7 月，滕飞所在一营营党委刚刚向团党委上报了“提拔滕飞为军官的申请报告”。1970 年 8 月 10 日，滕飞在一次执行任务时受伤，不幸脑颅骨严重损伤，昏迷不醒。知道消息后，因病卧床的滕代远很是着急。在妻子的建议下，他派警卫秘书到基地看望滕飞。当警卫秘书要启程的时候，滕代远拄着拐杖送他到门口，并严肃地嘱咐：“你到了部队，一定要服从组织上的安排。我的意见是两条：一是如果孩子能抢救的话，要尽力抢救，因为孩子还年轻，还能为党和国家做工作；二是如果确实没有希望了，我们不能提出任何要求，一切按照部队上的规定办。”后来，在医护人员的精心治疗下，滕飞幸运地脱险复苏，又经过一个时期的艰苦锻炼，逐渐恢复了记忆。

因为工作需要，滕飞的工作换了好几个部队，从北到南、从西到东，但都是沙漠、高山、海岛，不管到哪里，他都牢记滕代远的教诲，工作更加努力，先后被国防科工委党委和海军评为“雷锋式的好干部”。滕飞从部队转业后，到广东粤海石化储运公司任职，并当选为第五届全国人大代表。

弟弟久昕1952年生于北京。可是，当孩子刚满16岁的时候，滕代远就积极支持孩子到内蒙古草原插队落户。不久，学校发来登记表，久昕填完后请滕代远审阅。滕代远戴上眼镜拿起毛笔在家长意见栏内写下“完全同意，坚决支持”八个字。他对林一说：“孩子现在离开我们是早了点，但我们不能因为舍不得，永远把孩子拴在自己身边。孩子响应号召，去建设边疆，我们应该支持。当年我们离开家庭参加革命，也是这个年龄。”

久昕临行前，滕代远拿出一条已经褪了色的军用毛毯，对儿子说：“这条军毯，我和你妈用了快三十年，你这次离家，把它带上吧。”说着，滕代远亲自动手把毯子放到了久昕的行李里面。

久昕被滕代远的关爱感动了。他懂得这不仅是为了御寒，而是滕代远在告诫自己不要忘记艰苦奋斗的优良传统。

久昕用平时积攒下的零花钱买了许多信封和邮票，用胶水先将邮票粘到信封上。当滕代远提出疑问时，久昕不好意思地说：“头一次去那么远的地方，条件又艰苦，要是想家了写信时方便些。”

滕代远听后爽朗地笑了，语重心长地嘱咐：“到了边疆要团结当地人民群众，多向少数民族同志学习。”

久昕在边疆期间，滕代远和林一经常去信，勉励久昕在草原上扎根，好好经受锻炼。滕代远在信中常常教育说：“要和工农子弟打成一片，不要让别人看出你是干部子弟，要在艰苦朴素上成为标兵。”久昕也经常给家里写信，汇报工作生活和思想状况，滕代远夫妻看后非常高兴。

1970年，久昕光荣参军，成为一名铁道兵战士。一次，他回北京出差，一些在京工作的老同学听说久昕回来了，跑来叙旧，还在一块吃了顿饭。临返部队前，久昕也回请了他们。吃饭的开销比较大，久昕却认为事情办得很周到，有一次在信中无意中将此事告诉了滕代远，滕代远知道后非常生气，马上提笔写信批评：

“干部子弟应养成艰苦朴素的作风、吃苦耐劳的习惯。这不是一般生活作风问题，而是思想觉悟问题，甚至是政治水平高低的问题。……”

不就是吃一顿饭嘛，何必这样！久昕的思想一时转不过弯来。滕代远除了写信帮助久昕提高认识外，还告诉几位哥哥，同时也写信告诉部队的领导，大家一起来帮助久昕认识讲排场、摆阔气的问题。在以后的一段时间里，久昕认真反思自己的言行，对这件事有了初步认识，写了一份思想汇报寄给被疏散到外地的滕代远、林一。他们看后都很高兴，母亲林一来信说：“……你爸爸阅后在信上批了一个很大的‘好’字，希望你以更大的进步迎接 19 岁的生日。”

1973 年 6 月，因北京修建地下铁道，久昕所在部队整编后，将久昕从湖北郧阳调回北京。部队首长知道滕代远身体不好，身边没有一个孩子，久昕又是他最小的儿子，特意给他几天假回家看看。滕代远见到久昕特别高兴，拉着手问长问短。久昕望着滕代远清瘦的面庞、满头的白发，心情很不平静。滕代远问他什么时候去新单位报到，他说：“部队首长给了几天假，在家休息两天就去报到。”滕代远不同意，说：“可不能伸手向组织要照顾，也不要什么假，一天也不要，半天都不要！你要听我的话。”

这年 9 月，久昕回到离北京市区约 30 公里的地方参加教导队的集训。一个星期六的下午，久昕请假回到家里看望滕代远和母亲林一。见到双亲后有说不完的话，时间却过得飞快，不知不觉间就到了星期日的下午，但他必须在晚上点名之前归队，否则就违犯了军纪。久昕心里非常着急，万般无奈之下，只得瞒着滕代远向秘书说明情况紧急，提出想用滕代远的专用小车送他回去。

滕代远发现自己的车不在车库，就问："汽车去哪里了？"司机连忙说："油不多了，去加点油。"由于这是因私事用车，久昕只好偷偷在大门外上车。

谁知这件事情还是被滕代远知道了，他批评了身边的工作人员。后来，在久昕下一次回家时，滕代远把久昕单独叫到一边，口气相当严厉地说："你胆子真不小，竟敢坐我的车！"又说，"干部子弟不允许有优越感，你把我的话全忘了吗？"久昕知道自己错了，紧张得手心直出冷汗，恨不得地上有条缝，钻进去躲一下才好，连忙向滕代远承认了错误。"你给我听清楚，以后不许坐我的车！"滕代远以这句话结束了批评。

滕代远总是这样严格要求子女，以后几个孩子探亲回家，都是挤坐公共汽车，再没有因私事坐过他的小车。

1974 年 9 月，久昕回家探亲。吃早饭时，他兴致勃勃地坐到餐桌旁，想看看有什么好吃的。然而滕代远夹给他的却是一个小窝头，他感到有些扫兴。心想，在连队就经常吃窝头，好不容易回趟家，总该改善一下，怎么还吃窝头。他向滕代远摇摇头，母亲林一也在一边劝他不要吃了。可是滕代远不答应，坚持让他吃。没有办法，他只好勉强咽了下去。饭后，久昕陪滕代远去公园散步，不一会儿就谈到早饭的事上。滕代远意味深长地说："现在的条件好了，生活水平也提高了，许多人的衣食住行都与从前大不一样了。但是，怎么能忘记过去呢？在抗日战争中，太行山根据地的军民连树皮都扒下来吃。你们是在红旗下长大的孩子，可不能身在福中不知福啊！”滕代远的教导深深地印在久昕的脑海中。

千里悼母

1955年，滕代远故乡建立了初级社，老家一家八口，老的老，小的小，因没有劳力挣不到工分，年年成为“超支户”，基本口粮都吃不上，加上滕代远的母亲年事已高，疾病缠身，生活穷困到了极点。

大哥久翔再次将家里的困难写信告知滕代远，请求生活支援。滕代远答应给大哥减轻负担，从自己和妻子林一有限的工资中，每月挤出三十元生活费，寄给他年迈的母亲和战乱中离散的前妻。滕代远三十元的支援，救了祖母，久翔一家八口的生活有了转机。

但是，好景不长。由于“大跃进”带来的物价上涨，滕代远寄来的三十元补助，到1960年只能买一点葛粑和一些日用品。1960年9月12日，滕代远的母亲因年老多病去世。那天，久翔给父亲滕代远发了加急电报，要他回家奔丧。

滕代远得知自己母亲去世的消息，心中十分悲痛，很想马上回到家乡为祖母奔丧。但是，考虑到当时全国上下都在过苦日子，自己作为铁道部长，怕回家劳民伤财，给当地政府增添麻烦，给当地群众增加负担，滕代远最终打消了回家奔丧的念头，并回电给滕久翔，说他工作忙不能回来，要求丧事从简，并要久翔代他守灵尽孝，还寄了二百元钱作为丧事费用。

祖母去世后，滕代远心中甚是怀念，几夜没有合眼，并在千里之外的北京家中与亲人一起悼念自己的母亲，几天下来消瘦了十多斤。

将军看淡是否被授军衔

在漫长的革命战争年代，滕代远在我军担任过重要领导职务。红三军团总政委、红一方面军副总政委、中共中央军委参谋长、八路军前总参谋长……1955 年 5 月，总政治部主任罗荣桓代表中央军委向中共中央、毛泽东主席打报告，建议给目前在地方工作，但是对我军创建和战争年代指挥过重大战役，在我军有重大影响的同志授予大将军衔的名单上，滕代远是排在第一名的。（名单次序为滕代远、李先念、谭震林、薄一波、邓子恢、张鼎丞、王世泰。见中国人民革命博物馆主办，军事史林杂志社出版的 2006 年第 3 期（总第 190 期）《军事史林》杂志《新中国开国将帅和 64 万校尉官诞生纪事》一文。）但是，滕代远从来不居功自傲。1955 年，当时的社会主义国家铁道部一律是军事化体制，蒙古、朝鲜、越南以及东欧社会主义国家铁道部长都是上将、大将，苏联铁道部长是元帅。

建国后，因为种种原因，滕代远 1955 年没有被授予军衔，滕代远每当聊到这个话题时，只是淡淡一笑，不以为意。他总是说："没有评军衔的人多了，毛泽东、周恩来、陈云，还有

1962 年，滕代远（右一）和陈云（左一）在浙江杭州。

战争年代牺牲了的平江起义战友邓萍、贺国中、黄公略，井冈山保卫战的营长，后来的红五军参谋长陈毅安以及抗日战争牺牲了的左权同志，要是能赶上评军衔，起码都能被授予元帅或大将军衔。为了中国革命，这些同志献出了自己的生命，我们这些幸存下来的人，想一想他们，还能有什么牢骚和不知足！”

毛泽东没有批准中国铁道部实行军事化管理。滕代远服从中央决定，虽然铁路没有实行军衔制，但是，滕代远始终坚持中国铁路实行准军事化管理。铁道部设立政治部，各铁路局也都设立政治部。建国初期，铁路部门全部是各野战军部队接管，师长任铁路局长，师政委任局党委书记；团长任铁路分局的局长，营长任运输段、机务段、电务段的段长……所以滕代远领导全铁路系统保持和发扬人民解放军令行禁止、艰苦奋斗、全心全意为人民服务的光荣传统，为抗美援朝、抗美援越、金门炮击等重大战略行动保驾护航，为新中国的社会主义

建设当好先行官。

严于律己，艰苦朴素

1949年秋季的一个星期天，北京煤渣胡同滕代远的住所，院内鲜花正开得娇艳妩媚。

上午9时左右，警卫员杨万聚在值班室接到一个电话："我是中南海，朱总司令要到滕代远同志家看看。首长在家吗?"

"在家。"杨万聚肯定地回答。

"请转告，我们马上就动身。"

杨万聚立即上了二楼，把这个消息告诉了滕代远部长。他交代杨万聚在客厅里摆些水果，准备好茶叶和开水。然后，他亲自到院门口去迎接朱总司令。

时间不久，滕部长把朱总司令迎进了院子。

"进城半年多啦，早该来家看看。"朱总司令一边哈哈笑着，一边环视这座老旧宅子。

"这个院子太破旧了，院子也太小了，将来给你换个好点的住宅。"

滕代远听后十分感激，但他却真心实意地回答："不用换，这个房子就很不错啦。"

交谈中，朱总司令进入客厅，只听他们开怀畅谈，笑声朗朗，气氛热烈。

自从进京后，警卫员杨万聚就亲眼看到经常有中央领导和

1951 年，滕代远（右四）陪同朱德（右三）参观铁路展览

滕代远的战友登门做客。有时招待一些烟、茶、水果，有时吃顿饭。时间长了，杨万聚拿出发票算了算账，吓了一跳，这可不是一笔小数字。他把这一情况向铁道部办公厅主任做了汇报。主任说："滕部长接待的都是中央首长，大多数都是谈工作，可以报销。"

杨万聚深知滕代远的脾气，报销一类的事不经他本人同意是绝对不允许的。于是，他把办公厅同意报销招待费的事报告了滕代远。

滕代远听后板起了面孔，严肃地说："这些同志是来我家做客的，招待客人花的钱，怎么能让公家报销呢？"

滕代远担任中央军委铁道部长，还兼任铁道兵团司令员、华北军区副司令员。有一天，华北军区司令部通知杨万聚去领滕代远副司令的办公用品，杨万聚便去领回了一些毛巾、肥皂、纸张、毛笔和墨水，并向滕代远作了汇报。滕代远一听又板起了面孔，严肃批评警卫员："咱们已是铁道部的人了，怎么再到军区去领东西？退回去！"杨万聚只好把领来的东西退回去了。

滕代远在家中，中间孩子为滕飞。

杨万聚挨了两次"训"，不由得想起以往的一些事情。他清楚地记得，1946 年 9 月刚奉命前来给滕代远当警卫员时，住在河北武安，晚上照明点的是玻璃罩的煤油灯。滕代远交代他，不办公、不写字、不看书时，要把煤油灯的灯芯拧得小小的，能节约一滴油就节约一滴油，人人都要养成勤俭节约的好习惯。1949 年 2 月 20 日，滕代远奉命迁移到北平，住进了煤渣胡同的寓所，点上了电灯，用上了自来水。滕代远把工作人员和孩子们叫到一起宣布"节约令"：国家建设不易，要节约电、节约水，不准浪费一度电，不准浪费一滴水。这不仅仅是为了节约电费水费，把节约下来的电用到生产上，就可以多出产品，支援前线，加快建设。

根据滕代远的要求，杨万聚把小楼里的一些大灯泡（瓦数高）换成了小灯泡（瓦数低），做到人走灯灭，他还经常检查水龙头是否漏水。滕代远几次夸奖他："小杨，你做得不错，坚持下去。"

"服务"二字恪守不渝

在林彪反党集团横行的日子里，滕代远与林彪一伙作坚决的斗争。1969 年 10 月，林彪出于"抢班夺权"的需要，下达了"第一号命令"，宣布全国进入紧急战备状态，首都实行"战备疏散"。

滕代远和朱总司令等一批老干部被安排到广东从化，名义上是"疗养"，实为软禁。在逆境中，滕代远仍然关心地方经济建设，尽可能为家乡解决一些实际问题。1970 年 3 月，大哥久翔因麻阳建设锦和水轮泵站需要，到广东省罗定县参观学习水泵发电抽水、建设船闸的经验，路过广州到从化去看望滕代远。滕代远积极同有关单位联系找来很多关于水泵发电抽水、建设船闸的经验资料，鼓励他回去后好好学习，提高为人民服务的本领，做一个对国家有用的人才。

"文革"中，滕代远身体受到摧残，1973 年 8 月，久翔到北京看望病情日趋严重的滕代远，这时，滕代远说话已含糊不清。久翔见滕代远每餐饭前还要吃一个窝窝头，就说："爸，这东西是粗杂粮做的，吃了不容易消化，等您病好后再吃不迟。"滕代远说："我从 1960 年开始，已经吃了十多年了。六十年过苦日子，毛主席、周总理和全国人民一起艰苦奋斗，他们都坚持天天吃黑窝窝头，每餐以蔬菜为主食，很少吃肉，我就更应该坚持。"滕代远还一字一句地讲："今天共产党的官，是为人民服务的，是人民的勤务员，要关心群众，体贴群众，不能只顾自己，要时时不忘旧社会的苦，才知今天新社会的甜。今天的幸福是来之不易的，你应该好好工作，为党为人民多做贡献。"

1974 年 11 月 30 日下午，病重住院的滕代远在弥留之际，与前来看望他的一位老同志兴奋地谈了两个多小时，茶几上的白纸写满了铅笔字，有人名还有地名，久昕在一旁听着也入了神。晚上，林一来到医院。滕代远的情绪仍然很激动，可惜的是，家人却无法听懂他的意思。后来他拿起铅笔，在纸上反复写着什么，可究竟是什么字，家人也看不懂。林一安慰他不要着急，慢慢写。滕代远好像听懂了意思，不再着急了。铅笔下显出的字终于让家人看清楚了一些，原来是"服务"两个字。

久昕一下子明白了：这正是滕代远对家人的一贯要求和希望啊！久昕用双手捧起这张纸，虽然很轻，但上面的"服务"二字却重如千钧。滕代远是在嘱咐家人要全心全意为人民服务。久昕凝视着这两个字，向滕代远认真地点点头，轻声对他说："我们会这样做的，你放心吧！"滕代远也点点头，嘴里含糊不清地说着什么。老人的眼眶湿润了，孩子的眼睛也被泪水挡住了。翌日 9 时 15 分，滕代远逝世，终年 70 岁。

他将自己的一生对中国革命和国际共产主义事业所做的一

切努力浓缩为两个字——“服务”。全心全意地为中国人民和世界人民服务一辈子。这，就是滕代远。这，就是一个红军战士的夙愿。

1974 年 12 月 8 日，滕代远追悼会。左起：滕久昕、滕飞、滕久明、段秀莲、林一、滕久光。（小孩：滕海燕）

1974 年 12 月 1 日滕代远逝世。当时毛泽东、周恩来、朱德、邓小平和健在的五位元帅都送了花圈表示哀悼，有四位元帅和军委三总部领导，各军、兵种负责人亲自到场为他送行。叶剑英主持追悼会，邓小平代表党中央、国务院、中央军委对滕代远的一生作了高度的评价：“滕代远同志的逝世，使我们失去了一位老同志，老战友，是我党的一大损失。滕代远同志忠于党，忠于人民，积极工作，艰苦奋斗，深入实际，联系群众，勤勤恳恳地为人民服务，为中国人民的解放事业和共产主义事业贡献了自己的一生。”

1949 年开国大典时刘伯承（左）和滕代远。

附

怀念代远

林　一

代远离开我们30年了，在这漫长的岁月里，我常常一个人坐在书桌前，凝视着桌面上他那幅遗像，思绪万千，倍感怀念。

1974年12月1日，刚满70岁的代远就匆匆忙忙地走了。他没有看到粉碎“四人帮”后改革开放的大好形势，也没有看到科教兴国战略的实施，高新技术的迅猛发展，更没有看到“三个代表”重要思想在社会主义建设实践中发挥的巨大作用。

我和代远结婚几十年，代远身上那种共产党员的高尚品德和优良作风，不仅给我和全家树立了榜样，同时也给熟悉他的同志及铁路早期职工留下了深刻印象。

崇高的理想，坚强的共产主义信念

在漫长的革命征途中，不论斗争如何艰难，环境如何险恶，不论受重用还是受排挤，也不论职务高低，代远总是以大局为重，坚决执行党中央的决定，坚定不移地跟党走。

从他的经历看，1923年，他在湖南省立第二师范学校接受马克思主义思想，参加进步学生运动，1924年，参加中国社会主义青年团，次年转入中国共产党，从此以后开始了职业革命家的生涯。

1926 年，他担任长沙近郊区委书记并任农民协会委员长，1927 年，长沙发生“马日事变”后，他遵照党的指示，农协转入地下活动，同时组织复仇队，发展成为工农革命独立团，1928 年，受湖南省委派遣，任湘鄂赣边特委书记，奉命与在国民党独立第五师一团任团长的彭德怀共同发动平江起义，起义军有 2500 人，宣布成立中国工农红军第五军，彭德怀任军长，代远任党代表。

当年 12 月，红五军部分主力在江西宁冈茨坪与朱德任军长、毛泽东任党代表的红四军胜利会师，红五军编为红四军第三十三团，彭任红四军副军长兼三十三团团长，滕任红四军副党代表兼三十三团党代表，他们率部艰苦地转战在井冈山地区。

1930 年 5 月，中央决定原红五军扩编为红三军团，下辖五军、八军、十六军，总指挥兼前委书记彭德怀，总政治委员滕代远，当年 8 月，红一军团与红三军团合并，成立中国工农红军第一方面军和总前委，朱德为红一方面军总司令，彭德怀为副总司令，毛泽东为总政治委员，代远为副总政治委员。

时至 1933 年初，中共中央从上海迁至江西中央苏区后，因受“左”倾错误领导的指责，毛泽东受到排挤，离开了红一方面军的主要领导岗位，代远也同样受到排挤，离开红三军团改任中央军委总动员武装部部长，代远思想上虽然愤愤愤不平，但对个人职务高低并不计较，服从组织决定，他与有关单位互相配合，积极工作，在两个月里“扩红”62000 多人，超额完成计划。

1934 年，中央派他作为中共代表团成员，出席在苏联莫斯科召开的共产国际第七次代表大会。代远在大会上发了言，详细介绍了中国工农红军第一方面军的战斗历程，会后受到苏共中央斯大林、莫洛托夫、伏罗希洛夫等人接见。

抗日战争爆发后，1937 年 12 月，代远回到延安，中央委任他为中共中央军事委员会参谋长，1939 年底，中央派他到晋西北统一指挥军队打退蒋介石掀起的第一次反共高潮，后任“抗大”副校长，在敌后办学，培养了大批军政骨干。在抗日战争最艰苦的年代，1942 年调任八路军前方总部任参谋长，协助彭德怀副司令员指挥敌后抗日游击战争，战斗在太行山上。

代远在前方总部任职四年，他认真执行党中央精兵简政政策，他要求总部机关带头精简整编，他说：“庙要小，菩萨要少。”所属军区、纵队、军分区增强了战斗力。与此同时，抗日根据地面临经济生活重重困难，一方面是日伪军和国民党顽固势力夹击，另一方面是华北地区，尤其是太行山区遭受百年不遇的旱灾、虫灾，军民不得不以野菜、树叶充饥。在那难忘的艰苦岁月里，代远亲自带头上山开荒，种地，厉行节约。1944 年 4 月 1 日，他和副参谋长杨立三制定了总部伙食单位生产节约方案，简称“滕杨方案”。

“滕杨方案”遵循“公私兼顾，先公后私，公私两利”的原则，受到广大官兵的欢迎和积极执行。

度过严酷的抗日战争，代远又投入了解放战争的战场，数十年战争生涯，南征北战，忠于职守，不论在何种情况下，总以党的利益为重，为实现共产主义理想而奋斗终生。

坚强的党性，一心扑在事业上

在几十年的革命事业中，代远对党中央、毛主席的指示，总是不折不扣地贯彻执行，与党中央保持一致，忘我的工作。我记得有一天晚上，他向毛主席汇报工作直到第二天凌晨，回到家吃过早点，马上要去上班。他平时血压就高，我劝他稍事休息一会儿再去，他说："我个人的身体是小事，中央指示是大事。"说完就去上班了。

新中国成立后，代远首任铁道部部长。他克服种种困难，建立了铁道部机关的各个机构，使修复旧线，开辟新线出现了良好局面。1952 年全国铁路通车里程比 1949 年增加了 11.5%，有力地保证了战争需要和经济建设。

工作中，有时会犯错误，代远弄清情况后，不推拖，不诿过，并主动作自我批评。1950 年 1 月 23 日，济南铁路局花旗营车站发生一起重大行车事故，因车站职工不负责任，错搬道岔，一列军用列车与停在站内的货物列车正面相撞，死伤多人，延误行车十几个小时。代远立即组织力量处理事故。为了严肃纪律，他不强调客观，在中央人民政府政务院会议上作自我批评，并主动请求处分。他的言行使全路干部、职工也受到一次深刻的教育。

新中国铁道部的组建，调配干部是五湖四海，任人唯贤。干部多数来自华北人民政府交通部、东北铁路局，华北局组织部也调一些人员。代远进北京时只带两个警卫员，一个勤务员，秘书是华北局组织部选调的。他对来自四面八方的人员，不分亲疏，一视同仁，按德才分配工作。

他尊重知识分子和科技人员，经常说：对于有真才实学的专家和科技干部，让他们有职有权，充分发挥他们的才智。如代远提议铁路机械专家石志仁、铁路桥梁工程专家汪菊潜分别担任铁道部副部长，让他们发挥应有的作用。他作风民主，善听专家和工程技术人员的建议。早在 1949 年 6 月，代远就提出“技术人员是整个工人阶级的一部分。”“没有技术人员的积极性，就没有人民铁路事业发展的高速度。”

在铁道部工作中，代远注重深入基层，了解情况，关心职工生活，每年有近三分之一的时间到基层检查工作，不少问题就地解决，重大问题带回铁道部经党组研究解决或上报中央。他说过，基层工作人员的意见可以成为领导机关的一面镜子，发现问题要及时解决。他到基层检查工作时，几乎都要到职工宿舍、食堂、行车公寓、托儿所、幼儿园、子弟小学等地看望。每次检查完都要向当地省、市委汇报，征求意见，取得支持。

代远深入基层还非常重视传达党中央的方针政策，强调整体观念，一盘棋思想，经常给干部、职工讲解国内外形势，力求让铁路员工紧跟党中央的战略部署。新中国铁道部经过初创时期，铁道事业有了很大发展，为后来蓬勃发展的铁路事业奠定了可靠的基础。

以身作则，贯彻党的优良作风

代远常对人说：“共产党员的模范作用，要在实践中实现。”他这样要求别人，而自己首先做到。

工作中外出，他从不借机游山玩水或参观名胜古迹。如到广州不游从化、肇庆景点，到济南不登泰山，去成都不逛峨眉山等等。视察新建铁路工地，他一丝不苟，如视察宝成路建设时，秦岭隧道群工程都在山腹中施工，他带头翻山越岭进出隧道坑，细心审视工程质量和施工设备安全情况。

关于他的日常生活，我们在一起几十年，我深有体会。他的生活简单朴素，公私分明，对家人和孩子们要求严格。进北京后，我们住的是一处二层小楼，老房子，年久失修，院子也小。办公厅想给他换房子或改造，都被他拒绝了，这房子一直住到他去世。

饮食方面也是比较简单。饭菜只要有点腊肉、辣椒和青菜就行，不喝牛奶，不吃面包，一天三顿米饭，有时也吃些粗粮和红薯、老玉米。在穿着方面也从不讲究，冬、夏穿的都是铁路制服，有时我给他做件防寒小棉袄，只有在出国访问时才做几件中山装。

他掌权不谋私。全国解放后，家乡人听说他在北京做了大官，不断有人来京要求他给个差事，他一概拒绝了，并耐心向来人解释共产党与国民党的不同。我虽然是部长，无权安排私人，你们回去安心务农吧！之后，他把钱交给秘书，替家乡人交旅馆住宿费，又买好返乡火车票。像这样的情况不止一次，连他在老家的大儿子也未留京工作，说服他回乡务农。

进北京后，经常有领导人、战友来家作客，如朱德总司令、彭老总、薄一波、王首道、王震、李立三等，有的招待烟、茶、水果，还有的吃顿饭。当客人走后，工作人员提出可以报销招待费，他说："这些同志是来我家做客的，怎么能让公家报销呢？"

代远到军委铁道部任职后，兼任铁道兵司令员，华北军区副司令员还没有免去职务，工作人员仍到军区领些毛巾、肥皂、纸张等用品，他发现后批评说："咱们已是铁道部的人了，怎能再到军区领东西？"工作人员立即把东西给退回去了。

代远工作那些年里，在办公室看不完的文件经常带回家看，阅批后随即锁入抽屉里，家里人从未看到过。那时我在北京铁路局工作，知道中央经常开会，发指示，我很想早点知道中央精神，但在他口中从未透过一丝情况。

他工作虽然很忙，但对子女教育从不放松。二儿子小时比较贪玩，读书不太用功，担心他学不成材，把他送到姥姥家，边劳动，边读书，考上高中后才转回北京。三儿子想上哈尔滨军事工程学院，怕考不上，请秘书为他讲情，是否给哈军工领导（过去是滕的老部下）写封信，他断然回答说："读书上大学，要靠自己的努力，不能靠父母或私人关系。大学能考上更好，考不上，为人民服务的工作多得很，做工、种田、当兵都可以嘛。"三儿子经过自己刻苦努力，终于考上哈尔滨军事工程学院。另外，他的汽车及宿舍安装的专用电话机也从不允许家人和孩子们使用。

代远这个人个性耿直，对己严，对人坦诚，讲话不拐弯抹角。对人有意见他都是当面讲，对犯错误同志当面批评，有的干部说："滕部长有个突出特点就是：从不背后议论人，说长道短。"有的同志说他性情急躁，发起脾气来拍桌子瞪眼睛，但事后感到批评方式不妥时，他又能做自我批评。他从不借机整人，能放手让干部大胆工作。在政治运动中，群众整错了人，他与有关部门讲清情况，力争辩护，妥善解决。

30 年过去了，他的思想作风，他的举止言行深深地留在我的脑海里。在全国上下认真贯彻党的十六大精神之际，学习实践"三个代表"重要思想，在铁道部党组提出铁路今后要实现跨越式发展的时候，在这里纪念代远诞辰 100 周年，我们要把代远留下的精神财富发扬光大，我们全家人愿和家乡人民在奔向小康的道路上共同前进！

2003 年 9 月

在滕部长身边工作

卜占稳

我 1949 年 5 月 12 日跟随董必武主席（华北人民政府主席），到 1951 年 10 月 4 日离开董老处。当时我的人事、行政关系都属中央公安部八局领导。滕是中央委员，属公安部八局管。我由董老处调出后，在八局一科学习一个多月，当时滕处需要警卫人员，我就被调到滕代远处作随身警卫。我是 1951 年 11 月 13 日由中央人民政府政法委员会（董老任政法委员会主任）调到中央人民政府铁道部。当时因滕出差视察工作不在北京，先将我安置在部警卫科保卫队，在这里呆了一个多月，于 1951 年 12 月 20 日滕出差回京，再将我调到他身边工作。

我和滕未见过面，不认识，但知他原是华北军区副司令员，1948 年 8 月份调到中央军委铁道部任部长。我和林一同志比较熟悉，1948 年 6 月晋察冀和晋冀鲁豫两边区合并，成立华北人民政府公安部，我在警卫队当班长，林一同志任华北局社会部办公室第一主任，住在隔壁。因他们住的院同时也是公安部部长许建国、副部长杨奇清、卜盛光住处，我们主要保卫他们的安全，所以见面较多，比较熟悉。我调到滕部长处，林一同志见面就说："你是来玩吗?"我说："我调滕部长处工作了。"她很高兴。

一、初到滕代远身边工作

第一次和滕代远同志谈话。我原先听说滕脾气不好，好骂人、训人。公安部八局和警卫科科长领我和他见面，心中特别害怕，总怕一句话说不好，先挨一顿训。在谈话当中给我的印象很深，他对人和气，有什么事情和你商量，将当时他家中情况、工作任务、如何接待客人讲得非常清楚，我原先的担心是多余的。他当时对我说："你们三个人，有两个人跟我出去就行了，你（指卜占稳）在家管管三个孩子，照顾好他们，管管家里这些衣、食、住的问题。"我就按他的指示照办。

当时他有两个儿子在海淀区八一小学读书，有一个儿子在北海幼儿园，每星期六要接他们回来，星期一再送他们去学校读书，暑、寒假我就在家帮助他们复习功课。

有一次，我去八一小学接滕久光和滕久明，朱德总司令的孙女也在这个学校，他的警卫员问我："你们车上再坐一人行吗？"我说："行。"我问他："你们为什么不来车？"他说："朱不允许用公车接孩子，影响不好。另外，你们还不能送我们到家，把我们放在离中南海远点的地方，等我骑自行车载她回去。"这件事我听了感到很惊奇。

又有一次我去接孩子，遇到第二件奇怪的事。三个学生在学校里吵架。第一个是局长的孩子，他说："我爸爸是局长，有专车。"第二个是部长的孩子，一听局长孩子的话不服气地说："你爸爸是个局长算老几？我爸爸是部长，坐'吉姆'车，管着你爸爸，你爸爸得听我爸爸的。"第三个是副总理的孩子，听后更不服气地说："你爸爸是部长算什么？我爸爸是副总理，坐大'吉斯'车！你们俩的爸爸都属我爸爸管。"我听了后感到很奇怪，这绝不是孩子们的父母教的，而是每次接孩子时，他们就看到这种情形，绝大部分是用小车接，而且都是首长本人的乘车，所以对他们有一定的影响。

这两件事我在滕部长闲暇时间向他作了详细的汇报，他听后也感到惊奇。他要求我和住家附近的小学校联系，把两个孩子弄回来，和人民群众的孩子一块上学，也能受点教育。第二点以后不用车去接，你骑自行车去，让他们乘公共汽车回来。大约一个月后，我把两个孩子就转到住家附近小学上学了。滕还和他俩讲了应该注意的事情，同时把姓都改了，一个叫林小林，一个叫林小明。

二、滕代远的用车观念

滕对使用汽车非常注意节约，刚进城时坐着个“浦里茂”牌车，老得不成样子，经常坏，影响工作。司机同志提出换个好一点车，部长总是不同意。有一次到天津铁路局出差，发现他们那里有两辆“别克”车，车况还不错，经部里出面要了一辆给滕坐。他详细问了车的来历，我们和部办公厅陈冲副主任说了好多假话，滕才不问了。这辆车坐了时间不久，大约几个月的时间。早在一年前，郭鲁当办公厅副主任时，在天津买了两辆苏联“吉斯”牌汽车，事先并未和部长打招呼，就买下了。结账时发现每辆车要 4 万元，两辆 8 万元没有地方出。在没办法的情况下，才向滕汇报这个情况。滕当时就决定：一辆都不要。这种车只有副总理级才能乘坐，我们买了没有用，赶快退货。因晚了一步，有一辆车非买不可，就买了一辆停放在铁道部车库里，没有人乘坐。放了一年多，电瓶也放没电了，其他地方也有损坏。当时提拔了几位副部长，没有那么多专车，非用这辆“吉斯”不可了。我们又和滕讲，他还是坚决不坐。滕说：“请吕正操同志坐。”吕也嫌车大，走小胡同不方便。在这种情况下，只有说服滕坐。在万般无奈的情况下，滕才同意坐了。换了年轻的司机，重新修了车库。

1953 年 7 月份，滕为修建武汉长江大桥的方案，率代表团访苏，8 月份返回北京。他在苏期间，当时苏共中央书记马林科夫同志送给滕一辆“吉姆”车，滕带回国后，向总理写了报告，称他坐“吉斯”车不合适，这次出国苏联同志送的这辆“吉姆”是否留给我用，将“吉斯”上缴给国务院。报告还反映铁道部新提的几位副部长乘车也比较困难。周总理同意滕的意见，将“吉姆”留给滕用，将“吉斯”交给国务院，同时，总理又批了一辆新“吉姆”车给铁道部。滕乘坐这辆车由 1953 年 9 月开始至 1969 年 10 月止，共有十六年时间。这辆车只跑了 54000 公里，到 1969 年 10 月 20 日决定他去广州备战（实际是软禁）时，车子交到国管局，后来这辆车由卢汉乘坐。滕从广州回来，另派了一辆“吉姆”给他用，1973 年，国务院又给他派了一辆“大红旗”牌轿车，直到他逝世为止。

滕的座车十六年时间，只跑了 54000 公里。这辆“吉姆”车，滕乘坐后，有六年的时间在上班，有十年的时间在休养；每年车才跑 3375 公里，平均每月 281. 25 公里，每天平均 9. 7 公里。当然，他在养病期间用车是少点。但主要原因是对用车非常节约，家属不得用车，有的客人来看望他，你坐车来就坐车回去，不坐车来，你回去也别坐车。滕的车从来不送客人。我跟他二十年，只有一次例外。有一个老同志来看望他，待的时间太晚了，家远没有公共汽车可乘，部长才叫我将老同志送回去。

林一同志有专车，二十年来我只记得她用过两次部长的车。1963 年大雨淹了北京至天津的铁路，半夜 12 时林要去单位开会，请示部长用过一次；在“文革”期间，北京局造反派叫她交代问题，使得她心脏病发作，林一同志叫她侄女去接她，我和部长说了一下，到北京铁路局接了一次。其他时间就再没有用过。

1965 年 1 月至 1969 年 10 月期间，国务院有一个文件，首长私人用车要自己出车费，每公里一角钱。滕看到这个文件后就坚决执行，要求司机同志认真统计公里数，并要求司机到国管局结账前，先向他汇报跑了多少公里。后来我发现有些问题，本来中央批准他休养，有病才休养，可是去看病的车费也要滕出。我向国管局领导汇报了这个情况，才取消了看病也要交车费的规定。每次交费五六元，有时十多元，最多一次交过 40 元。

滕每到一个地方出差视察工作或者休养时，特别注意用车，尽量减少地方上的麻烦。要求随身工作人员也要特别注意。随便要车被他发现后，除了批评以外，还要与你讲很多道理和随便用车的利害关系。不是你用了一次车有多大危害，而是对首长名誉不好，人家会认为你是跟着首长来的，以首长的名义要车，对首长很不利，使他脱离群众。有一位工作人员用首长的名义买东西，首长知道后，马上调离了他的工作岗位。由于滕的严格要求，每个地方的行政管理人员对他留下了很好的印象，而且多年不忘。滕对于增产节约，在各方面都很注意做到身体力行。不管在家还是在办公室，甚至出差住招待所、宾馆，都是如此。人走灯灭，能用小灯泡绝不用大灯泡，不需要的灯不准开。他有一条原则：不是我拿不起这点电费，而是为国家节约用电，将电用到工业生产上，就是为国家多生产了产品，这里就有你的一份功劳。在用水上也采取这样的观点。

三、去沈阳、大连检查工作

1955 年 10 月 23 日由北京出发，检查沈阳铁路局的工作。检查了沈阳地区、苏家屯、本溪、鞍山铁路部门、大连地区、旅顺口市、抚顺市、西阜新分局、新立屯等。1955 年 11 月 9 日结束检查，回北京的路上又检查了锦州铁路局、天津分局的工作。我们于 11 月 12 日晚 9 时回到北京。

在这次检查工作中，沈阳局提出了人员不够，要求铁道部给沈阳局增加一万名职工。滕部长到现场详细了解情况，到机务段、车辆段、车站、分局调度所、编组站、职工食堂、行车公寓、化验室、车辆厂、装卸仓库、李锡奎调车法、技术学校、医院门诊、俱乐部、托儿所、铁路中学、小学、职工单身宿舍、休养所等等。参加检查的除滕外，还有副部长余光生，苏联专家和铁道部的三位局长。经过开会讨论，不但不能增加职工，反而要求沈阳局领导减少职工一万人。经过以后的实际工作，真正实现了滕部长提出减少一万人的要求。

我们在参观一个行车公寓时，滕部长一进门就发现室内很暗，灯泡很小，只能在室内休息，不能看书看报。滕问公寓管理员："你们的被子多长时间洗一次?"管理员回答："一个月洗一次"。滕又问："你的被子里有没有虱子?"管理员说："可能有。"滕当时就打开被子，因为这被子是司机、司炉盖的，特别黑。打开被子后，马上发现一个很大的虱子，滕部长非常生气，当时就向身边的分局长及公寓管理员说："限你们一个星期的时间，将墙刷白，灯泡换大的，要能使乘务员看书、看报。被、褥每次乘务人员用过就要换洗，使乘务人员休息好，开好车，更好地为人民服务。下个星期我来检查，你做不到就要撤你们的职。”并说：“你们不要看轻了你们的工作，这是间接地为人民服务，你们的工作做好了，使乘务人员休息好，开好车，不出事故，乘务人员直接为人民服务，你就是间接为人民服务。只有各自分工不同，没有贵贱之分。你们一定要做好这项工作，为铁路运输事业做出更大的贡献。”

一个星期之后，滕又去检查了这个行车公寓，室内墙壁刷洗一新，灯泡也通通换成大的了，室内很明亮，被褥也干净了，滕看后很满意，当时对管理员作了表扬。并说：“我上次来对你们的批评严了些，态度也不好，请你们原谅”。管理员说：“你批评得对！不然我们还改不了这么快。”分局长说：“我也有缺点，过去对这方面的工作重视不够，反映情况不及时，以后要改正缺点。”

1954 年，全国人民慰问解放军代表团副总团长滕代远（左一）在广州。

图书在版编目（CIP）数据

我的父亲滕代远——一生征战未下马／滕飞著．—北京：中国书籍出版社，2014.10
（红色年轮丛书）
ISBN 978－7－5068－4472－7

Ⅰ.①我… Ⅱ.①滕… Ⅲ.①滕代远（1904－1974）—生平事迹 Ⅳ.①K827－7

中国版本图书馆CIP数据核字（2014）第232391号

我的父亲滕代远——一生征战未下马

滕　飞　著

特约编辑　晓　东
责任编辑　李卫东　杨铠瑞
责任印制　孙马飞　马　芝
封面设计　上智博文
出版发行　中国书籍出版社
地　　址　北京市丰台区三路居路97号（邮编：100073）
电　　话　（010）52257143（总编室）　（010）52257153（发行部）
电子邮箱　chinabp@vip.sina.com
经　　销　全国新华书店
印　　刷　三河市顺兴印务有限公司
开　　本　710毫米×1000毫米　1/16
字　　数　290千字
印　　张　26.5
版　　次　2015年3月第1版　2015年3月第1次印刷
书　　号　ISBN 978－7－5068－4472－7
定　　价　46.00元

版权所有　翻印必究